Das Magazin

Zu einem tollen Urlaub gehört mehr als genüssliches
Faulenzen am Strand oder Shoppen bis zum Umfal-
len – damit die Reise sich wirklich lohnt, muss man
das Besondere seines Zieles kennen und schätzen.
Im Magazin erfahren Sie kurz und unterhaltsam alles
über Land, Leute, Kultur und was den unverwechselbaren Charme dieser Stadt ausmacht.

Kultur-Hauptstadt

Unter den europäischen Großstädten ist Amsterdam ein Youngster, der in den letzten Jahren herangewachsen ist.

Kulturelle Zentren

Das 2009 mit einem imposanten Festakt eröffnete, wesentlich vergrößerte Hermitage Museum (➤ 142) hat sich mit beeindruckenden Kunstausstellungen als neues Kulturzentrum etabliert. Als international renommierter Spielort für Tanz und Theater ist Amsterdam außerdem sehr musikalisch. Jahrhundertealte Glockenspiele ertönen in dieser Stadt, die ein vielseitiges Konzertprogramm bietet. Neben dem Royal Concertgebouw Orchestra sind Gäste vom Jazz bis hin zur Worldmusic in der Concertgebouw (Konzerthalle, ➤ 130) vertreten. In dieser kulturellen Szene mit ihren zahlreichen kostenlosen Konzerten und Veranstaltungen findet jeder etwas nach seinem Geschmack. Nur Snobismus sucht man in Amsterdam vergeblich.

Das Goldene Zeitalter

Vor tausend Jahren gab es in diesem Gebiet, das ein Stück landeinwärts vom Rheinzufluss in die Nordsee liegt, nichts als Sümpfe. Die ersten Siedler gestalteten das sumpfige Gelände um und legten dabei die Struktur der künftigen Großstadt fest. Flexibilität und Veränderung lautet das Motto der Holländer – mit dieser Einstellung konnten sie naturgegebene und von Menschen gemachte Schwierigkeiten überwinden, aber auch den aufkommenden Welthandel im 17. Jh. zur Gründung ihres Goldenen Zeitalters nutzen. Im Zentrum stand damals wie heute Amsterdam – als Stadt, die von Flexibilität und Ideenreichtum bestimmt ist.

Blick auf die Nieuwe Herengracht am Amstel Kanal

Inhalt

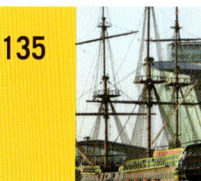

Autor: Simon Calder
»Wohin zum …?« Fred Mawer
Aktualisierung: Jane Egginton
Redaktion: Antonia Cunningham
Design: Lesley Mitchell
Redaktion der Reihe: Karen Rigden
Design der Reihe: Catherine Murray
Übersetzung »Das Magazin«: Anne Pitz

„National Geographic" ist eine eingetragene Marke der
National Geographic Society. Deutsche Ausgabe lizenziert durch
National Geographic Deutschland
(G+J/RBA GmbH & Co. KG), Hamburg 2008
www.nationalgeographic.de

Unsere Autoren haben nach bestem Wissen recherchiert.
Trotzdem schleichen sich manchmal Fehler ein,
für die der Verlag keine Haftung übernehmen kann.
Hinweise, Verbesserungsvorschläge und Korrekturen
sind jederzeit willkommen. Einsendungen an:
E-Mail: spirallo@nationalgeographic.de oder
National Geographic Spirallo-Reiseführer
MAIRDUMONT GmbH & Co. KG,
Postfach 3151, D-73751 Ostfildern

Original 5th English Edition
Kartografie: © AA Media Limited 2010
Maps produced under licence from map data
© MAIRDUMONT | Falk Verlag 2010 und
© ISTITUTO GEOGRAFICO DE AGOSTINI
S.p.A., NOVARA 2009
Transport map: © Communicarta Ltd, UK
Covergestaltung und Art der Bindung
mit freundlicher Genehmigung von AA Publishing

Herausgegeben von AA Publishing, einem Unternehmen
der AA Media Limited, Fanum House, Basing View, Basingstoke,
Hampshire RG21 4EA, UK. Handelsregister Nr. 06112600.

Farbauszug: AA Digital Department
Druck und Bindung: Leo Paper Products, China

A04574

Brücken bauen

Das Grachtennetzwerk verbindet die verschiedensten, sehr lebendigen Gemeinden. Tausend Brücken spiegeln sich im dunklen Wasser, das von ansprechenden Häusern und holprigen Gassen gesäumt ist.

Kompaktes Zentrum

An vielen Ecken können Sie noch das ursprüngliche Dorf, das die ersten Siedler mit einem Damm gegen die Amstel schützten, erkennen. Obwohl Amsterdam relativ klein ist, gilt es mit seinen großen indonesischen, karibischen und nordafrikanischen Gemeinden als eine der weltoffensten Städte Europas. Im Vergleich zu anderen europäischen Hauptstädten ist seine Fläche winzig – es gibt wenig Platz für die rund 750 000 Einwohner. Doch Amsterdams entsprechend vielseitiges Kunst- und Kulturangebot ist international konkurrenzlos und macht es zur anerkannten Kulturmetropole.

Eine fortschrittliche Annäherung

Seine berühmte Toleranz hat mit zu Amsterdams Spitzenstellung in Kunst, Architektur und Kultur beigetragen. Während die demokratische und liberale Atmosphäre Künstler aus aller Welt hierher zieht, profitieren alle von dieser fortschrittlichen Stadt, die auch pragmatisch und offen mit Drogen und Prostitution umgeht.

Prostituierte werden regelmäßig ärztlich untersucht und zahlen den Spitzensteuersatz. Mit der Unterscheidung von harten und weichen Drogen und einer Bildungsoffensive hat Amsterdam den weltweit niedrigsten Stand von Drogenmissbrauch erreicht.

WO GEHT'S ZUM PARLAMENT?

Obwohl Amsterdam Hauptstadt der Niederlande ist, liegen Parlament, Regierungssitz und viele Botschaften in der viel kleineren Stadt Den Haag, ca. 50 km von Amsterdam entfernt. Nachdem Graf Wilhelm II. von Holland hier einst im 13. Jh. ein Schloss erbaut hatte, wurde es als 's-Gravenhage, »des Grafen Hag«, zur Residenz. Später tagten hier die holländischen Stände. Das Parlament sitzt bis heute in Den Haag, teils aus Tradition und teils, weil die Niederländer eine Machtkonzentration im kommerziell dominanten und kulturell attraktiven Amsterdam, dessen Einwohner nur ca. fünf Prozent der Gesamtbevölkerung der Niederlande ausmachen, ablehnen.

DEM MEER
ABGERUNGEN

**Der Anflug auf den Flughafen Schiphol ist abenteuerlich.
Hinter einem stabilen Dünenkamm, der die Nordsee begrenzt,
landet der Pilot vier Meter unter dem Meeresspiegel.**

Theoretisch sind die Niederlande nicht für menschliche Besiedlung geeignet. Den Rekord hält das Gebiet nördlich von Rotterdam mit sechs Metern unter dem Meeresspiegel. In diesem Land würde ein Drittel des Staatgebiets und ein wesentlicher Teil Amsterdams von der Nordsee überflutet,

**Durch Deiche vor Überflutung geschützte Polderlandschaft mit Feldern in Lelystad.
Holland plant weitere Projekte der Landgewinnung aus dem Meer**

wenn die Deiche nicht wären. 60 Prozent der niederländischen Bevöl-
kerung zwischen der Schelde-Mündung bei Belgien und der deutschen
Grenze leben unterhalb des Amsterdamer Pegels (Normaal Amsterdams
Peil – NAP).

Küstenbefestigung

Das war nicht immer so. 500 Jahre v. Chr. lag der Meeresspiegel niedriger
und die Küste war im Wesentlichen unversehrt. Doch mit steigendem
Meeresspiegel überflutete die Nordsee bis Ende des ersten Jahrtausends
große Teile der Niederlande, sodass Binnenmeere und Sumpfland entstanden. Die Methode, mit der die ersten Siedler Amsterdams das Land
erschlossen, hat sich bis heute bewährt: Sie häuften Erde aus Sumpfge-
bieten zu künstlichen Inseln auf, die sie vergrößerten und mit zunehmen-
der Besiedelung verbanden. Durch den Bau schützender Deiche konnten
sie das Land trocken legen und bebauen oder landwirtschaftlich nutzen.
Zwei große technische Neuheiten beschleunigten diese Entwicklung: Von
Windmühlen und Dampfturbinen betriebene Pumpen machten es Ende
des 18. Jhs. möglich, größere Gebiete trocken zu legen. Die bekannteste
Eindeichung ist die der ehemaligen Zuiderzee (»Südliche See«) nördlich
von Amsterdam, wo heute der Binnensee IJsselmeer und seine Polder
liegen.

Ruhelose Gezeiten

Dem Wasser, das einerseits Flutkatastrophen verursachte und andererseits Amsterdam zu Reichtum verhalf, begegnet man mit Respekt. Lange bevor der Verlauf des Nullmeridians durch London festgelegt wurde, trug man bereits 1684 der Bedeutung und Zerstörungskraft des Wassers durch die Definition des Amsterdamer Pegels Rechnung. Als Nullpunkt für die Höhenmessung (sog. Normalnull), den große Teile Nordeuropas übernahmen, gilt der mittlere Wasserstand der Zuidersee in Amsterdam, die damals noch mit der Nordsee verbunden war. Heute können Sie eine Nachbildung der bronzenen Eichmarke im Gebäudekomplex Stadthaus/ Oper besichtigen. Sie ist dort ein kleines Stück unter dem Bodenniveau platziert. Die daneben aufgestellten Wassersäulen veranschaulichen die Problematik. Sie simulieren die aktuellen Wasserstände der Nordsee in IJmuiden, dem nächstgelegenen Nordseehafen, und dem im Südwesten gelegenen Vlissingen. Eine weitere Säule zeigt den Wasserstand der letzten Flutkatastrophe von 1953: Bei der Sturmflut erreichte er eine Höhe von 4,55 Meter über dem Meeresspiegel.

Pfähle über Pfähle

Jedes niederländische Schulkind weiß, dass 13 659 Holzpfähle den Königlichen Palast vor dem Versinken im unbeständigen Marschboden Amsterdams bewahren. Die beim Bau der Stadt verbreitete Technik, runde Holzpfähle als Fundamente bis zu 12 Meter tief in die erste feste Sandschicht zu treiben, wurde bei so manchem schiefen Haus nicht angewandt. Ein berühmtes Beispiel ist das schräge De Sluyswacht am Südende der Oudeschans Gracht, vis-à-vis dem Rembrandthuis (► 66). Es wurde 1695 so nachlässig gebaut,

1946 erlitt Amsterdam den härtesten Winter seit 1790. Bei Veere wurde ein Nothafen für den Transport von Baumaterial für die beschädigten Deiche eingerichtet

dass es sich schon bald kurios neigte. Heute ist es ein Café (► 72). Solange Holzpfähle im Wasser sind, bleiben sie konserviert. Doch sobald sie mit der Luft in Berührung kommen, beginnt ihr Zerfall. Daher baut

«Eine positive Folge der architektonischen Herausforderungen Amsterdams ist, dass nur wenige Hochhäuser das Stadtbild stören»

man heute auf quadratischen Betonpfählen, die bis in die zweite Sandschicht in 40 Meter Tiefe oder noch tiefer eingelassen werden. Eine positive Folge der architektonischen Herausforderungen Amsterdams ist, dass nur wenige Hochhäuser das Stadtbild stören.

Venezianische Verwandtschaft?

Amsterdam wird gern als »Venedig des Nordens« bezeichnet. Sachlich gesehen liegt der Vergleich nahe: Beide Städte sind auf etwa 100 Inseln errichtet und mit über 150 Kanäle und Hunderte Brücken verbunden. Beide konnten durch ihre Seeanbindung einen wirtschaftlichen und kulturellen Vorsprung gegenüber anderen Städten ausbauen, sind aber heute auf den Tourismus angewiesen. Hiermit erschöpfen sich aber bereits die Ähnlichkeiten. Venedigs Fundamente sinken heute, obwohl seine ersten Siedler noch auf festen Grund bauten. Anders als in Amsterdam werden Venedigs Kanäle nicht aufgeschüttet und die Gassen sind nicht mit Autos verstopft wie in der holländischen Stadt. Es könnte noch einige Zeit dauern, bevor jemand auf die Idee käme, Venedig als »Amsterdam des Südens« zu bezeichnen.

Amsterdamer Grachten aus der Luft

GIEBEL-
SCHAU

Amsterdams Architektur ist zurückhaltend. Erwarten Sie keine extravaganten oder theatralischen Bauwerke wie in London, Paris oder Berlin. Amsterdams Stadtbild setzt sich aus vielen kleinen Facetten zusammen: den geschmückten Giebeln der Grachtenhäuser.

Historischer Giebelschmuck

Das regnerische Wetter Nordeuropas erfordert steile Dächer, die vielerorts schmucklos ihre Funktion erfüllen. Doch im Amsterdam des 17. Jhs. mit seinem Goldenen Zeitalter kam es in Mode, die spitzen Winkel dekorativ zu verschönern. Es entspricht dem Geist dieser Stadt, dass die Giebel individuell und charakteristisch gestaltet sind. Sie können vier Grundformen immer wieder erkennen. Die einfachste Ausführung ist der eher schlichte Schnabelgiebel, der sich wie ein umgekehrter Trichter als Verkleidung an die Form des Dachs anpasst. Zahllose Beispiele sehen Sie an den Speicherhäusern im Jordaan Viertel.

Etwas aufwendiger ist der Stufengiebel, der wie eine Treppe von beiden Seiten auf das Dach führt. Das Bartolotti Haus an der Keizersgracht (➤ 175) ist eines der schönsten Beispiele.

Der Halsgiebel steht für ein klassischeres Konzept, bei dem auf dem Gesims ein rechtwinkliger Aufsatz wie ein Kopf auf Schultern ruht. Raffinierte Halsgiebel weisen eine Zwischenstufe auf. Die meisten Anschauungsbeispiele finden Sie an der Prinsengracht, Keizersgracht und Herengracht. Am meisten hat der Glockengiebel mit seinen schwungvollen Bögen, die nach oben schlank zulaufen, zu bieten. Diesen Typus können Sie in der ganzen Stadt bewundern. Die verzierten Giebel, die mit ihren phantasievoll ausgearbeiteten Motiven miteinander zu konkurrieren scheinen, zählen zu den auffälligsten Sehenswürdigkeiten Amsterdams.

Schiefe Häuser und gekippte Fassaden

Viele Häuser in der Innenstadt stehen nicht im rechten Winkel zum Erdboden. Neigt sich ein Haus nach rechts oder links, haben meist die Holzpfähle angefangen zu faulen. Wenn die Fundamente nachgeben und ein Gebäude auf einer Seite wegsackt, sind meist auch die Nachbarn betroffen.

Eine Neigung nach vorne ist dagegen beabsichtigt. Als es noch keine Kanalisation gab, baute man die Vorderseite so, dass sie auf die Straße ragte und aus dem Fenster gekippte Flüssigkeiten nicht auf die Fassade der unteren Etagen trafen, sondern auf die Straße. Ein weiterer Grund sind die engen und steilen Treppenaufgänge der Grachtenhäuser, über die sich keine sperrigen Möbel transportieren lassen. Herausnehmbare Fenster und ein Aufzugbalken mit Flaschenzug am Dachfirst ermöglichen den Möbeltransport jenseits der Hauswand. Eventuell schlingernde Lasten richten an der nach vorne gekippten Fassade weniger Schaden an.

Traditionell dekorierter Halsgiebel aus dem 17. Jh.

WER WOHNT HIER?

»Giebelsteine« sind kunstvoll gestaltete Tafeln, die viele alte Häuser schmückten. Früher, als viele Leute nicht lesen und schreiben konnten, war der Besitzer oder sein Gewerbe an ihrem Motiv zu erkennen. Eine sehr schöne Giebelsteinsammlung von abgerissenen Häusern ist an der südwestlichen Seite des Begijnhof (➤ 54f) zusammengestellt.

Handel und **Wandel**

Die Standortbedingungen für Hollands Wirtschaft sind nicht gerade vielversprechend. Das Land mit der höchsten Bevölkerungsdichte Europas besitzt nur geringe natürliche Gasvorkommen, aussterbende Fischgründe und wenig Landwirtschaft. Dennoch herrscht ein Wohlstand, der in keinem Bezug zu den natürlichen Ressourcen steht. Die Niederlande zählen zu den reichsten Ländern der Welt und Amsterdam ist eine der wohlhabendsten Städte Europas.

Seine Geschäftstüchtigkeit, mit der es auf Nachfrage durch Angebot reagiert und politische, technologische sowie kommerzielle Zukunftsprojekte betreibt, macht Holland zum größten Warenhaus der Welt.

Durch die niederländische Neutralität gegenüber europäischen Auseinandersetzungen konnten seine ersten Händler Kontakte zu Deutschland, Skandinavien und Südeuropa knüpfen. Mit preiswertem Holz aus dem Baltikum bauten sie größere Frachtschiffe als ihre Konkurrenz. Und der frühzeitig aufgebaute Finanzplatz mit Banken und Börse förderte den expansionistischen Handel schon im Goldenen Zeitalter des 17. Jhs., sowohl wirtschaftlich wie kulturell.

Amsterdam gelang Anfang des 17. Jhs. durch den Zusammenschluss seiner Kaufmannkompanie (VOC – Verenigde Oost-Indische Compagnie) mit der englischen »United East India Company« bei der Erschließung asiatischer Märkte eine dominierende Rolle im Welthandel einzunehmen.

Multinationaler Pionier

Dieser erste multinationale Konzern vertrat die Interessen von Geldgebern aus Amsterdam und anderen holländischen Orten bei der invasiven Öffnung und Ausbeutung der Handelsplätze von Java bis Japan. Die größte Stärke der VOC war ihre strikte Beschränkung auf den Handel. Da Holland nicht wie Spanien oder Portugal missionierte und das Christentum verbreiten wollte, wurde es von den fremden Regierungen toleriert.

Auch die Westindische Handelskompanie folgte dieser Strategie und spielte beim Menschenraub und Sklavenhandel in der Karibik und Südamerika eine Rolle. Währenddessen beutete die Grönland Kompanie die nördlichen Meere aus. Um 1800 fuhren 4000 holländische Handelsschiffe über 600 Seehäfen weltweit an.

Handelsbeschränkungen und militärisches Eingreifen mächtigerer Nationen haben zwar den wirtschaftlichen Höhenflug Hollands schließlich gestoppt, nicht aber den Unternehmergeist. Nach dem amerikanischen Unabhängigkeitskrieg gewährte Amsterdam der neuen US-Regierung den ersten Staatskredit.

Profitorientierung

Die Geschäftstätigkeit der Holländer ist weltweit unvermindert. Mittlerweile sind zwar die Häfen Asiens an der Spitze, doch Rotterdam zählt nach wie vor zu den wichtigsten Umschlaghäfen der Welt. Die inzwischen zu Air France gehörende KLM transportiert weiterhin mehr Passagiere pro Jahr als Holland Einwohner hat. Der Dienstleistungssektor macht heute zwei Drittel der niederländischen Volkswirtschaft aus. Was andere Länder produzieren, wird von Holländern gekauft, verkauft und transportiert. Amsterdam startete mit einem gigantischen Bauprojekt im Süden der Stadt ins 21. Jh. Nur sechs Minuten vom Flughafen Schiphol entfernt entsteht ein großes Geschäftszentrum, in dem sich mehr internationale Firmen niederlassen als im ganzen übrigen Land.

Flagge der Niederländischen Ostindien Gesellschaft (VOC) auf einem Nachbau des Schiffs *Duyfken*

BEMERKENSWERTE WÄHRUNG

Die erste Gemeinschaftswährung in Europa stammt aus Amsterdam. Im 17. Jh. tauschten die Amsterdamer Banken den *gulden florijn* (Florentiner Goldgulden) gegen jede Währung. Die frühere niederländische Währung wurde zwar Gulden genannt, schriftlich aber mit fl für *florijn* abgekürzt.

Mit der europäischen Währungsunion verlor Europa 2002 eine ihrer vielseitigsten Währungen. In den 1960er-Jahren hatte De Nederlandsche Bank die Gestaltung der Banknoten revolutioniert. Die Darstellung historischer Persönlichkeiten folgte einem klaren und übersichtlichen Konzept, das mit dem 10-Gulden-Schein von 1997 gekrönt wurde. Auf der einen Seite waren elektronische Schaltelemente in knalligen Farben zu sehen, die andere Seite zeigte eine kunstvolle Unterwasserwelt mit einem schematisch dargestellten Fisch und dem Gedicht *Ijsvogel* von Arie van den Berg.

DAS JÜDISCHE AMSTERDAM
POLITISCHE VERFOLGUNG UND ÜBERLEBEN

»Einmal wird dieser schreckliche Krieg doch vorbeigehen,«
schrieb Anne Frank im April 1944 in ihr Tagebuch, »einmal
werden wir doch wieder Menschen und nicht nur Juden sein!
Wir können niemals nur Niederländer oder nur Engländer
oder was auch immer werden, wir müssen daneben immer
Juden bleiben. Aber wir wollen es auch bleiben.«

Die erste jüdische Gemeinde
Ab dem 16. Jh. suchten Tausende Juden aus Ost- und Südeuropa Zuflucht in
Amsterdam. Sephardische Juden wurden aus Spanien und Portugal vertrie-
ben, aschkenasische wurden in Polen und Deutschland verfolgt. Sogar im li-
beralen und toleranten Amsterdam war ihnen 200 Jahre lang verboten, eigene
Geschäfte zu betreiben oder bestimmte Handwerksberufe zu ergreifen. Unter
dem Einfluss der Französischen Revolution beendete das niederländische
Gleichberechtigungsgesetz gegen Ende des 18. Jhs. diese Diskriminierung.

Faschismus und Krieg
Nachdem Adolf Hitler 1933 Reichskanzler wurde emigrierten viele deutsche
Juden in die Niederlande. Unter ihnen war auch die Familie des erfolgrei-
chen Kaufmanns Otto Frank aus Frankfurt/Main, dessen Tochter Anne dort
am 12. Juni 1929 geboren worden war. Seine unternehmerische Tätigkeit
sicherte seiner Familie auch in den Niederlanden ein gutes Auskommen.
   Am 1. September 1939 brach der Zweite Weltkrieg aus. Mit der Besetzung
der Niederlande durch die Nazis im Mai 1940 begann auch hier die Judenverfolgung. Im Oktober mussten holländische Beamte ihre arische Abstammung
nachweisen, alle Juden wurden zwangsregistriert. Die jüdische Gemeinde

reagierte mit Gegengewalt. Nach einer Auseinandersetzung im Februar 1941, bei dem ein Mitglied der niederländischen Nationalsozialisten umkam, verhafteten die deutschen Besatzer 400 Juden. Dies löste wiederum einen Generalstreik der niederländischen Gewerkschaftsbewegung aus. Ab dem 3. Mai 1942 mussten alle Juden den gelben »Judenstern« tragen. Jüdische Geschäfte wurden von den Besatzern geplündert. 1943 begann die Verhaftung Tausender Juden und ihre Deportation in »Arbeitslager«. Von den damals über 140 000 in den Niederlanden lebenden Juden wurden 107 000 in die Konzentrationslager verschleppt. Nur sehr wenige überlebten den Holocaust.

Untertauchen

Wie viele jüdische Familien ging auch die Familie Frank in den Untergrund. Oft war dies ein Versteck auf einem Dachboden oder im Keller (im Niederländischen nannte man sie *onderduikers*, Taucher). Einige Niederländer beschützten sie heldenhaft, doch die Hälfte der 16 000 Untergetauchten wurde entdeckt und in die Vernichtungslager geschickt. Die meisten von ihnen waren gegen eine Belohnung von sieben Gulden pro Kopf verraten worden. Es ist nicht geklärt, wie das Versteck der Familie Frank bekannt wurde. Als die Nazis mit ihren niederländischen Helfern zur Hausdurchsuchung in die Prinsengracht 263 (➤ 94ff) kamen, gingen sie direkt auf das Bücherregal zu, hinter dem sich der geheime Eingang zum Hinterhaus befand. Nur Otto Frank überlebte die Vernichtungslager, in die er und seine Familie kamen. Er veröffentlichte Annes Tagebuch 1947, das Anne-Frank-Haus ist ein Ort der Besinnung auf humanistische Werte.

Jüdische Verbindungen

Amsterdam hat viele weitere Bezüge zur jüdischen Geschichte. **Ets Haim** (Mr. Visserplein 3, Tel. 020 428 2596, www.etshaim.org) ist die älteste jüdische Bibliothek der Welt und steht auf der Liste des Weltdokumentenerbes der Unesco. Seit 2008 ist sie für Besucher zugänglich (nur mit Anmeldung). Die **Portugiesische Synagoge** (➤ 151) ist in sehr gutem Zustand erhalten, während vier benachbarte Synagogen zum **Jüdischen Historischen Museum** (➤ 144f) umfunktioniert wurden. Das Widerstandsmuseum (➤ 152) ergänzt diese Sehenswürdigkeiten.

Links: Standbild der Anne Frank vor der Westerkerk auf der gegenüberliegenden Straßenseite des Verstecks

»MEIN FAHRRAD ZURÜCK!«

In Holland hat man den Deutschen bis heute nicht ganz verziehen. Als die heutige Königin Beatrix einen Deutschen heiratete, versammelte sich eine Menschenmenge im Westerpark. Einige riefen: »Mein Fahrrad zurück!«. In den letzten Kriegsmonaten hatten die deutschen Truppen in Holland Tausende Fahrräder für die Waffenproduktion oder einfach als Transportmittel für ihren Rückzug beschlagnahmt.

SELBSTPORTRÄT DES KÜNSTLERS
ALS ALTER MANN

Der berühmte Sohn der Stadt, Rembrandt Harmenszoon van Rijn, einst von wohlhabenden Bürgern der Stadt gefördert, starb 1669 als mittelloser Außenseiter.

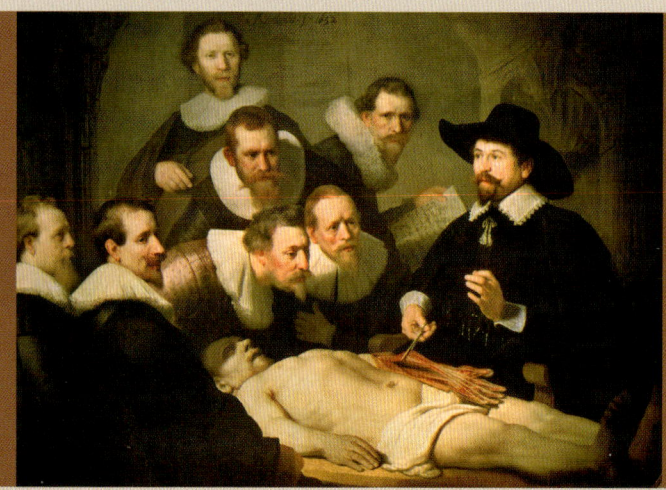

Oben: *Die anatomische Vorlesung des Dr. Nicolaes Tulp*, Rembrandt van Rijn, 1632
Rechts: *Selbstporträt*, Rembrandt van Rijn, 1661-62

Rembrandt kam 1606 südlich von Amsterdam in Leiden zur Welt (▶ 170f) und lebte dort 25 Jahre. Sein Vater, der Müller war, hatte große Pläne für die Ausbildung seines Sohnes. Das mit 14 Jahren begonnenes Studium an der Universität Leiden brach er allerdings ab, um Malerei zu studieren. In der Kunst war damals der italienische Barock richtungweisend, insbesondere das Werk Caravaggios, der seinerseits von der Altniederländischen Malerei beeinflusst war. Remrandt lernte bei Jacob van Swanenburgh und studierte anschließend sechs Monate bei Pieter Lastman in Amsterdam. Nach dessen Vorbild widmete sich Rembrandt intensiv physiognomischen Studien, die sein Werk prägten. Er kehrte nach Leiden zurück und gab Malunterricht, doch schon bald wurde die Stadt für seine Karriereansprüche zu klein.

KUNST IN AMSTERDAM

Verpassen Sie nicht das 2009 neu eröffnete **Hermitage Amsterdam** (➤ 142), eine Dépendance des russischen St. Petersburg Hermitage Museum. Zwei weitere große, benachbarte Museen sind das **Rijksmuseum** (➤ 114ff) und das **Van Gogh Museum** (➤ 124ff). Sie liegen nur wenige Minuten Fußweg voneinander entfernt. Die Sammlung Moderner Kunst des **Stedelijk Museum** (➤ 122f) wird im Museumplein 2011 wiedereröffnet. Zwischenzeitlich werden Teile der Sammlung an anderen Orten in Amsterdam gezeigt. Zeitgenössische und experimentelle Kunst des 21. Jhs. finden Sie in der **Westergasfabriek** (➤ 100), einem ehemaligen Gaswerk. Es gibt zahlreiche Galerien. Wer Kunst kaufen möchte, sollte sich im Jordaan-Viertel umschauen.

In Amsterdam

1631 zog Rembrandt nach Amsterdam. Die Wirtschaft florierte und Kaufleute, die durch die Handelsbeziehungen der Niederländischen Ostindien-Kompanie (▶ 14) reich geworden waren, gaben biblische Darstellungen und Porträts in Auftrag. Aus praktischen Gründen standen Rembrandt oft Familienmitglieder Modell. Im Rijksmuseum (▶ 114ff) hängt ein Porträt seiner Mutter als Prophetin Hanna. Auch seine spätere Frau Saskia saß immer wieder Modell für seine Werke.

1632 erhielt er den Auftrag *Die Anatomische Vorlesung des Dr. Nicolaes Tulp* zu malen, das heute im Mauritiushuis in Den Haag hängt. Rembrandt machte sich auch mit seinen Radierungen einen Namen. Viele der noch erhaltenen, detaillierten und ausdrucksstarken Radierungen sind im Rembrandthuis (▶ 66) zu sehen.

Reichtum und Ruhm

In der Kombination dynamischer Hell-Dunkel-Kontraste mit rationaler Zurückhaltung lag das Neue seiner künstlerischen Arbeit, aber er handelte auch mit Kunstwerken anderer. Als Kunsthändler erzielte er einen Gewinn von über 100 Gulden beim Kauf und Verkauf des Rubenswerks *Hero und Leander* (um 1605).

Rembrandt heiratete Saskia van Uylenburgh im Jahr 1634 aus Liebe, doch die Verbindung wirkte sich nebenher günstig auf seine Geschäfte aus. Saskia kam aus einer gut situierten Familie und ihr Onkel war ein erfolgreicher Kunsthändler. Mit diesen Beziehungen war Rembrandt auf dem grünen Zweig und bekam viele Aufträge.

In den 1630er-Jahren malte er seine eindrucksvollsten Selbstporträts. Rembrandt war nicht nur als Maler, sondern auch als Lehrer gefragt und seine Schüler halfen ihm, die große Nachfrage an Porträts, religiösen Darstellungen und Landschaftsbildern zu bewältigen. Bis heute ist die Urheberschaft einiger Werke, die ihm zugeschrieben werden, nicht zweifelsfrei geklärt. 1639 bezog das Ehepaar ein vornehmes Haus im jüdischen Viertel (▶ 66), das er zum stolzen Preis von 13 000 Gulden gekauft hatte. Die Hypothek, die er hierfür aufnahm, ruinierte ihn mit der Zeit.

> »Rembrandt heiratete aus Liebe, doch die Verbindung wirkte sich nebenher günstig auf seine Geschäfte aus«

Schicksalsschläge und Erfolg

In den 1630er-Jahren bekamen Rembrandt und Saskia drei Kinder, die alle im Säuglingsalter starben. Das vierte Kind, Titus, den Saskia 1641 gebar, überlebte, aber sie selbst starb im darauffolgenden Jahr. Ihr Vermögen erbte Titus und Rembrandt sollte es verwalten, solange er nicht wieder heiraten würde. Im gleichen Jahr vollendete Rembrandt sein berühmtestes Gemälde, *Die Kompanie des Frans Banning Cocq*. Es stellt selbstbewusste, ungezwungen auftretende Männer einer Bürgerwehr dar. Das mit der Zeit sehr dunkel gewordene Bild wurde als Die Nachtwache bekannt und hängt im Rijksmuseum.

Rembrandt reiste nicht viel, aber seine imaginierten Landschaften wirken, als ob er einen Großteil Europas und das Heilige Land gesehen hätte. Er kaufte die verschiedensten exotischen Kunstgegenstände aus Asien und Amerika, die Sie im Rembrandthuis ansehen können.

Danaë (Ausschnitt), Rembrandt van Rijn, 1643

Niedergang

1649 stellte Rembrandt Hendrickje Stoffels als Haushälterin ein, die bald seine Geliebte wurde. Die Amsterdamer Gesellschaft tratschte zwar über Rembrandts Mätresse, doch die Beziehung wurde weitgehend toleriert. Viele Gemälde aus dieser Schaffensperiode hängen heute in internationalen Galerien, wie z. B. *Nathan ermahnt David* (ca. 1652-53).

Doch sein luxuriöses Leben und zunehmend nicht eingehaltene Abgabetermine ruinierten ihn. 1656 war er zahlungsunfähig, seine Kunst- und Antiquitätensammlung wurde zugunsten der Gläubiger versteigert. Er war jetzt gezwungen, weiterzuarbeiten. Das 1662 entstandene Porträt der Vorsteher der Tuchmacherzunft im Rijksmuseum demonstriert sein unvermindertes Können.

1663 starb Hendrickje und 1668 sein geliebter Sohn Titus im Alter von 17 Jahren. Kaum ein Jahr später starb Rembrandt verarmt und einsam am 4. Oktober 1669. Sein Grab ist unbekannt, aber sein Vermächtnis ist weltberühmt.

AUF DEN SPUREN REMBRANDTS

Erinnerungen an Rembrandt begegnen Sie in der ganzen Stadt. Sehen Sie sich vor allem die Sammlung seiner Meisterwerke im **Rijksmuseum** (► 114ff) an und besuchen Sie das **Rembrandthuis** (► 66). Der **Rembrandtplein** (► 182) mit einem Standbild des Künstlers ist ein gefragtes touristisches Ziel. Organisierte Touren zu Fuß oder mit dem Fahrrad (siehe www.iamsterdam.com) führen zu diesen Sehenswürdigkeiten, auch zur **Oude Kirk** (► 64) aus dem 14. Jh., wo seine Frau Saskia begraben liegt und zur **Westerkerk** (► 92f), wo man Rembrandts Gebeine vermutet. Im Obergeschoss von De Waag malte Rembrandt *Die anatomische Vorlesung des Dr. Nicolaes Tulp* (ca. 1632). In diesem burgähnlichen ehemaligen Stadttor lädt heute ein Restaurant-Café (► 71f) zur Erfrischung nach einer Rembrandt-Tour ein.

AMSTERDAMER GETRÄNKE:
EINE LANGE
TRADITION

Im Mittelalter beschloss der Graf von Holland, die Kassen der jungen Stadt aufzufüllen. 1323 verfügte er, dass einer der beiden Häfen seiner Grafschaft, die vom wichtigsten nordeuropäischen Bierproduzenten Hamburg Bier importieren durften, Amsterdam sein sollte. Bier war zu jener Zeit reiner als das örtliche Trinkwasser.

Die Heineken-Story

Heineken begann 1864 in Amsterdam Bier zu brauen und ist heute mit einem Vertrieb in 170 Länder einer der größten Bierlieferanten der Welt. Die Firma verdankt einen Teil ihres Erfolgs der Heineken-A-Hefe, die sie seit 1886 kultiviert und die bis heute Hauptbestandteil des Bieres ist. Sie wird jeden Monat vom Hauptsitz bei Amsterdam in die 100 Produktionsorte geflogen. 1988 hat die Brauerei ihre Produktion in Amsterdam zwar eingestellt, sie ist aber ein Touristenmagnet (➤ 140f) und die Präsenz der Marke ist in der Stadt unübersehbar. Heineken gehört das berühmte De l'Europe Hotel (➤ 41), das Heineken Hoek Café am Leidseplein (➤ 98), sowie die Biermarken Amstel und Murphy's Irish Stout.

Gut gezapft

Das Bier wird normalerweise in einem 250 ml-Bierglas mit einer zwei Zentimeter dicken Schaumkrone serviert. Die Barkeeper streifen überschüs-

Unten: Heineken Experience
Rechts: *Jenever* wird aus den typischen ‚Bols'-Keramikflaschen ausgeschenkt

sigen Schaum gerne routiniert mit einem Plastikspatel ab. In »Braunen Cafés« (▶ 26) bestellen Sie an der Bar und zahlen sofort – oder auf Rechnung, wenn Sie auf mehrere Getränke bleiben.

Holländisches Hochprozentiges

Gin, *Jenever* (▶ 45) oder Wacholderschnaps ist eine holländische Erfindung aus dem 17. Jh., die später von den Briten übernommen wurde. Im ganzen Land gibt es Schnapsbrennereien aus jener Zeit mit traditionellen Probierstuben (▶ 27f). Im House of Bols (Paulus Potterstraat 14, Tel. 0205 708 575; www.houseofbols.com; Mi–Mo 12–18 Uhr, Fr bis 22 Uhr) können Gäste die Geschichte und Tradition der Firma und seiner Spirituosen kennen lernen und verschiedene Cocktails kosten.

BESONDERE BIERE

Richtig bodenständig können Sie in Brauhäusern mit eigener Brauerei trinken, wie z.B. **Brouwerij 't IJ** (▶ 155). Einige Cafés, wie **In de Wildeman** (▶ 72), haben eine riesige Bierkarte, einschließlich belgischen Biersorten. **Cafe 't arendsnest**, (Herengracht 90; www.arendsnest.nl; So–Do 16–24 Uhr, Fr, Sa 16–2 Uhr) ist auf niederländisches Bier spezialisiert und hat so gut wie jedes auf der Karte, aber auch einige andere Sorten. Lassen Sie sich vom kundigen Barmann auf den Geschmack bringen. Das beste Geschäft für Bier ist **De Bierkoning** (Paleisstraat 125, Nähe Dam, www.debierkoning.nl, Tel. 0206 252 336; tägl. 11–19 Uhr, Mo und So ab 13 Uhr). Hier finden Sie 950 Biersorten, z. B. Bier in Champagnerflaschen, belgisches Trappistenbier und tschechisches Pilsener.

RAD FAHREN

Das Fahrrad passt perfekt zu Amsterdam: es ist handlich, smart und meistens unaufdringlich. Außerdem kommen Sie damit überall hin. Die City ist flach und klein, Radfahrer haben in den engen Gassen und auf den Brücken einen Vorsprung gegenüber dem motorisierten Verkehr, der quasi stillgelegt ist. In Amsterdam gibt es mehr Fahrräder als Einwohner, sogar die Königin fährt Rad.

Rad fahren lohnt sich

Die Stadt ist ideal zum Fahrrad fahren. Mischen Sie sich mit dem Rad unter Pendler, Shopper und radelnde Polizisten. Fast überall gibt es separate Fahrradwege und Abstellmöglichkeiten, im Gegensatz zu Parkplätzen für Autos. Die einzige Mühe, die Sie in diesem flachen Stadtgebiet erwartet, sind die wenigen steilen Brücken.

Für die Umwelt

Amsterdam ist als Fahrradstadt sehr umweltfreundlich, aber das ist nicht der einzige Grund, warum es hier so angenehm ist. Den Lärm und die schlechte Luft anderer Großstädte gibt es hier einfach nicht. Das aus den 1970er-Jahren stammende fortschrittliche Modell Amsterdams, Rad fahren zu fördern bzw. Auto fahren zu erschweren, übernehmen inzwischen andere Städte weltweit. Es gibt wohl kaum eine Stadt auf der Welt, in der mehr

---

EIN FAHRRAD MIETEN

- **Bike City** ✉ Bloemgracht 68–70, Jordaan ☎ 020 626 3721; www.bikecity.nl 🚊 13, 14, 17 zum Westermarkt
- **Damstraat Rent-a-Bike** ✉ P Jacobszdwarstraat 7–13, Südostseite auf dem Dam ☎ 020 625 5029; www.bikes.nl 🚊 4, 9, 14, 16, 24, 25 nach Damrak
- **Orange Bike** ✉ Singel 233 ☎ 020 528 9990; www.orangebike.nl 🚊 2, 4, 9, 16, 24, 25 zum Dam
- **Holland Rent-a-Bike Beurstalling** ✉ Damrak 247 ☎ 020 622 32 07 🚊 4, 9, 16, 24, 25
- **Mac Bike** ✉ Nieuwe Ulenburgerstraat 116, Waterlooplein ☎ 020 620 0985; www.macbike.nl 🚊 9, 14; und ✉ Weteringschans 2, in der Nähe vom Leidseplein ☎ 020 620 0985 🚊 1, 2, 5, 6, 7, 10

Fahrräder unterwegs sind und die Zahl tödlicher Unfälle niedriger.

Pedalisten

Die Fahrradfahrer in Amsterdam lassen sich sehen. Geschäftsleute in Anzügen, Eltern mit Kleinkindern, Greise mit Haustieren – alle sind mit dem Rad unterwegs. Ein Taxi zu rufen, heißt nicht unbedingt, dass es ein Auto sein muss. In Amsterdam können Sie ein Fahrradtaxi nehmen (Tel. 06 2824 7550, www.wielertaxi.nl), sogar für's Wasser gibt es Tretboote.

Mit dem Rad unterwegs

Wenn Sie ein Fahrrad mieten, machen Sie einen Bremstest und prüfen Sie, ob Sitz und Lenker fest sind, bevor es los geht. Mieten oder leihen Sie einen Helm, auch wenn viele Einheimische keinen tragen. Falls etwas passiert, fragt die Versicherung danach. Kindersitze oder Kinderfahrräder werden auch vermietet.

Vorsicht vor den Straßenbahnschienen! Um nicht stecken zu bleiben, fahren Sie nicht parallel darüber.

Besondere Vorsicht gilt im Schienengewirr am Dam und am Hauptbahnhof. Meist verlangt man von Ihnen eine Kaution (per Kreditkarte oder in bar), gelegentlich auch einen Ausweis. Die Touristeninformation und Buchläden verkaufen Stadtpläne mit eingezeichneten Fahrradwegen. Die Verleiher Orange Bike und Mac Bike (siehe links)

Amsterdam ist eine der fahrradfreundlichsten Städte weltweit. 60 Prozent aller Stadtfahrten werden mit dem Rad erledigt.

bieten geführte Fahrradtouren an.

Sie werden bemerken, dass die meisten Räder alt und zerkratzt aussehen. Neu aussehende Fahrräder könnten zu schnell geklaut werden. Wenn Sie Ihr eigenes Rad mitnehmen (bei vielen Fluggesellschaften gratis), brauchen Sie ein gutes Schloss, oder besser zwei.

Die Niederlande sind klein und es liegt nahe, das Umland mit dem Rad zu erkunden. Für die Fahrradmitnahme im Zug brauchen Sie eine *Dagkaart Fiets* (Tagesfahrkarte), Stoßzeiten sind ausgeschlossen.

Café-
KULTUR

Für die Amsterdamer sind ihre Cafés wie ihr zweites Wohnzimmer – Orte, an denen man sich mit Freunden trifft oder einfach nur entspannt und Zeitung liest. Sie pflegen eine Kultur der Individualität, Kaffeeketten können sich daher hier nicht halten. Wesentlich ist die einladende und ansteckend gemütliche Atmosphäre, die sprichwörtliche holländische *gezelligheid*. Sie gehört schon fast zu den holländischen Grundbedürfnissen.

Allerdings kann die niederländische Verwendung des Wortes »Café« irritieren. Ein holländisches Café ist ein Ort, wo Sie nicht nur Kaffee und Kuchen oder Snacks bekommen, sondern vor allem jede Art von Getränken, wie in einer Bar oder Kneipe. Selbst Lokale, die de facto Restaurants sind, heißen hier manchmal Café. Wundern Sie sich also nicht, dass viele Cafés von allem etwas haben.

Bruin Cafés

Diese urigen »Braunen« Cafés, von denen die ältesten aus dem 17. Jh. stammen, wirken wie aus einem Rembrandt- oder Vermeer-Gemälde entnommen. Obwohl sie wie historische Kneipen wirken, erwartet Sie hier gastfreundliche Gemütlichkeit. »Braun« heißen sie wegen ihrer vom Rauch vergilbten Wände und Decken und dunkel gebeizten Holztäfelungen und Holzdielen. Machen Sie sich auf eine überwiegend männliche Stammkundschaft inmitten von Accessoires wie kleinen persischen Deckchen, gerüschten Vorhängen, Zeitungsständern, flackernden Kerzen, einer speckigen Theke mit Zapfhähnen aus glänzendem Messing und einer schlafenden Katze in einem alten Sessel gefasst. Gewöhnlich ist der Barmann ins Gespräch mit Einheimischen vertieft.

Im Winter sind Braune Cafés wunderbare Schlupflöcher zum Aufwärmen, bei schönem Wetter stehen oft Bänke oder Tische vor der Tür. Neben Alkoholischem bekommen Sie hier auch Kaffee. An der Theke oder aus der Vitrine bekommen Sie einfache Gerichte wie Sandwiches, Kroketten, Nüsse, Käse, gekochte Eier und eventuell Apfelkuchen.

■ **Die besten Bruin Cafés**: Café Papeneiland (► 101–102), Café 't Smalle (► 102), Café de Dokter (► 70), Oosterling (► 156), In de Wildeman (► 72).

Probierstuben

Früher boten die Schnapsbrennereien ihren Kunden beim Kauf von jenever (holländischer Wachholderschnaps) oder Likör eine kostenlose Degustation an.

GRAND CAFÉS

Seit den 1980er-Jahren kamen hellere, modernere Cafés in Mode, die sich oft als Designerbars bezeichnen. Mit Tanzmusik und zeitgemäßem Design sind sie für trendbewusste Nachtschwärmer eine beliebte Alternative zu den nostalgischen Bruin Cafés. Diese so genannten »Grand Cafés« sind aber auch Anlaufstellen beim Einkaufsbummel, für Geschäftsleute und Studenten. Einige verdienen ihren Namen nicht, aber die besten Lokale vermitteln mit ihren hohen Decken, ansprechenden Vitrinen an der Bar und zum Lesen einladenden Tischen mit Stapeln von Zeitschriften und Zeitungen etwas vom Stil der Wiener Caféhäuser oder der etwas hipperen Cafés in Paris. Die meisten bieten Gerichte vom Mittagsimbiss bis zum dreigängigen Menü an.

Die besten Grand Cafés : Café Américain (► 101); Café de Jaren (► 70); Café Luxembourg (► 70); De Kroon (► 156).

Heute gibt es nur noch wenige *proeflokaale* bzw. Probierstuben und jedes Getränk wird berechnet. Gehen Sie trotzdem hin, denn die Atmosphäre in diesen kultigen Bars mit Holzfässern und Steingutflaschen (meist ohne Sitzgelegenheiten) ist einmalig. Die Amsterdamer schauen gern für einen kurzen Drink vorbei, bevor sie nach Hause gehen.

■ **Die besten Probierstuben**: De Drie Fleschjes (▶ 71), Wynand Fockink (▶ 72).

Eetcafés

Bei einigen »Braunen« oder modernere Cafés liegt der Schwerpunkt auf dem Essen (manche nennen sich *petits restaurants*), doch Sie können auch nur etwas trinken. Früher boten sie traditionelle holländische Kost an, aber viele haben ihre Karte inzwischen qualitativ hochwertig erweitert. Die meisten Restaurants öffnen erst abends, in den *eetcafés* bekommen Sie auch ein Mittagessen.

■ **Die besten Eetcafés**: Café de Prins (▶ 102), Spanjer & Van Twist (▶ 102), 't Gasthuys (▶ 71), Walem Café (▶ 103).

Teehäuser

Viele Amsterdamer Cafés könnte man auch Teehäuser nennen – Lokale, die tagsüber Sandwiches, Kuchen, Gebäck, Tee und Kaffee servieren. Manche finden Sie in Kaufhäusern, andere sind Konditoreien angegliedert.

■ **Die besten Teehäuser**: Backstage (▶ 155), Pompadour (▶ 105), Villa Zeezicht (▶ 72).

Coffeeshops

Mitte der 1970er-Jahre legalisierte die niederländische Regierung den Verkauf und Konsum kleiner Mengen Cannabis. Die Konsumenten sollten so vor kriminellen Kontakten geschützt werden. Der Konsum weicher Drogen liegt in Holland im Durchschnitt wie in den USA oder der EU, der Konsum harter Drogen ist deutlich niedriger. Die konservative Regierung der letzten Jahre hat sich der internationalen Kritik an der liberalen Handhabung gebeugt. Das Kiffen in den über 200 so genannten Coffeeshops Amsterdams ist zwar weiterhin geduldet, aber rund 30 Prozent wurden nach Razzien in den vergangenen Jahren geschlossen. Die Coffeeshops dürfen keinen Alkohol verkaufen und es gilt Rauchverbot. Rauchern droht sogar die Festnahme, wenn ihr Joint neben Hanf den illegalen Tabak enthält.

Sie erkennen die Coffeeshops leicht an den weiß-grünen Aufklebern im Fenster. Mit dem Widerspruch, dass Coffeeshops weiche Drogen in klei-

nen Mengen verkaufen dürfen, die Lieferung großer Mengen durch Dealer hingegen technisch gesehen illegal ist, können die Holländer leben. In kleinen Coffeeshops liegt eine Karte der verschiedenen Drogen an der Bar aus, in größeren Coffeeshops gibt es eine eigene Theke. Sie dürfen bis zu 5 Gramm abgepackt kaufen oder fertig gedrehte Joints. Das (tabakfreie) Rauchen vor Ort ist erlaubt, die meisten Holländer nehmen ihren Einkauf aber lieber mit nach Hause – natürlich dürfen Sie keine Drogen über die Grenze mitnehmen. Manche verkaufen auch Space-Cakes. Ihre Wirkung ist zeitversetzt und stärker. Wenn Sie sich später noch an Ihr Wochenende in Amsterdam erinnern möchten, halten Sie sich zurück.

Atmosphärisch sind die Coffeeshops sehr unterschiedlich. In der Innenstadt gleichen sie oft psychedelischen Wohlfühlkneipen, die Filialen der Bulldog-Kette sind dagegen knallig und kommerziell aufgemacht.

■ **Die besten Coffeeshops**: Der erste Coffeeshop der Stadt soll das Rusland gewesen sein (Rusland 16), im Barney's können Sie tagsüber durchgehend kleine Gerichte bestellen (Haarlemmerstraat 102), La Tertulia hat den Touch eines netten Café an der Ecke (Prinsengracht 312), das esoterische De Rokerij (Lange Leidse-dwarsstraat 41) lädt zu stimmungsvollen Abenden ein.

Seite 27: Cafe Papeneiland an der Brouwersgracht
Seite 28 links: De Drie Fleschjes; Mitte links: Detail in einem Coffeeshop
Oben: Coffeeshop Johnny, Elandsgracht; oben rechts: Gastliche Coffeeshop-Einrichtung

HIGH
AUF EIN

Amsterdam ist eine höchst unkonventionelle und außergewöhnliche Stadt. Lassen Sie sich von ihrer kosmopoliten Kultur, ihrer Lässigkeit, ihrer Kinderfreundlichkeit und den klassischen Grachtencafés verführen.

Die besten Museen
- Bewundern Sie exquisite Handtaschen aus fünf Jahrhunderten im ausgefallenen, faszinierenden Tassen (Handtaschen) Museum (➤ 150).
- Besichtigen Sie die russische Kunstsammlung des neuen, wesentlich erweiterten Hermitage Amsterdam (➤ 142f).
- Das Van Gogh Museum (➤ 124ff) mit einigen der besten Gemälde des großen Künstlers ist ein Muss.

Oasen der Ruhe
- Erholen Sie sich im beliebten Vondelpark (➤ 118ff).
- Auf der Dachterrasse des NEMO (➤ 69) versüßt Ihnen im Sommer ein Strandcafé den Tag.
- Genießen Sie die Stille der makellosen Nieuwe Kerk (➤ 61f).
- Die Konzerte in Muziekgebouw aan 't IJ (➤ 160) sind eine Wohltat für die Ohren.

Für Kinder
- Besondere Erlebnisse für 6- bis 12-jährige Kinder bietet am Wochenende das Tropenmuseum Junior (➤ 154).
- Kinder erfahren Naturgesetze im Science-Center des NEMO (➤ 69) an interaktiven Exponaten, empfohlen von 6 bis 16 Jahren.

Oben: *Irissen* (Schwertlilien),
Vincent Van Gogh, 1890
Unten: Kinder dürfen auf den Buchstaben im Museumsplein Park klettern

- Workshops und Schatzsuche im Van Gogh Museum (►124ff).

Am besten Einkaufen
- Im Negen Straatjes Viertel (9 Straßen, ►105) mit seinen kleinen Geschäften, Bars und Restaurants macht das Bummeln Spaß.
- Der bunte Flohmarkt vor der historischen Kulisse am Noordermarkt (►106) lädt zum Stöbern ein.
- In der ganzen Stadt finden Sie die Supermarktkette Albert Heijn, wo Sie sich für ein Picknick oder mit essbaren Mitbringseln versorgen können.

Die besten Verkehrsmittel
- Besichtigen Sie die Stadt im gemächlichen Tempo einer malerischen Grachtenrundfahrt (►84).
- Fahren Sie Straßenbahn: Mit der 16 von Centraal Sation bis Museumsplein und mit der 5 zurück.
- Fahren Sie wie die Einheimischen mit dem Fahrrad durch eine der fahrradfreundlichsten Städte der Welt (►24f).

Amsterdam-Klassiker
- Trinken Sie ein Bier oder einen Kaffee in einem Bruin Café. Café Papeneiland (►101f) ist winzig, alt und von Einheimischen gut besucht.
- Besichtigen Sie ein Grachtenhaus: Das Museum Ons' Lieve Heer op Solder (►65) stammt aus dem 17. Jh. und hat einen beeindruckenden Kirchenraum im Dachstuhl.
- Gönnen Sie sich den Blick aufs Wasser in einem der angesagtesten Grand Cafés: Café de Jaren (►70) hat die großzügigen Räume einer früheren Bank übernommen.
- Aus der Vogelperspektive vom Turm der Westerkerk (►92f) erkennen Sie die mittelalterliche Stadtanlage.

Oben: Der Altar im Museums *Ons' Lieve Heer op Solder* (Unser Herr auf dem Dachboden)
Unten: Traditionelle Delfter Fayencen

Kulinarisches
AMSTERDAM

Das berühmte Gemälde *Die Kartoffelesser* **(1885) hängt im Van Gogh Museum (➤ 124ff). Es zeigt Bauern beim gemeinsamen Abendessen.** *Stamppot*, **ein Gericht aus Kartoffelpürree, Endivien, Champignons und Schinkenwürfeln, gilt zwar nach wie vor als Grundnahrungsmittel, aber die Küche der Hauptstadt hat ein weit größeres Repertoire.**

Sterne-Qualität

Gourmets haben die Qual der Wahl unter den 3-Sterne-Restaurants Amsterdams. Das französisch-mediterrane Restaurant **La Rive** (www.restaurantlarive.nl, ➤ 156) reserviert Ihnen gerne den Weinkeller im Amstel Intercontinental Hotel. **Yamazato** (www.yamazato.nl, ➤ 158) im Okura Hotel ist das einzige traditionelle japanische Restaurant Europas mit Michelin-Stern. Im selben Hotel ist das französisch angehauchte **Ciel Bleu** (➤ 157) untergebracht – es hat erst jüngst zwei Sterne erhalten und ist das einzige Restaurant der Stadt mit dieser Auszeichnung.

Kulinarischer Kalender

Seit kurzem ergänzt das internationale Festival **Taste** (www.tasteofamsterdam.com) die kulinarischen Festivals in Amsterdam. Ende Juni können Besucher vier Tage lang den Köchen der besten Restaurants beim Zubereiten einzigartiger Kreationen zusehen und sich von Stand zu Stand treiben lassen. Neu ist auch das Open-Air-Festival **Rollende Keukens** (»Rollende

Links: *Die Kartoffelesser*, Vincent van Gogh, 1885
Oben: Edamer Käse, ein beliebtes niederländisches Exportprodukt

Küchen«, www.rolendekeukens.nl) mit Livemusik, Kino und Riesenrad in der Westergasfabriek (▶ 100) Anfang Juni. Während der **Amsterdam Culinair** (www.amsterdam-culinair.nl) und der **New Food Fair** (www.caulils.com/new-foodfair) im September verwandeln sich Teile der Stadt in ein riesiges Open-Air-Restaurant, bei dem Sie vor allem lokale Gerichte probieren können.

Das Silber aus dem Meer

Die Zeiten, in denen der Hering die Amsterdamer Küche dominierte, sind längst vorbei. Allerdings hat er wesentlich zum Wohlstand der Stadt beigetragen. Im Mittelalter kamen holländische Fischer auf die Idee, den Hering vor dem Räuchern auszunehmen und zu salzen. So war er selbst für lange Seereisen konserviert. Der bekannte Restaurantkritiker Johannes van Dam sinnierte poetisch: »Das Silber aus dem Meer schenkte den Niederländern das Goldene Zeitalter.«

Echt holländisch

Wussten Sie, dass der Apfelkuchen in den Niederlanden erfunden wurde? Fast jedes Café in Amsterdam führt ihn auf seiner Karte, wahlweise mit Zimt,

KÄSE MUSS SEIN

Holland zählt zu den größten Käseexporteuren der Welt. Die bekanntesten holländischen Käse sind natürlich Edamer und Gouda. Diese milden, schnittfesten Sorten machen den Großteil der Exporte aus. Kosten Sie auch andere Sorten wie Maasdamer mit den großen Löchern und nussigem Aroma, Boerenkaas, einen Bauernkäse aus Rohmilch und den preisgekrönten, mindestens ein Jahr gereiften Old Amsterdam. Zum Käseeinkauf gehen Sie am besten zu **De Kaaskamer**, »die Käsekammer« (▶ 105f), wo Sie z. B. den mit Kumin gewürzten Komijnenkaas bekommen oder zum 100 Jahre alten **Fa. H. Wegewijs** (Rozengracht 32; Tel. 020 624 4093; www.wegewijs.nl), wo die Einheimischen kaufen.

Auf dem beliebten Leidseplein finden Sie viele Straßencafés

Rosinen, Tortenguss oder Sahne. Und dann gibt es noch die typischen Pfannkuchen – Sie müssen nie lange suchen, bis sie ein Pfannkuchenhaus finden.
Im Gegensatz zu französischen oder belgischen Crêpes können Sie holländische Pfannkuchen herzhaft oder süß bestellen. Sie werden so dick gebacken,
dass sie als volle Mahlzeit durchgehen, egal ob zum Frühstück, Mittag- oder
Abendessen. Die berühmten Miesmuscheln aus Zeeland können Sie während
der Saison (von September bis März) frittiert, als Imbiss oder Vorspeise, aber
auch ganz zünftig mit Pommes frites und Mayonnaise genießen. Die indonesische Küche ist in den Niederlanden quasi eingebürgert: Beispielsweise ist die
niederländische *rijsttafel* (Reistafel) ein Festessen mit sechs bis 60 verschiedenen indonesischen Gerichten, die mit Reis gegessen werden.

TREND-RESTAURANTS

Amsterdams Gastronomie bietet Ihnen anregende, unkonventionelle und vielseitige
Genüsse. Essen Sie im Dunkeln bei **Ctaste** (www.ctaste.nl) oder berauschen Sie sich an
den Desserts im **Sucre** (www.sucrerestaurant.nl). Im **UMOJA** (www.umojarestaurant.nl),
was auf Swahili »Einigkeit« bedeutet, stammen die Zutaten aus nachhaltigem Handel.

Das Restaurant und Café **Edel** (www.edelamsterdam.nl) in einer ehemaligen Werk-
schule für Edelmetalle mit einer herrlichen Terrasse am Wasser serviert französische
und italienische Klassiker. Liebhaber der typisch niederländischen Küche sollten ins
Moeders (www.moeders.com, ➤ 104) gehen. Im **Haesje Claes** (www.haesjeclaes.nl)
serviert man lokale Spezialitäten wie Muscheln oder stamppot in mehreren historischen Esssälen.

Erster Überblick

Ankunft

Amsterdam ist vermutlich die am vielseitigsten erreichbare Metropole Europas. Der Besucher hat die Wahl zwischen Bahn, Flugzeug und Schiff – und dem Auto.

Flughafen Schiphol

Seit dem Start der ersten Passagiermaschinen 1920 ist der Amsterdamer Flughafen kontinuierlich gewachsen und zählt heute zu den wichtigsten Europas.

■ **Schiphol** (www.schiphol.nl), 18 Kilometer südwestlich der Stadt gelegen, gilt als der passagierfreundlichste aller europäischen Großflughäfen: Es gibt praktisch nur ein Terminal, und die Anbindung an die Stadt mit öffentlichen Verkehrsmitteln ist vorbildlich. Bei der Rückreise lohnt es sich, früh am Flughafen zu sein, wo Express-Spa, Casino, Spielbereiche, Panoramaterrasse und eine Außenstelle des Rijkmuseums (▶ 114ff) mit einer Dauerausstellung von 10 Arbeiten holländischer Meister für Abwechslung sorgen (nach Passieren der Passkontrolle, tägl. 7–20 Uhr, frei).

■ Die Touristeninformation (geöffnet 7–22 Uhr) ist in **Ankunftshalle 2**.

Vom Flughafen in die Stadt

Mit dem Zug

■ Am **schnellsten und preiswertesten** kommt man mit dem Zug nach Amsterdam (weniger als 5 € je Strecke); der Bahnhof ist unterhalb des Flughafens.

■ Zwischen 6 und 24 Uhr verkehren mindestens fünf Züge pro Stunde, in der Nacht stündlich einer. **Normalzüge** brauchen zum Hauptbahnhof (Centraal Station) 20 Minuten, Nonstop-Expresszüge sind etwas schneller.

■ **Fahrscheine vor Fahrtantritt lösen**, sonst droht im Zug ein saftiges Bußgeld.

■ **Achten Sie auf Ihr Gepäck.** Die Strecke Flughafen–Hauptbahnhof ist bei Dieben und Trickbetrügern besonders beliebt.

Mit dem Bus

■ Zwischen Flughafen und über 100 Hotels verkehren **Connexxion-Airportbusse** (Tel. 038 339 4741; www.airporthotelshuttle.nl). Die einfache Fahrt kostet 14,50 €, ein Ticket für Hin- und Rückfahrt 22,50 €.

■ Abfahrt ist tagsüber **halbstündlich** zwischen 6 und 21 Uhr.

■ Einige Hotels sind sehr gut per Bus erreichbar, andere dagegen schlecht. Erkunden Sie sich deshalb vor dem Einsteigen. Je nach Lage und Verkehrsaufkommen dauert die Fahrt zwischen 20 und 50 Minuten.

Mit dem Taxi

■ **Der Fahrpreis zur Innenstadt** liegt bei rund 50 €.

■ **Am schnellsten** kommt man in aller Regel voran, wenn man vom Flughafen mit dem Zug zum Hauptbahnhof fährt und dort ein Taxi nimmt.

Mit dem Rad

■ Auf einem speziell angelegten Fahrradweg gelangen Sie vom Flughafen ins Stadtzentrum. Auch um den Flughafen herum führt ein Fahrradweg.

Centraal Station

Ob Sie nach Amsterdam fliegen und den Zug in die Stadt nehmen, gleich mit der Bahn anreisen oder sogar per Schiff über Hook van Holland – immer kommen Sie an einem Bahnhof an, dessen Gebäude schon allein einen Besuch lohnt (▶ 68). Die Besichtigung macht mehr Spaß, wenn Sie kein Gepäck am Hals haben.

■ Die **Haupthalle** nahe den Bahnsteigen ist heute fast ein Einkaufszentrum.

- Der Bahnhof ist beliebter Aufenthaltsort von **Taschendieben und anderen Gaunern**, die es vor allem auf Touristen abgesehen haben.
- Wenn Sie vor einem Fahrkartenautomaten stehen, könnte Sie jemand ansprechen, der **Ihnen eine Fahrkarte verkaufen** will. Lehnen Sie dankend ab. Im besten Fall bekommen Sie ein bereits entwertetes oder überteuertes Ticket, im schlimmsten werden Sie um diverse Besitztümer erleichtert.
- Die **Touristeninformation** (tägl. 11–19 Uhr, geschl. am 25. Dez. und 1. Jan.) befindet sich bei **Gleis 2b**.
- Die meisten Besucher verlassen den Bahnhof über den **Hauptausgang Richtung Süden**, wo sich Taxis, Straßenbahnen, Straßenverkäufer und Hunderte von Fahrrädern drängen.
- Der **Haupt-Taxistand befindet sich rechter Hand des Haupteingangs**, ebenso die Haltestellen der Straßenbahnen 1, 2, 5, 13 und 17.
- Zu Ihrer Linken liegen die **Trambahnhaltestellen** der Linien 4, 9, 16, 24, 25 und 26 sowie der Eingang zur Metro (U-Bahn).
- Dahinter erhebt sich ein imposantes weißes Holzgebäude (an der Stationsplein, geschl. am 25. Dez. und 1. Jan.), der frühere Trambahnhof, der heute das **Fremdenverkehrsamt** der Stadt beherbergt (tägl. 9–19 Uhr).
- Links davon befindet sich das Büro (Mo–Fr 7–21, Sa und So 10–18 Uhr)der **GVB (Städtische Verkehrsbetriebe)**, wo Sie Fahrkarten (z.B. die »I Amsterdam-Card«) kaufen können.

Touristeninformationen

- Das holländische Fremdenverkehrsamt heißt **VVV (Vereniging Voor Vreemdenlingenverkeer)**. Es ist eine kommerzielle Organisation.
- Wenn Sie eine bestimmte Frage haben, bekommen Sie hier zwar sicher eine Antwort, aber die Schlangen sind lang und die Informationen, die Sie erhalten, knapp. Stehen zu viele Leute an, kann es sein, dass die Türen **bis zu einer halben Stunde vor der offiziellen Zeit geschlossen** werden.
- **Leidseplein/Stadhouderskade** (Nähe American Hotel) tägl. 10–18 Uhr, geschl. 25. Dez. und 1. Jan. und zweimal im Hauptbahnhof (siehe oben)
- Darüber hinaus gibt es einen **telefonischen Auskunftsdienst** (Tel. 0900 400 4040), besetzt Mo–Fr 9–17 Uhr (www.iamsterdam.nl).

Unterwegs in Amsterdam

Der Grundriss der Stadt folgt im Großen und Ganzen noch immer dem 1609 vorgelegten Plan. Das Zentrum mit den wichtigsten Sehenswürdigkeiten besteht aus verschiedenen Inseln, die von Grachten durchschnitten, aber über Brücken verbunden sind. Es ist halbmondförmig angelegt, mit der Ij als Grundlinie, von der aus die drei Hauptgrachten in konzentrischen Halbkreisen verlaufen.

Zur Orientierung

- Die größten Wasserstraßen sind (von innen nach außen) Herengracht, Keizersgracht und Prinsengracht (»**Gracht**« bedeutet Kanal). Dazu kommen eine Vielzahl kleinerer Grachten, die vom Zentrum aus strahlenförmig angelegt sind oder andere Wasserwege in willkürlichen Winkeln kreuzen.
- Die bedeutendsten Änderungen nach 1609 waren die **Anlage der Singelgracht** (jenseits der Prinsengracht) und des **Singel**.
- Im Osten durchbricht die breite **Amstel** das Bild.

Stadtviertel

Neben den Unterteilungen dieses Buches gibt es noch einige kleinere Bezirke, die Sie kennen sollten. Von der Ij aus im Uhrzeigersinn sind dies:
- **De Wallen** – wörtlich: »die Mauern«, die den Fluss umschlossen – heute das Rotlichtviertel der Stadt.

- **De Pijp** – südlich vom Zentrum gelegener multikultureller Bezirk, in dem viele Einwanderer aus den ehemaligen holländischen Kolonien leben.
- **Spiegelkwartier** – ein schickes Viertel mit vielen erstklassigen (und hochpreisigen) Antiquitätengeschäften rund um die Nieuwe Spiegelstraat.
- **Spuikwartier** – das belebte Viertel rund um die südliche Hälfte der Spuistraat, die in einen Spui genannten Platz mündet.
- **9 Straatjes** – das drei Häuserblocks umfassende Quadrat gleich westlich davon, wörtlich übersetzt »neun Straßen«.
- **Jordaan** – noch ein Stück weiter westlich, das derzeit trendigste Viertel.

Straßen
Die wichtigsten Straßen, im Uhrzeigersinn vom Hauptbahnhof aus, sind:
- **Prins Hendrikkade** – verläuft südostwärts in Richtung Hafen.
- **Zeedijk** – führt südwärts vorbei am Rotlichtviertel zum Nieuwmarkt.
- **Damrak** – führt direkt Richtung Süden zum Dam, dem Hauptplatz der Stadt.
- **Nieuwendijk** – im Schatten des Damrak, etwas nach Westen versetzt und eine der größten Einkaufsstraßen von Amsterdam.
- **Nieuwzijds Voorburgwal** – eine parallel zum Damrak verlaufende Straße, auf der die meisten Trambahnen verkehren. Führt zu vielen Sehenswürdigkeiten.
- **Leidsestraat** – die alte Straße nach Leiden führt parallel zur Leidsegracht von der Herengracht zum Touristentreff Leidseplein.
- **Haarlemmerstraat** – die alte Straße nach Haarlem, verläuft westwärts und trennt Jordaan von den Westelijke Eilanden (Westlichen Inseln).

Öffentliche Verkehrsmittel
Insgesamt verfügt die Stadt über ein ausgezeichnetes Nahverkehrssystem. Weitere Informationen finden Sie unter www.gvb.nl

Straßenbahnen (Tram)
- Alle **Linien beginnen am Hauptbahnhof**.
- **Straßenbahnhaltestellen** sind allgemein leicht erkennbar, bei den viel frequentierten gibt es zur besseren Orientierung Anzeigetafeln für die nächsten drei Züge.
- **Klingeln Sie rechtzeitig vor dem Aussteigen**, damit der Fahrer halten kann.
- Passen Sie beim Aussteigen auf! Viele Haltestellen sind **in der Straßenmitte.**

Busse
- Straßenbahnen, Busse und Züge verkehren ab etwa 6 bis 0.30 Uhr. Zwischen Mitternacht und 6.30 Uhr fahren auf den wichtigsten Strecken **Nachtbusse** vom Hauptbahnhof aus.
- Der **Stop/Go** ist ein Minibus und verkehrt (tägl. 9–17.30 Uhr) fast die komplette Prinsengracht entlang vom Hauptbahnhof bis Waterlooplein/Stopera und hält auf Verlangen.

Metro
- 4 Metrolinien bringen Sie über- oder unterirdisch zur Centraal Station (CS): die 51 (nach Westwijk), die 53 (nach Gaasperplas) und die 54 (nach Gein). Die Linie 50 fährt zur Westseite der Stadt und wird seltener von Touristen genutzt.
- Der Bau der neuen Noord/Zuidlijn (Nord-Süd-Linie), die den Norden der Stadt mit dem Süden verbinden soll, wurde durch finanzielle Schwierigkeiten und Verzögerungen aufgehalten. Wenn alles planmäßig läuft, wird sie nun 2017 eröffnet.

Einzelfahrkarten und Fahrpreise
- Die Stadt ist in fünf Zonen (Nord, Süd, West, Ost und Zentrum) aufgeteilt und es gibt **einen Fahrschein für sämtliche Straßenbahn-, U-Bahn und Buslinien.**
- Es gibt ein **Streifenkartensystem (strippenkaart).** Für eine Fahrt in einer Zone benötigen Sie ein Zwei-Streifen-Ticket, für zwei Zonen ein Drei-Streifen-Ticket. Ein Acht-Streifen-Ticket kann auch als Tageskarte genutzt werden.

- **Metrofahrkarten** gibt es nur an den U-Bahnhöfen, bei Bus und Trambahn können Sie auch beim Fahrer bezahlen (vorne einsteigen!). Ausnahme ist die Conductorstram, bei der man hinten einsteigt und seine Fahrkarte beim Schaffner erwirbt. Der vorherige Erwerb von Streifenkarten ist billiger.

Streifenkarten, Tages- und Mehrtageskarten

- Wollen Sie häufiger fahren, lohnt sich der Kauf einer **15-Streifen-Karte**. Gegenüber Einzelfahrscheinen spart man damit fast 50 Prozent. Streifenkarten sind an Bahn- und Metrobahnhöfen, beim VVV, in Zeitschriften- und Tabakläden, Postagenturen sowie Supermärkten erhältlich – nicht aber in Straßenbahn oder Bus!
- Beim Einsteigen müssen Sie **die benötigten Streifen (im Regelfall zwei) entwerten**. Gelbe Automaten stehen bereit.
- Die **I Amsterdam Card** ist ideal für alle, die in wenigen Tagen zahlreiche Sehenswürdigkeiten besuchen möchten. Sie gilt uneingeschränkt für öffentliche Verkehrsmittel, eine Kanalfahrt und viele Museen und bietet Rabatte bei zahlreichen anderen Attraktionen sowie in Bars und Restaurants. Weitere Informationen finden Sie auf der Website www.iamsterdamcard.com. Der Preis beträgt 38 € für 24 Stunden, 48 € für 48 Stunden und 58 € für 72 Stunden.
- Die **Museumkaart** (www.museumkaart.nl) ist eine günstige Jahreskarte (35 €) für über 400 Museen in den Niederlanden. Trotz dieser Karte oder der **I Amsterdam Card** müssen Sie sich eventuell zur Registrierung an der Kasse anstellen. Informationen zur Karte erhalten Sie in den großen Museen.

Taxis

- Verlassen Sie sich nicht darauf, auf der Straße ein Taxi anzuhalten. **Rufen Sie lieber eines** (Tel. 020 677 7777), oder gehen Sie zu einem Taxistand.
- Am ehesten findet man freie Taxis an wichtigen Verkehrsknotenpunkten und vor den großen Hotels.
- Viele Fahrgäste **runden den Fahrpreis auf**, geben aber kein großartiges Trinkgeld.

Rad fahren

- Keine andere Stadt ist so **ideal zum Radfahren geeignet.** Es gibt jede Menge Radwege, keine Steigungen, und die Entfernungen sind kurz. Informationen zum Fahrradverleih ➤ 24.

Wasserfahrzeuge

Neben den regelmäßig verkehrenden Rundfahrtbooten (➤ 84ff) gibt es noch vier weitere Möglichkeiten zur Fortbewegung auf den Grachten.

- Tagestickets für den **Canalbus** (www.canal.nl) sind nur geringfügig teurer als andere Tagesfahrkarten. Es gibt drei Hauptrouten und zwei weitere Routen, die von den Canal Hoppers – kleinen, leisen und umweltfreundlichen Elektrobooten – befahren werden.
- Das **Museumsboot/City(s)hopper** (www.lovers.nl) fährt am Hauptbahnhof ab und läuft fünf Sehenswürdigkeiten an: das Anne Frank Huis, das Museumsviertel, den Blumenmarkt, Waterlooplein und NEMO. Mit einer Tageskarte können Sie es unbegrenzt nutzen – und bekommen bei vielen Museen Ermäßigung. Die Boote verkehren regelmäßig nach Fahrplan.
- **Wassertaxis** müssen im Voraus gebucht werden (Tel. 020 535 6363; www.water-taxi.nl) und sind teuer.

Autos

Als Fortbewegungsmittel ist das Auto in der Stadt ungeeignet. Die wenigen Parkplätze sind sehr teuer, dazu kommen die schmalen Straßen und die vielen Wasserwege.

- **Achten Sie auf Radfahrer**, von denen sich die wenigsten an die Verkehrsregeln halten, und auf Straßenbahnen, die von ihrem generellen Vorfahrtsrecht rücksichtslos Gebrauch machen.

- Sofern an einer Straße überhaupt geparkt werden darf, muss ein **Parkschein** gelöst oder eine **Parkuhr** gefüttert werden; die vielgeschossigen Parkhäuser rings um die Stadt sind aber auch nicht billiger.
- **Park-and-Ride-Parkplätze** gibt es im gesamten Außenbereich der Stadt. Von hier bringen Sie öffentliche Verkehrsmittel (manchmal kostenlos) ins Zentrum. Ein 24-Stunden-Ticket kostet 6 €. Inhaber einer Amsterdam Card (➤ 39) erhalten einen Rabatt von 50 Prozent.
- Während der Feierlichkeiten rund um den **Geburtstag der Königin am 30. April** sind viele Straßen für den gesamten Verkehr gesperrt.

Autovermietung

- Wenn Sie ein Auto mieten möchten, steht Ihnen die größte Auswahl an Anbietern und Fahrzeugen am **Flughafen Schiphol** zur Verfügung. Kontaktinformationen finden Sie unter www.schiphol.nl.

EINTRITTSPREISE
Die Eintrittspreise für Museen und andere im Text erwähnte Sehenswürdigkeiten sind in folgenden Kategorien angegeben:

Preiswert: unter 6 €   **Mittel:** 6–9 €   **Teuer:** über 9 €
Kinderermäßigungen und entsprechende Altersbeschränkungen sind unterschiedlich.

Übernachten

Am schönsten wohnt man in Amsterdam am Grachtengürtel, wo die malerischen Giebelhäuser Dutzende von Hotels beherbergen. Im mittelalterlichen Stadtkern finden Sie sowohl Nobelherbergen als auch zwielichtige Absteigen, und für Kulturbeflissene bietet sich das Museumsviertel an, dessen wasserlose Straßen freilich nicht die Atmosphäre des Grachtenringes besitzen.

Hotels

- **Die meisten Grachtenhotels sind klein** und bieten nur Übernachtung mit Frühstück. Oft gibt es nur ein Frühstückszimmer und manchmal eine Bar. Rechnen Sie mit steilen Treppen (häufig ist kein Lift vorhanden). Die Zimmer sind unterschiedlich groß, bei der preisgünstigsten Kategorie können Dusche und WC auch auf dem Gang liegen.
- Gewöhnlich gibt es ein **Frühstücksbüffet mit verschiedenen Brotsorten, Obst, Wurst und Käse**. Die Stadtsteuer (5 Prozent) ist bei günstigen Hotels zumeist im Preis enthalten, wird in besseren Hotels jedoch noch aufgeschlagen.

Reservierung

Der wohl wichtigste Tipp ist, das Zimmer so früh wie nur irgend möglich zu buchen. Hotels, die auf den folgenden Seiten empfohlen werden, sind vor allem an den Wochenenden zwischen Mai und September praktisch immer voll. Selbst in der Nebensaison (November bis März, wenn die Preise rund ein Viertel tiefer liegen als normal) ist frühzeitige Reservierung angesagt.

- Sie können telefonisch über das **Amsterdam Tourist Board** (tägl. 9–17 Uhr, aus dem Ausland Tel. 0031/20 201 8800) gegen eine Gebühr von 15 € oder online über www.iamsterdam.com kostenlos buchen.
- Bei den Touristeninformationen (➤ 37) sind gegen geringe Gebühr auch **Sofortreservierungen** möglich.

Jugendhotels

Jugendhotels und -herbergen sind Bestandteil der Amsterdamer Hotelszene.

- Eines der besten ist das **Stayokay Amsterdam Vondelpark** (Zandpad 5, Tel. 020 589 8996; www.stayokay.com/vondelpark), das zum Jugendherbergsverband gehört und an der Ostseite des Vondelparks liegt (nahe den großen Museen und dem Nachtleben rund um den Leidseplein). Es gibt eine Bar, Fahrradverleih und einige Zimmer mit Bad/WC sowie Schlafräume.
- Ist es ausgebucht (häufig der Fall), empfiehlt sich das **Shelter Jordaan** (Bloemstraat 179, Tel. 020 624 4717, www.shelter.nl/welcome.html), ein CVJM-Haus. Rauchen und alkoholische Getränke sind verboten, die Gäste sollten unter 40 sein.
- Eine andere Möglichkeit ist **Hans Brinker** (Kerkstraat 138, Tel. 020 622 0687, www.hans-brinker.com), spartanisch, aber in erstklassiger Lage beim Leidseplein.

Ferienwohnungen/Apartments

- **Amsterdam House** (s'Gravelandseveer 7, Tel. 020 626 2577, www.amsterdamhouse.com) vermittelt Apartments, die meisten mit Grachtenblick, und Hotelzimmer. Mindestaufenthalt sind drei Nächte übers Wochenende.
- **Apartments Houseboats Amsterdam** (Tel. 06 4671 6676 www.apartments-houseboats-amsterdam.nl) bietet, wie der Name schon sagt, Apartments und Hausboote in Amsterdam an. Über die Website können Sie verschiedene Unterkünfte von Zimmern bis zu ganzen Häusern in den Kategorien einfach bis luxuriös suchen.

ÜBERNACHTUNGSPREISE
Die Hotelpreise in Amsterdam unterliegen starken Schwankungen und können vor allem am Wochenende in die Höhe schnellen. Die folgenden Angaben sind nur ein Leitfaden für die Preise, die Sie pro Nacht für ein Standard-Doppelzimmer erwarten können:
€ = über 150 €   €€ = 150–300 €   €€€ = über 300 €

Ambassade €€

Plüschige Eleganz verleiht diesem Hotel, das zehn Grachtenhäuser aus dem 17. Jh. umfasst, seine Aura. Kronleuchter, Orientteppiche auf dem Parkettboden und Uhrenticken bestimmen die Atmosphäre im Aufenthalts- und Frühstücksraum, die Zimmer sind im Louis-XVI-Stil möbliert. Besonders stimmungsvoll sind die Zimmer unter dem Giebel, mit Dachschräge und sichtbarem Gebälk.
+ 198 C4 ✉ Herengracht 341, 1016 AZ
☎ 020 555 0222; www.ambassade-hotel.nl

Brouwer €

Das Gebäude war das Haus eines alten Kapitäns. Die Fassade trägt das Baujahr 1652. Die Rezeption, die auch als Frühstücksraum dient, ist mit antiken Kacheln in Delfter Blau ausgekleidet. Die Zimmer, alle mit Blick auf den Singel-Kanal, sind mit Holzfußböden, Balken und Drucken holländischer Maler einfach aber hübsch eingerichtet.
+ 197 E2 ✉ Singel 83, 1012 VE ☎ 020 624 6358; www.hotelbrouwer.nl.

Canal House €€

Zwei hübsche Häuser aus dem 17. Jh. beherbergen ein schmuckes Hotel mit noblem, aber gemütlichem Ambiente. Im Herzen liegt ein vornehmes Frühstückszimmer, das einen hübschen Garten überblickt. Antike Kommoden, Spiegel und Leuchten schmücken die Flure und die gemütlichen Zimmer. Es gibt weder Fernsehen noch Minibars, und weil auf Ruhe Wert gelegt wird, sind Kinder unter zwölf nicht gern gesehen.
+ 197 D2 ✉ Keizersgracht 148, 1015 CX
☎ 020 622 5182; www.canalhouse.nl

De Filosoof €

Philosophische Themen bestimmen das Interieur dieses Hotels: Wandgemälde mit Platon und Aristoteles schmücken das Entree des Hauses aus dem 19. Jh. Die Zimmer sind nach berühmten Denkern benannt und enthalten statt der üblichen Bibel philosophische Werke. Es gibt einen netten Garten und zum Leidseplein läuft man 15 Minuten, der Vondelpark liegt direkt vor der Tür.

✚ 202 C3 ✉ Anna van den Vondelstraat 6, 1054 GZ ☎ 020 683 3013; www.hotelfilosoof.nl

De l'Europe €€€

Fin-de-siècle-Opulenz dominiert in diesem Nobelhotel aus dem späten 19. Jh. Kronleuchter und freskengeschmückte Decken gehören ebenso dazu wie üppig drapierte Stoffmassen und raumhoch mit Marmor verkleidete Bäder. Und die Lage – direkt an der Amstel und nur einen Katzensprung vom Blumenmarkt entfernt – könnte kaum besser sein. Viele Zimmer haben einen eigenen Balkon, und bei gutem Wetter lädt eine Terrasse am Fluss zum stilvollen Dinieren ein.

✚ 199 E4 ✉ Nieuwe Doelenstraat 2–14, 1012 CP ☎ 020 531 1777

The Dylan €€€

Dieses prunkvolle alte Haus war ursprünglich ein Theater aus dem 17. Jahrhundert, das dann abbrannte. Danach waren in dem Gebäude zunächst die Büroräume einer katholischen Wohltätigkeitsorganisation untergebracht. Heute befindet sich hier das das exklusivste Boutiquehotel der Stadt (mit nur 41 Zimmern). Die orientalisch beeinflusste Ausstattung ist das Werk der Innenarchitektin Anouska Hempel. Wählen Sie ein geräumiges »Loft« oder ein dekadentes »Manhattan«- bzw. »Garten«-Zimmer.

✚ 198 C4 ✉ Keizersgracht 384, 1016 GB ☎ 020 530 2010; www.dylanamsterdam.com

Estheréa €€

Einladendes, zentral gelegenes Grachtenhotel mit Charakter und trotzdem vernünftigen Preisen. Auf mehrere Backsteinhäuser aus dem 17. Jh. verteilt, gehört es der Familie Esselaar, die auch stets präsent ist. Im Erdgeschoss liegt der etwas dunkle, aber gemütliche Frühstücksraum. Die »De-luxe«-Zimmer sind den Aufpreis wert: Sie bieten Blick aufs Wasser.

✚ 199 D4 ✉ Singel 303–309, 1012 WJ ☎ 020 624 5146; www.estherea.nl

Grand Hotel Amrâth €€€

Das Wahrzeichen Scheepvaarthuis (Schifffahrtshaus, ▶ 69) wurde behutsam in ein Luxushotel verwandelt, dessen Einrichtung und Ausstattung sich am Stil der Amsterdamer Schule orientiert. Die äußerst komfortablen Zimmer sind mit Breitbildfernsehern und kostenlosen Minibars ausgestattet. Die Zimmer auf der Binnenkant-Seite sind am ruhigsten und haben die schönste Aussicht. Im Keller befindet sich eine Weinbar und – eine Seltenheit für Hotels in Amsterdam – ein Swimmingpool und ein Spa.

✚ 200 B4 ✉ Prins Hendrikkade 108, 1011 AK ☎ 020 552 0000; www.amrathamsterdam.com

The Lloyd €€€

Dieses imposante Bürogebäude aus dem Jahr 1921 im einstmals verlassenen Osthafen, wurde in ein markantes Hotel verwandelt, das von einigen der besten Designer Amsterdams gestaltet wurde. Vom hellen Restaurant im Erdgeschoss bis zu den individuell gestalteten Zimmern mit ihrer auffälligen und innovativen Möblierung, vermittelt das Hotel eine ganz andere Welt als traditionellere Unterkünfte. Auch haben Sie WLAN-Internetzugang von jedem Zimmer. Neben seinem außergewöhnlichen Design bietet das Lloyd auch ein einzigartiges Konzept. Angebote werden Ein- (mit Gemeinschaftsbad) bis Fünf-Sterne-Zimmer unterschiedlicher Größe. Alle Gäste genießen den gleichen Service und die gleiche Ausstattung, die Preisspanne reicht aber von 100 bis 900 €. Der einzige Nachteil ist der Standort: Das Hotel liegt ein ganzes Stück vom Stadtzentrum entfernt, ist aber mit den Trams 10 und 26 erreichbar.

➕ 201 off F4 ✉ Oostelijke Handelskade 34, 1019 BN ☎ 020 561 3636; www.lloydhotel.com

Orlando €

Dieses Herrenhaus aus dem 17. Jh. liegt am Kanal und hat nur fünf Zimmer, die aber wunderschön eingerichtet sind. Hier finden Sie blanke Eichenholzböden, Seidenvorhänge, eine durchdachte Beleuchtung und große, moderne Gemälde. Der ehemalige Anwalt Paul Lodder führt diese Frühstückspension mit viel Charme und serviert im hellen Untergeschoss ein gutes Frühstück. Gleich um die Ecke in der Utrechtsestraat befinden sich zahlreiche Restaurants.

➕ 199 F2 ✉ Prinsengracht 1099, 1017 JH ☎ 020 638 69 15; www.hotelorlando.nl.

Pulitzer €€€

Für dieses Starwood-Hotel, das sich wohltuend von den üblichen Hotels der Kette abhebt, wurden 25 Grachtenhäuser aus dem 17. und 18. Jh. über wettergeschützte Wege miteinander verbunden. Geschmackvolle moderne Einrichtung kontrastiert aufs Schönste mit der alten Bausubstanz, und im Restaurant mit Frans-Hals-Flair fühlt man sich in der gehobenen Preisklasse.

➕ 198 C5 ✉ Prinsengracht 315–331, 1016 GZ ☎ 020 523 5235; www.starwoodhotels.com

Rho €

Das Rho mit 165 Zimmern liegt in der Nähe des Dam Square in einer ruhigen Seitenstraße. Die Zimmer sind einfach eingerichtet, aber die Lobby, ein ehemaliges Theater, ist ein gewaltiges Art-Nouveau-Wunderwerk.

➕ 199 E4 ✉ Nes 5–23, 1012 KC ☎ 020 620 7371; www.rhohotel.com

Seven Bridges €

Diese ungemein beliebte Frühstückspension liegt in einem alten Haus an der hübschesten Gracht der Stadt. Die Besitzer (seit 25 Jahren!) haben die 11 Zimmer mit erlesenen Stücken möbliert – Biedermeierschränkchen, Louis-XVI-Kommoden, Art-déco-Leuchten u. a. Da das Frühstück auf dem Zimmer serviert wird, lohnt sich der Mehrpreis für eines der geräumigeren.

➕ 199 E2 ✉ Reguliersgracht 31, 1017 LK ☎ 020 623 1329; www.sevenbridgeshotel.nl

Seven One Seven €€€

Kees van der Valk, ein bekannter Name holländischen Mode- und Interieur-Designs, hat dieses Grachtenhaus aus dem frühen 19. Jh. in ein ruhiges, sehr luxuriöses Gästehaus verwandelt, die an das Heim einer vornehmen wohlhabenden Familie erinnert. Die meisten der acht (Malern, Schriftstellern und Komponisten gewidmeten) Zimmer sind riesig, mit vielfältigen Kunstwerken ausgestattet (das Spektrum reicht von afrikanischen Masken über Muranoglas bis hin zu modernen Gemälden) und verwöhnen mit einladenden Sofas und/oder versenkten Badewannen. Afternoon Tea und Getränke sind im Preis enthalten.

➕ 199 E2 ✉ Prinsengracht 717, 1017 JW ☎ 020 427 0717; fax 020 423 0717; www.717hotel.nl

Sofitel Amsterdam The Grand €€€

In dem im 17. Jh. für die Admiralität errichteten »barocken« Gebäude, das bis 1988 das Rathaus beherbergte, befindet sich heute das – obwohl in direkter Nachbarschaft des Rotlichtviertels gelegen – ruhigste Luxushotel der Stadt. Die luxuriösen Zimmer gehen auf zwei wunderschöne Innenhöfe und ruhige Grachten. Traditionelle Küche wird im Hauptrestaurant »The Grand« serviert, im modernen, schlichten Spa können die Gäste entspannen.

➕ 199 E4 ✉ Oudezijds Voorburgwal 197, 1012 EX ☎ 020 555 3111; www.sofitel.com

stayokay €

Diese Filiale der modernen niederländischen Hostelkette (nicht nur für Jugendliche) hat mehr als 500 Zimmer. Sie liegt optimal in der Nähe des Vondelparks und an zwei weiteren Standorten im Zentrum von Amsterdam. Jedes Zimmer ist mit eigenem WC und Dusche ausgestattet. Das Frühstück ist im Preis inbegriffen und ein Fernsehzimmer, Waschraum und Kinderspielflächen stehen zur Verfügung. Hinweis: Wenn Sie Kinder unter 12 Jahren haben, müssen Sie ein Privatzimmer buchen. Der Preis und die gesellige

Atmosphäre sind gute Gründe für einen Aufenthalt.

➕ 198 B2 ✉ Zandpad 5, 1054
☎ 020 589 89 96; www.stayokay.com

't Hotel €€

Die Pension befindet sich in einem Haus aus dem 17. Jh., direkt an einem der schönsten Seitenkanäle der Stadt. Der Zugang zu den Zimmern erfolgt über einen separaten Eingang. Diese sind bescheiden mit Art-Deco-Lampen, braunen Armsesseln und grau-weißen Bädern ausgestattet. Die Zimmer mit Blick auf den Kanal sind ein wenig teurer. Die Treppen sind steil und es gibt keinen Aufzug.

➕ 197 D1 ✉ Leliegracht 18, 1015 DE
☎ 020 422 27 41; www.thotel.nl

Vondel €€

Vier Häuser an einer ruhigen Straße aus dem frühen 20. Jh., nicht weit vom Leidseplein und den großen Museen entfernt, beherbergen ein Hotel mit minimalistischem Chic: Wände, Bettüberwürfe, Vorhänge, Sofas und Sessel sind ausnahmslos weiß oder cremebeige. Auch die Lobby und Bar mit riesigen Sofas und Holzbohlenboden wirkt nobel.

➕ 198 B2
✉ Vondelstraat 26, 1054 GE
☎ 020 515 0455; www.vondelhotels.com

Essen und Trinken

Wie in jeder pulsierenden Metropole ändert sich auch in Amsterdam das Restaurantangebot ständig (▶ 32ff). Die Besucher haben die Wahl zwischen feiner Küche mit Michelin-Stern, einfachen günstigen Gerichten in den fröhlichen holländischen Cafés oder modernem Fusion-Food in unkonventionellen Imbissen.

Ethnische Küche

Die multikulturelle Bevölkerung Amsterdams spiegelt sich in den Restaurants der Grachtenstadt: Es soll mehr als 40 verschiedene Küchen geben.

■ Am weitesten verbreitet sind **indonesische und chinesische Restaurants**, es gibt aber auch surinamische Cafés (insbesondere im De-Pijp-Viertel), spanische Tapas-Bars, argentinische Steakhäuser und eine wachsende Zahl von Lokalen mit Thai- oder japanischer Küche sowie italienischen Restaurants.

■ **Die indonesische Küche**, die im 17. Jh. mit der niederländischen Ostindien-kompanie nach Holland gelangte, wird von den Holländern als Teil ihrer eigenen Esskultur angesehen. Wählt man eine *rijsttafel*, biegt sich der Tisch bald unter einer großen Schüssel Reis und 15 bis 30 verschiedenen Speisen, von denen sich jeder nach Lust und Laune bedient. Aber Vorsicht: Einige Saucen, zum Beispiel *sambal*, sind so scharf, dass es einem die Tränen in die Augen treibt und man danach nichts anderes mehr schmeckt. Wenn Sie es nicht ganz so üppig wollen: Fast überall können Sie auch à la carte bestellen.

Traditionelle Küche

Zwar existiert ein Trend in Richtung »neue holländische Küche« mit leichteren Gerichten, doch gibt es nach wie vor viele wunderbar altmodische Restaurants, die in passender Atmosphäre solide niederländische Kost servieren. Das Urteil darüber schwankt je nach persönlichem Geschmack: Manche finden sie gut und sättigend, andere fade und schwer. Jedenfalls wird auf Quantität mindestens genauso viel Wert gelegt wie auf Qualität.

■ Als **Vorspeisen-Spezialität** gilt *erwtensoep*, eine dicke Erbsensuppe mit Schweinebauch und Gemüseeinlage.

■ **Klassischer Hauptgang** ist dann ein *hutspot* genannter Eintopf, Fleisch wird in aller Regel mit *stamppot* zusammen aufgetischt, einem deftigen, mit Gemüse und weiterem Fleisch vermengten Kartoffelbrei.

Kleine Gerichte

■ Was Snacks angeht, ist die holländische Küche weniger umstritten. Heringsstände verkaufen frischen Matjes und für weniger verfeinerte Gaumen Pommes frites, die man hier zu Lande stets mit Mayonnaise isst. Die besten der Stadt (außen knusprig, innen zart) bekommt man bei **Vleminckx**, Voetboogstraat 31. Lecker sind auch belgische Waffeln und Pfannkuchen, wie sie zum Beispiel die **Pancake Bakery** (► 104) stets frisch anbietet.

■ Wer sich etwas traut (oder am Verhungern ist), kann auch warme Fleisch- oder Käsehappen aus einem der Automaten ziehen, die die Firma **Febo** überall in der Stadt aufgestellt hat.

■ **Als Mittagessen** geben sich die Holländer meist mit einem *broodje* (belegten Brot) zufrieden, entweder in einem Café oder aus einer Imbissstube. In Cafés bekommen Sie auch *bitterballen* (panierte Fleisch- oder Käsebällchen), *uitsmijter* (Eier, Schinken, Käse und Brot) sowie den meist sehr leckeren *appelgebak* (gedeckter Apfelkuchen), immer mit einem Schlag *slagroom* (Sahne) serviert. Im **Winkel** (Noordermarkt 43) gibt es ganz wunderbaren, mit viel Zimt und köstlichem Mürbeteig – möglicherweise der kulinarische Höhepunkt Ihres Amsterdamaufenthalts.

Getränke

■ Das neben Bier (► 34) **typisch holländische Getränk** ist *jenever*, ein Wacholderschnaps, den es *oud* (alt, also milder und etwas getönt) und *jong* (jung und damit scharf und klar) gibt. Jenever (oder Genever) schmeckt kräftiger als Gin, enthält aber weniger Alkohol. Er wird pur getrunken, manchmal mit Zitrone, und in bis zum Rand gefüllten Tulpengläsern serviert. Man lässt das Glas auf der Theke stehen und beugt sich zum ersten Schluck hinab. Hartgesottene bestellen einen *kopstoot* (Schlag auf den Schädel): ein Bier mit Jenever.

■ **Probierstuben** (► 27) bieten zudem viele fruchtige Liköre mit teils phantasievollen Namen.

■ Was Kaffee angeht, sind die Holländer recht eigen. **Er wird immer schwarz serviert**, meist mit einem Keks, manchmal mit einem Tütchen Milchpulver. Wenn Sie Milchkaffee möchten, müssen Sie *koffie verkeerd* (wörtlich: verkehrten Kaffee) bestellen.

Praktisches

■ Die meisten Restaurants haben nur abends geöffnet. In Holland wird meist **zwischen 19 und 20 Uhr** gegessen. Das Schild *keukentot* zeigt an, wann die Küche schließt. Wenige Lokale servieren nach 22 Uhr noch warme Mahlzeiten.

■ **Cafés** machen im Regelfall irgendwann am Vormittag auf (auf Drinks spezialisierte oft erst am Spätnachmittag) und schließen So bis Do um 1 Uhr früh, Fr und Sa um 2 Uhr. Ab 22 oder 23 Uhr ist die Küche geschlossen.

■ Häufig ist die **Speisekarte** mehrsprachig. Falls nicht, spricht fast immer jemand im Lokal Deutsch.

■ In besseren Restaurants muss man, vor allem am Wochenenden **einen Tisch reservieren**.

PREISKATEGORIEN
Die Preise gelten pro Person für ein Essen, ohne Getränke, Steuern und Service:
€ über 20 €   €€ 20–40 €   €€€ Über 40 €

- **Vornehme Kleidung** ist nur in den Gourmetrestaurants der Nobelhotels nötig.
- Die Bedienung ist normalerweise freundlich, aber vergesslich und überfordert. **15 Prozent Trinkgeld** sind automatisch im Rechungsbetrag enthalten, aber es ist üblich, die Summe aufzurunden.

Einkaufen

Was Geschäfte angeht, bietet Amsterdam Dutzende ausgezeichneter kleiner Läden, die sich auf das eine oder andere spezialisiert haben – seien es Brillen, Zahnbürsten oder Olivenöl. Und dann natürlich die Märkte! Und alles ohne große, anonyme Einkaufszentren – die sucht man hier vergebens.

Die besten Einkaufsadressen

- Im Stadtzentrum findet man entlang der **Kalverstraat** (www.kalverstraat.nl, ➤ 75) jede Menge Geschäfte, die gute Qualität zu moderaten Preisen bieten.
- Die **9 Straatjes** (www.theninestreets.com, ➤ 105) am westlichen Grachtenring sind gesäumt mit kleinen, aber oft feinen Läden. Ähnliches gibt es in den nahe gelegenen Straßen des Jordaan.
- Im **Spiegelkwartier** (www.spiegelkwartier.nl, ➤ 158f) warten mehr als 70 Kunstgalerien und Antiquitätengeschäfte auf finanzkräftige Kundschaft.
- Wer die bekannten Namen der internationalen Modebranche sucht, ist in der **PC Hooftstraat** (➤ 133) im Museumsviertel richtig.

Die besten Märkte

- **Noordermarkt** (➤ 106): an einem Tag Flohmarkt, am nächsten Lebensmittelmarkt.
- **Waterlooplein** (➤ 77): Flohmarkt.
- **Albert Cuyp Markt** (➤ 159): allgemeiner Straßenmarkt.
- **Bloemenmarkt** (➤ 159): Blumenmarkt.

Einkaufstipps

- Kunst und Antiquitäten: Im **Spiegelkwartier** (➤ 158f), **De-Looier**-Antiquitätenzentrum (➤ 107) und entlang der **Prinsengracht** (➤ 106) bekommen Sie praktisch alles: von Delfter Kacheln über alte Stadtansichten, Spielwaren und Uhren bis hin zu rostigem OP-Besteck.
- Blumenzwiebeln: Tulpen, Narzissen und Hyazinthen in Hülle und Fülle – natürlich am **Bloemenmarkt** (➤ 159).
- Schokolade und Pralinés: Am besten in Geschäften mit eigener Herstellung wie **Pompadour** (➤ 105) und Holtkamp (➤ 159) kaufen.
- Käse: *jonge* (jungen) und *oude* (alten), aus der Molkerei oder vom Bauernhof, letzterer nicht pasteurisiert und als *boerenkaas* bezeichnet. In speziellen Käsegeschäften wie **De Kaaskammer** (➤ 105f) können Sie probieren und Ihren Kauf vakuumverpacken lassen.
- Delfter Kacheln: Die meisten im Handel befindlichen sind billige Fabrikware; echte, handbemalte von De Porceleyne Fles werden in Geschäften wie **Rinascimento Galleria D'Arte** (➤ 106) und **Aronson Antiquairs** (➤ 158f) angeboten.
- Diamanten: Seit Jahrhunderten werden in der Grachtenstadt Diamanten geschliffen. Große Diamantenschleifereien wie **Coster Diamonds** (➤ 128) bieten kostenlose Führungen, um Interessenten in ihre Verkaufsräume zu locken.

Smart Shops

- Die liberale Drogenpolitik Amsterdams zeigt sich nicht nur in den Coffee Shops (➤ 28f), sondern auch den vielen so genannten Smart Shops, die Smart Drugs anbieten. Auch wenn der Verkauf der halluzinogenen «Magic Mushrooms» 2008 verboten wurde, verkaufen die Shops immer noch Kräuterstimulanzen und bewusstseinserweiternde Stoffe sowie Cannabis Paraphernalia.

- Ebenfalls erhältlich sind Sets, mit denen man Ecstasy und Kokain auf Verunreinigungen untersuchen kann, sowie weniger umstrittene Produkte wie Highenergy-Drinks und Kräuter mit (angeblich) aphrodisierender Wirkung.

Öffnungszeiten

- Die Ladenöffnungszeiten werden zwar **langsam liberalisiert**, sind im Vergleich zu anderen Großstädten aber immer noch recht beschränkt. In den großen Einkaufsstraßen im Stadtzentrum sind die Geschäfte gewöhnlich wie folgt geöffnet: Mo 11–18 Uhr, Di, Mi und Fr 9–18 Uhr, Do 9–21 Uhr, Sa 9–17 Uhr und So 12–17 Uhr. Einzelhandelsgeschäfte bleiben sonntags gewöhnlich geschlossen und machen montags manchmal erst um 14 Uhr (oder auch gar nicht) auf.

Steuer

- Die gesetzliche Mehrwertsteuer (derzeit 17,5 Prozent bei den meisten Waren) ist **in der Preisauszeichnung enthalten**. Nicht-EU-Bürger erhalten sie – ab einem Kaufbetrag von ca. 50 € – in »Tax-free«-Geschäften (weisen sich mit einer Plakette als solche aus) abzüglich einer Kommissionsgebühr beim Zoll an der EU-Außengrenze erstattet. Mehr Informationen gibt es unter www.globalrefund.com).

Einkaufen am Flughafen

- Wenn Sie lediglich typisch holländische Souvenirs suchen, können Sie sich mit dem Einkaufen bis kurz vor Ihrem Rückflug Zeit lassen. In den **Läden hinter der Passkontrolle** (etwas teurer als in der Stadt) am Flughafen Schiphol bekommen Sie: Schokolade, Gouda und Edamer, Räucherhering und Räucheraal, aber auch Blumenzwiebeln, Holzclogs, Jenever (holländischer Gin) und Diamanten. Bei Flügen innerhalb der EU gibt es keinen zollfreien Verkauf mehr!

Ausgehen

Die einfachsten Freuden sind bekanntlich oft die schönsten: ein Spaziergang an den Grachten und ein Bier, vielleicht auch zwei, in einem der vielen stimmungsvollen Cafés – besser kann man Amsterdam am Abend nicht genießen.

Am meisten los ist in Amsterdam bei Nacht (je nach Geschmack zum Hingehen oder Einen-großen-Bogen-drum-Schlagen): **Rotlichtviertel** (► 63ff), **Spuikwartier** (► 76), **Leidseplein** (► 107) und **Rembrandtplein** (► 160). Cafés haben lange geöffnet, Fr und Sa werden bis 1 oder 2 Uhr früh Bestellungen angenommen.

Informationsquellen

- Werfen Sie einen Blick in die kostenlosen Veranstaltungsmagazine *Day-by-Day-Amsterdam*, in *Amsterdam Weekly* (www.amsterdamweekly.nl) und das monatlich veröffentlichte *Uitkrant* (nur in holländischer Sprache).

Kartenvorverkauf

- Am einfachsten bekommen Sie Tickets im **AUB Ticketshop** am Leidseplein, Ecke Marnixstraat (geöffnet Mo–Sa 10–19.30 Uhr, So 12–19.30 Uhr; Tel. 020 621 1311). Hier gibt es Karten für praktisch jedes kulturelle Ereignis, die Mitarbeiter sind kompetent und hilfsbereit, und Sie zahlen nur eine geringe Bearbeitungsgebühr.

■ Über den **AUB** können Sie auch **telefonisch Karten reservieren:** täglich 9–20 Uhr (Tel. 0031 20 621 1288 aus dem Ausland, 0900 0191 innerhalb der Niederlande zum speziellen Tarif, www.aub.nl).

Nachtclubs

■ Die meisten Clubs haben Di bis So geöffnet, richtig los geht der Betrieb **ab Mitternacht.**

■ Der **Eintritt ist gewöhnlich günstig** (5–10 €) – so man einmal am (was Kleidung angeht, oft sehr strikten) Türsteher vorbei ist.

■ In manchen Clubs darf Gras geraucht werden, der **Verkauf von Drogen ist jedoch untersagt.**

Schwulenszene

Die Homosexuellenszene im ultratoleranten Amsterdam ist erwartungsgemäß eine der größten in Europa.

■ Viele Schwulenbars und -clubs liegen vor allem an der **Reguliersdwarsstraat** (► 160), an der **Warmoesstraat** (► 78) und im Bereich Kerkstraat/Leidsestraat.

■ In zahlreichen Bars und Clubs liegen **kostenlose Infobroschüren** über Schwulen- und Lesbenveranstaltungen aus.

■ Unter www.amsterdam4gays.nl und www.gayamsterdam.com finden Sie u.a. Links zu den **bekanntesten Schwulenbars und -clubs.**

Kino

■ In Amsterdam gibt es eine ganze Reihe von Programmkinos, etwa das **Tuschinski Theater** (► 160).

■ Die meisten Filme werden in **Originalsprache mit holländischen Untertiteln** gezeigt. Fragen Sie aber sicherheitshalber vorher nach.

Livemusik

■ Hochburg der Musikkultur sind **Muziektheater** (► 78), **Concertgebouw** (► 130) und das neue **Muziekgebouw aan 't IJ** (► 160).

■ In vielen Kirchen finden regelmäßig Konzerte mit klassischer Musik, barocker Kammermusik sowie Orgelkonzerte statt. Die größte Auswahl hat die Engelskerk im **Begijnhof** (► 55). Erwähnenswert sind auch: **Oude Kerk** (► 64); **Nieuwe Kerk** (► 61f); **Westerkerk** (► 92f; Glockenspielkonzerte Dienstagmittag von 12–13 Uhr); **Amstelkerk** (► 182) und **Waalse Kerk** (Walenpleintje 157). Nähere Informationen finden Sie in den Veranstaltungsmagazinen.

■ Die **Amsterdam ArenA** (www.amsterdamarena.nl), das futuristische Fußballstadion von Ajax Amsterdam am Südostrand der Stadt, ist häufig Schauplatz von Rockkonzerten.

■ Familiärer geht es im **Melkweg** und **Paradiso** (► 108) zu, wo junge Künstler, aber auch Megastars wie die Rolling Stones auftreten, die normalerweise nie vor so relativ kleinem Publikum spielen würden.

Unterhaltung im Sommer

■ Die meisten Kulturveranstaltungen finden im Sommer statt. Die bekanntesten sind das **Holland Festival** (www.holland-festival.nl) im Juni, mit Musik, Theater und Tanz, und das **Grachtenfestival** (www.grachtenfestival.nl) im August mit klassischen Konzerten an verschiedenen Orten.

■ Beim **Amsterdam Gay Pride Festival** (www.amsterdamgaypride.nl) Ende Juli gibt es eine groß angelegte Prozession von Booten auf den Grachten.

■ **Ende August** werben Dutzende von Kulturveranstaltern für ihre nächsten Shows, indem sie beim **Uitmarkt** (www.uitmarkt.nl) Kostproben ihrer Kunst geben.

■ Siehe auch (► 120) zum **Open-Air-Theater im Vondelpark.**

Mittelalterliche Stadt

Erste Orientierung

Das alte Herz von Amsterdam wirkt wie zwei verschiedene Städte. Die augenfälligere umfasst jene lauten und aufdringlichen Touristenfallen, die man in jeder europäischen Metropole findet, hier noch verstärkt durch die hemmungslose Genusssucht des Rotlichtviertels De Wallen. Doch gleich daneben liegen Oasen der Ruhe und Einsamkeit sowie einige charmante, kleine Orte zum Essen, Trinken und Einkaufen.

Der Dam zählt zwar gewiss nicht zu den schönsten Plätzen Europas, ist aber gut als Ausgangspunkt zur Erkundung der Umgebung geeignet. In seiner Nähe liegen sämtliche Sehenswürdigkeiten der mittelalterlichen Stadt, darunter die großen Einkaufsstraßen und das Amsterdams Historisch Museum, eine besucherfreundliche Einführung in die Geschichte dieser außergewöhnlichen Stadt. Fast direkt daneben hat der Begijnhof, ein Wohnheim für alleinstehende Damen und Studentinnen, seine hehren Prinzipien bewahrt. Selbst mitten im Rotlichtviertel (oft bekannt als Rosse Buurt) gibt es wunderschöne geschichtsträchtige Bauwerke. Das mittelalterliche Amsterdam ist unabhängig von Ihren Interessen der beste Einstieg in die Stadt.

Seite 49: Decke der Nieuwe Kerk

Links: Innenraum der Nieuwe Kerk

Rechts: Christusstatue auf dem Rasen im Begijnhof

★ Nicht verpassen!

1. Begijnhof ➤ 54
2. Amsterdams Historisch Museum ➤ 56
3. De Dam ➤ 60
4. Rotlichtviertel De Wallen ➤ 63

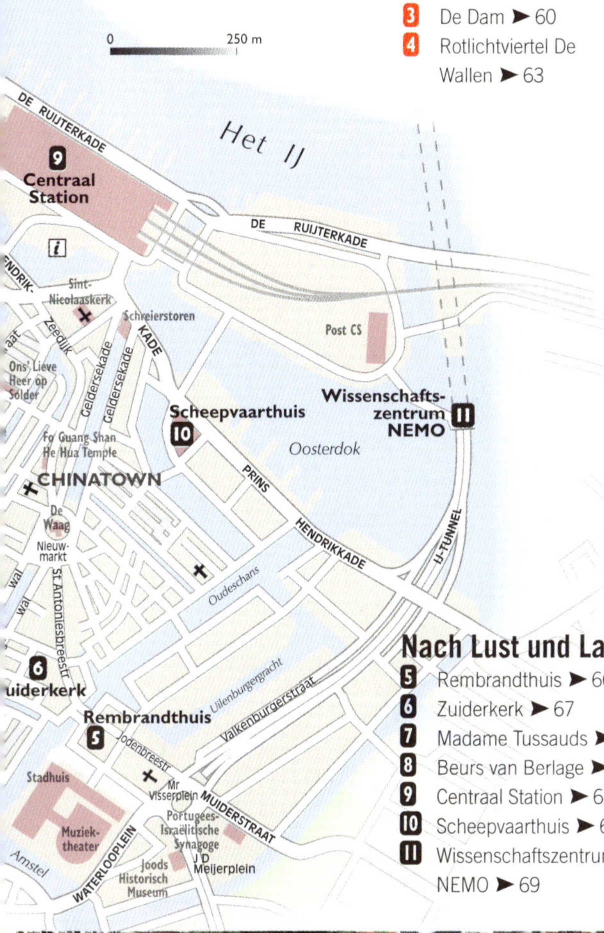
0
250 m
Het IJ
DE RUIJTERKADE
9
Centraal Station
DE RUIJTERKADE
Sint-Nicolaaskerk
Schreierstoren
Zeedijk
KADE
Post CS
Ons' Lieve Heer op Solder
Geldersekade
Geldersekade
Wissenschafts-zentrum NEMO
11
Scheepvaarthuis
10
Oosterdok
Fo Guang Shan He Hua Temple
CHINATOWN
PRINS
HENDRIKKADE
IJ-TUNNEL
De Waag
Nieuw-markt
Oudeschans
St. Antoniesbreestr.
6
uiderkerk
Uilenburgergracht
Valkenburgerstraat
Rembrandthuis
5
Jodenbreestr.
Stadhuis
Mr Visserplein
MUIDERSTRAAT
Portugees-Israëlitische Synagoge
Muziek-theater
Amstel
WATERLOOPLEIN
Joods Historisch Museum
J D Meijerplein

Nach Lust und Laune!

5. Rembrandthuis ➤ 66
6. Zuiderkerk ➤ 67
7. Madame Tussauds ➤ 67
8. Beurs van Berlage ➤ 67
9. Centraal Station ➤ 68
10. Scheepvaarthuis ➤ 69
11. Wissenschaftszentrum NEMO ➤ 69

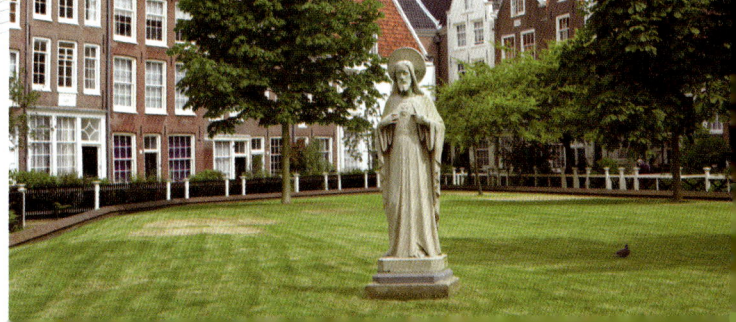

An einem Tag

Wenn Sie sich nicht sicher sind, wo Sie Ihre Reise beginnen möchten, empfiehlt diese Route einen praktischen eintägigen Besuch des mittelalterlichen Amsterdam mit den wichtigsten Sehenswürdigkeiten. Sie können dazu die Karte auf der vorangegangenen Seite verwenden. Weitere Informationen finden Sie unter den Haupteinträgen (► 54ff).

9 Uhr

Der früheste Zeitpunkt, zu dem Sie den **❶Begijnhof** (Kapelle, unten, ► 54f) besichtigen können. Kommen Sie pünktlich und dem größten Touristenansturm zuvor, und gönnen Sie sich dann einen Kaffee im prächtigen Café Luxembourg (► 70) am Spui, dem gleich südlich gelegenen Platz.

11.30 Uhr

Ein paar Gehminuten nördlich liegt das **❷Amsterdams Historisch Museum** (► 56ff), der richtige Platz, um sich über die Geschichte der Grachtenstadt aufklären zu lassen.

13 Uhr

Spazieren Sie ostwärts, um das Mittagessen mit Leute beobachten (im **In de Waag** ► 72, am Nieuwmarkt) oder mit einem Einkaufsbummel (im **La Place** ► 71f, der Cafeteria von Vroom en Dreesman) zu verbinden.

15 Uhr

Die meisten Straßen im mittelalterlichen Herzen der Stadt führen zum **3 Dam** (▶ 60ff), wo Sie, falls eine Führung stattfindet, den Königlichen Palast (**Koninklijk Paleis,** links) besichtigen oder durch die hübschen Geschäfte abseits der großen Kaufhäuser bummeln können.

16 Uhr

Ein Spaziergang durch das Univiertel bringt Sie, vorbei am Sitz der Ostindischen Handelskompanie, zum Waterlooplein. Hier können Sie am Flohmarkt noch letzte Schnäppchen machen, im Rathaus den Besorgnis erregenden Wasserstand inspizieren, das **4 Rembrandthuis** (▶ 66) besichtigen und im »schiefen« **Café De Sluyswacht** (▶ 72) eine Kaffeepause einlegen.

17.30 Uhr

In Richtung Hauptbahnhof liegen einige der ältesten Teile der Stadt, etwa **Oudezijs Voorburgwal**. Genießen Sie die Atmosphäre, wenn die Geschäftigkeit des Tages im **6 Rotlichtviertel De Wallen** (▶ 63ff) allmählich den nächtlichen Aktivitäten weicht.

19 Uhr

Trinken Sie in einer traditioneller Probierstube wie **De Drie Fleschjes** (▶ 71) oder **Wynand Fockink** (▶ 72f) einen Jenever (holländischen Gin).

20 Uhr

Gönnen Sie sich ein exzellentes chinesisches oder thailändisches Essen zum günstigen Preis am **Zeedijk** (▶ 64), oder lassen Sie sich – schließlich sind Sie in einer alten Hafenstadt! – bei **Lucius** (▶ 74) mit Meeresspezialitäten verwöhnen.

22 Uhr

Beschließen Sie den Tag dort, wo Sie ihn begonnen haben, beim Begijnhof. Im **Café Gollem** (▶ 70) fängt der Abend jetzt gerade erst an. Alternativ dazu können Sie zum Spui hinüberbummeln und dem legendären **Hoppe** (▶ 71) dazu verhelfen, weiterhin mehr Bier pro Lokalfläche auszuschenken als jedes andere Bruin Café in den Niederlanden.

❶ Begijnhof

Im Begijnhof steht ein Schild mit der Aufschrift »Friede sei auf Erden«. Und so lange die Touristen nicht zu laut werden, bleibt es auch herrlich friedlich auf diesem großen grünen Platz, nur wenige Momente vom Zentrum einer der lebendigsten Städte Europas entfernt.

Lambert le Bégue begründete 1180 den Orden der Beginen für Frauen aus reichen katholischen Familien, die ihren Ehemann verloren oder nie einen gefunden hatten. Der Begijnhof war eine freiere Alternative zum Eintritt in ein Kloster: Beginen lebten in komfortabel ausgestatteten Räumlichkeiten und kümmerten sich um die Armen und Alten – eine wohltätige, religiöse Aufgabe, die jedoch kein Gelübde erforderte.

Der Begijnhof selbst wurde Mitte des 14. Jhs. gegründet, doch die ursprünglichen Bauten stehen nicht mehr. Haus Nummer 34, das **Houten Huys** (Holzhaus), datiert aus dem Jahr 1475 und ist damit das älteste erhaltene Haus der Stadt. Die meisten anderen wurden im 16., 17. oder 18. Jh. errichtet, einige sind sogar noch jünger. Nahe Haus 35 ist eine Wand mit acht biblischen Tafeln, die trotz der Zerstörung einiger Häuser erhalten blieben. Die letzte Begine starb 1971, doch in den Häusern finden auch heute noch unverheiratete Frauen Unterkunft. Die schmucken Bauten mit den kunstvollen Giebeln gruppieren sich um gepflegte Rasenflächen.

Den südlichen Teil des Begijnhofs nimmt die Ende des 15. Jhs. errichtete **Engelskerk** ein, rund 100 Jahre lang Gebetsstätte der Laienschwestern. Nach der »Alteratie« zum Protestantismus (▶ 58) wurde sie geschlossen und erst 1607 wieder

VERHALTENSREGELN

Die Bewohner des Begijnhofs tolerieren den Tourismus, erwarten, um ihre Privatsphäre zu wahren, jedoch eine gewisse, eigentlich selbstverständliche Rücksichtnahme. So ist Fotografieren zwar erlaubt; machen Sie aber bitte keine Innenaufnahmen. Und sprechen Sie nicht zu laut.

Oben: Farbiges Glasfenster, das Joost van den Vondel und Thomas a Kempis, zwei katholischen niederländischen Autoren, gewidmet ist

Links: Der Begijnhof ist ein beliebter Platz

eröffnet, diesmal von englischen Presbyterianern. Heute gehört das Gotteshaus zur Church of Scotland. Die Kanzel gestaltete der junge Piet Mondriaan (1872–1944). Neben dem sonntäglichen Gottesdienst (um 10.30 Uhr) wird die Kirche vorwiegend für Konzerte genutzt.

Die Begijnhofkapel

Die **Begijnhofkapel**, die 1671 errichtete katholische Kirche, liegt nur wenige Schritte von der Engelskerk entfernt, ist aber recht unauffällig. Die Katholiken, die nicht konvertierten, wurden von den Stadtvätern zwar geduldet, durften ihrem Glauben aber nur an einem Ort nachgehen, der von der Straße aus nicht als solcher kenntlich war. So verbergen schlichte Türen den opulenten Innenraum. Beachten Sie das Buntglasfenster rechts vom Altar, das dem holländischen Nationaldichter Joost van den Vondel geweiht ist.

🗺 199 D4 ✉ Begijnhof 🖥 www.begijnhofamsterdam.nl
🕐 zur Besichtigung geöffnet tägl. 9–17 Uhr, keine Gruppen; Begijnhofkapel Sa, So 9–18 Uhr, Mo 13–18.30 Uhr, Di–Fr 9–18.30 Uhr 🍴 Café in Haus Nummer 35 neben dem Houten Huys (€€) 🚊 1, 2, 5 ♿ frei

BEGIJNHOF: INSIDER-INFO

Top-Tipps: Beide Eingänge sind nicht leicht zu finden. Der Hauptzugang liegt in der **Gedempte Begijnen Sloot**, erreichbar von der Kalverstraat über eine Begijnensteeg genannte Gasse. Ein Seiteneingang ist vom Spui-Platz aus zugänglich, unter einem Bogen hindurch, der wie ein gewöhnliches Portal aussieht.

■ Um die Mittagszeit ist der Begijnhof oft von Touristen überlaufen. Legen Sie Ihren Besuch deshalb in die **erste oder letzte Stunde der Öffnungszeit.**

Geheimtipp: Ein interessanter **Buch- und Geschenkeshop** zum Begijnhof liegt gleich um die Ecke im Nieuwezijds Voorburgwal 371. Er ist von Dienstag bis Samstag, 10 bis 16 Uhr geöffnet.

2 Amsterdams Historisch Museum

Amsterdam ist eine in vielerlei Hinsicht außergewöhnliche Stadt, deren aufregende Geschichte dieses Museum beispielhaft dokumentiert. Intrigante Machenschaften, die der Stadt zu ihrer Macht verhalfen, werden in einem Umfeld dargestellt, das ebenso bunt zusammengewürfelt ist wie Amsterdam selbst. Nach dem Besuch zu Beginn Ihres Aufenthaltes werden Sie die Grachtenstadt besser verstehen und noch mehr genießen.

Das Amsterdam Historisch Museum nimmt einen beträchtlichen Teil des mittelalterlichen Stadtkerns ein und hat nicht weniger als drei Eingänge. Am besten zugänglich ist der Eingang am Nieuwezijds Voorburgwal 357, wo Sie Ihren Rundgang durch die chronologisch geordneten Gallerien beginnen können.

Die Lage des Museums und die Anordnung der Räumlichkeiten hängt mit dem ursprünglichen Verwendungszweck des Gebäudes zusammen, das 1414 als Kloster erbaut und nach der »Alteratie« – dem Wechsel zum Protestantismus – in ein Waisenhaus verwandelt wurde. Jungen- und Mädchenunterkünfte waren durch einen tiefen Graben getrennt.

Die junge Stadt

Der Rundgang folgt chronologisch der Stadtgeschichte – angefangen bei den ersten Siedlungen auf Lehmhügeln, die im Laufe der Zeit zusammenwuchsen.

Der erste Damm an der Amstel wurde 1270 gebaut und markiert einen Wendepunkt in der Geschichte der jungen Stadt: Eine unmittelbare Folge war, dass Handelsschiffe nicht mehr einfach vorbeisegeln konnten, sondern gezwungen waren, ihre Fracht hier zu löschen. Da die Güter

Rechts: Die Regentenkammer

Unten: Gemälde in der Gallerie »Die mächtige Stadt«

ja weitertransportiert werden mussten, entstanden in Amsterdam neue Arbeitsplätze, und das einstige Fischerdorf wurde zu einem bedeutenden Warenumschlagplatz und Handelszentrum.

Die folgenden Jahrhunderte standen im Zeichen von Pragmatismus und Neuerungen. Der erste bekannte »Stadtplan« ist Cornelius Anthonisz' Ansicht aus der Vogelperspektive (1538). Neben einem digitalen Display, dass das Wachstum der Stadt zeigt, hängt auch ein Werk von 1593, das eine Lotterie zu Gunsten eines Irrenhauses zeigt.

Die mächtige Stadt

Zusätzlich vorangetrieben durch Fortschritte auf dem Gebiet der Seefahrt, erlebte Amsterdam im 14. und 15. Jh. einen raschen wirtschaftlichen Aufschwung. **Saal 5** illustriert die Anfänge des Asienhandels, der ab 1595 große Bedeutung gewann, und den 1602 erfolgten Zusammenschluss konkurrierender Unternehmen zur mächtigsten Handelsgesellschaft der Welt, der Vereinigde Oost-Indische Compagnie (VOC, ► 14f). Im Laufe der nächsten zwei Jahrhunderte verließen knapp eine Million Menschen Holland, und nur jeder Dritte kehrte zurück. Dabei erwiesen sich die Expeditionen gen Osten als erfolgreicher denn solche in Richtung Westen: Auf dem nordamerikanischen Kontinent wurde Neu Amsterdam gegründet, das heutige New York, jedoch schon bald wieder verloren: getauscht mit den Engländern gegen Surinam, einen kleinen sumpfigen Landstrefen in Südamerika, um den Holländern wenigstens das Gesicht zu wahren.

Die religiösen Unruhen, die Europa im 16. Jh. erschütterten, wusste Amsterdam zu seinem Vorteil zu nutzen. Fähige und geschäftstüchtige Juden und Protestanten, die aus anderen Ländern vertrieben wurden, hieß die Stadt (mit Vorbehalt) willkommen. Natürlich war auch Amsterdam nicht gegen innere Unruhen gefeit, und der Frontenwechsel der Stadt vom katholischen Spanien Philipps II. zu den protestantischen Niederlanden – die so genannte Alteratie – fand 1578 unter großem Blutvergießen statt. **Saal 10** vermittelt einen Eindruck von den Religionskämpfen, birgt aber auch eine Nachbildung des Glockenspiels des Münzturms.

Die moderne Stadt

Die wirtschaftliche und künstlerische Hochblüte der Stadt hielt nicht an. Im 19. Jh. ging es merkbar abwärts, doch fand die Grachtenstadt für jedes neu auftauchende Problem auch eine innovative Lösung. Eine der witzigsten im **Saal 16** des Museums gezeigten ist J. C. Sincks Seil-

David und Goliath thronen über dem Museumscafé

Das erste Dampfschiff von Nicolas Bauo, in der Gallerie »Moderne Satdt«

winde zur Bergung von in eine Gracht gestürzten Pferden. Die Konstruktion bestand aus einem Wagen mit aufmontiertem Kran, an dem ein Geschirr hing, in dem das unglückliche Tier hochgehievt wurde. Eine Bergungsaktion kostete 40 Gulden – ein geringer Preis für die Rettung eines wertvollen Rosses.

Besonders interessant ist die Abteilung 20. Jh. mit den Schwerpunkten Einwanderung, soziale Strukturen und, natürlich, Zweiter Weltkrieg. Im »Hungerwinter« 1944/45 starben in Amsterdam mehr als 2000 Menschen während der Besatzung durch die Nazis.

Als der Seehandel in den Siebziger- und Achtzigerjahren zurückging, erlebte auch die Stadt einen Niedergang: 40 000 Leute zogen jedes Jahr aus Amsterdam fort. Der Umbruch seit den Sechzigerjahren wird mit leisem Humor präsentiert: Zwischen den düsteren Grafiken zum Bevölkerungswachstum zeigt ein Diagramm die Zunahme der Coffee Shops zwischen 1980 und 1999. Am Ende des Rundgangs ist man auf dem neuesten Wissensstand: Nicht einmal einer von drei Einwohnern der Stadt ist hier geboren, die Fluktuationsrate hoch. Auch wenn es sich hier um das historische Museum Amsterdams handelt, spiegelt es das veränderliche Gesicht der Stadt mit interessanten interaktiven Multi-Media-Ausstellungen wieder, die im 21. Jahrhundert zuhause sind.

KLEINE PAUSE

Das museumseigene Café ist nach den Holzfiguren David und Goliath benannt, die Albert Vinckenbrinck Mitte des 17. Jh. für den Oude Doolhof schuf. Auch in der Nähe finden sich zahlreiche Angebote – zum Beispiel das elegante **Esprit Caffé** (► 71).

✚ 199 D4 ✉ Nieuwezijds Voorburgwal 357, Kalverstraat 92 und Sint Lucienensteeg 27 ☎ 020 523 1822; www.ahm.nl
🕐 Mo–Fr 10–17 Uhr, Sa, So und Feiertage 11–17 Uhr; geschl. 1. Jan., 30. April, 25. Dez. 🍴 David en Goliath Café-Restaurant, Erdgeschoss (€€); www.davidengoliath.nl; im Sommer tägl. 10–17.45 Uhr, im Winter 10–17 Uhr
🚊 1, 2, 4, 5, 9, 11, 14, 16, 24, 25
🎫 mittel; Museumspass und I Amsterdam-Card gültig

AMSTERDAMS HISTORISCH MUSEUM: INSIDER-INFO

Top-Tipps: Nehmen Sie am Eingang einen **kostenlosen Plan** mit – trotz der recht guten Ausschilderung verläuft man sich nämlich leicht ohne Karte.
■ Im **Museumsshop** gibt es viele hübsche Geschenke – warum nicht hier Ihre Mitbringsel kaufen?

❸ De Dam

Fast jeder Amsterdambesucher kommt einmal am Dam
vorbei, jenem Platz, dem die Stadt ihren Namen verdankt. An dieser Stelle wurde im 13. Jh. der erste Amstel-
Damm erbaut (seither hat sich das Flussbett nach Osten
verlagert). Der Platz wird eingerahmt vom Königlichen
Palast und dem Nationaal Monument. Auf den ersten
Blick enttäuschen die uncharmante Architektur und die
vielen Trambahnoberleitungen, die den ganzen Platz über-
spannen. Obwohl De Dam meist eher wie eine touristische
Durchgangsstraße wirkt, bleibt er das historische Herz der
Stadt und ist umgeben von einigen Hauptattraktionen.

Koninklijk Paleis

Die holländische Monarchie unterscheidet sich von den meisten
Königshäusern – sie wurde mit allgemeiner Zustimmung vor nicht
einmal zwei Jahrhunderten begründet. Auch der Königliche Palast
entspricht ganz und gar nicht der Norm. Seine Massivität und die
Lage am Amsterdamer Hauptplatz ließen eher auf ein Rathaus schließen, und tatsächlich wurde er ursprünglich als solches erbaut. Keine
zwei Meter von seiner Südfassade entfernt, rattern die Straßenbahnen
vorbei, und von ihrer »Haustür« aus hat Ihre Majestät einen her-

vorragenden Blick auf viele der
malerischen Exzesse Amsterdams
– etwa Marihuana rauchende
Leute am Fuße des Nationalmo-
numents.

Der Palast wurde Mitte des
17. Jhs. errichtet, als Amsterdam
die größte Handelsmetropole der
Welt war, und der Dichter Constantijn Huygens (1596–1687) pries
ihn als »achtes Weltwunder«. Nach
der Eroberung der Niederlande
residierte Louis Napoleon anfangs
in Utrecht, verlegte seinen Hof
jedoch bald nach Amsterdam. Und
da das einzige Gebäude dort, das
seinen Platzansprüchen genügte,
die Stadtverwaltung beherbergte,
wurde diese eben umquartiert. Im
Giebelfeld des Gebäudes befindet
sich eine Allegorie von Krieg und
Frieden: Statuen mit einer Waffe
bzw. einem Ölzweig sowie ein
vergoldetes Segelschiff, das über der
Kuppel als Wetterfahne dient.

Es lohnt sich, den Palast zu
umrunden, schon um seine
schiere Größe zu ermessen, aber

auch der Atlasstatue auf der Rückseite wegen, die eine gigantische kupferne Weltkugel trägt. Sogar die vier Laternenpfähle vor der Fassade sind sehenswert: Jeder wird von einem Löwen bewacht und von einer Krone geschmückt.

Der Palast war wegen umfangreicher Renovierung für die Öffentlichkeit nicht zugänglich und wurde im Jahr 2009 wieder eröffnet.

Nationaal Monument

Das Nationaldenkmal erinnert an die Leiden unter der deutschen Besatzung im Zweiten Weltkrieg, eine traumatische Zeit für die Stadt wie überhaupt die gesamten Niederlande. Das von John Rödecker entworfene Mahnmal wurde unter großer öffentlicher Anteilnahme am 4. Mai 1956 enthüllt, 16 Jahre nach dem Einmarsch der deutschen Truppen. Kritiker meinen, das Ganze sei nichts anderes als ein überdimensionierter Verkehrspoller, wie sie in Amsterdam an jeder Straße stehen, und wenn man ehrlich ist, muss man ihnen Recht geben. Aus der Nähe betrachtet, erkennt man den Skulpturenschmuck, Symbole von Mutterschaft und Unterdrückung, während auf der Rückseite ein Taubenschwarm herabflattert. In den Obelisken sind zwölf Urnen eingemauert, die Erde aus den elf früheren holländischen Provinzen und der größten Kolonie, Indonesien, enthalten.

Oben: National-denkmal, Dam Square

Links: Die Friedens-statue auf dem Palastdach wacht über den Dam

Nieuwe Kerk

Die Nieuwe Kerk ist die Krönungskirche der holländischen Monarchen, und so fand hier im Jahre 2002 auch die Trauung des Prinzen von Oranien mit Prinzessin Máxima statt. Trotz ihres Namens (»Neue« Kirche) ist sie eines der ältesten Gotteshäuser der Stadt. Besonders zauberhaft wirkt sie an einem sonnigen Morgen, wenn die Figuren auf der Sonnenuhr über dem Fenster der Südfassade wie eine goldene Halskette schimmern. Bis Ende des 19. Jhs. wurden alle Uhren der Stadt nach dieser Sonnenuhr gestellt.

Die erste »Neue Kirche« wurde 1408 gegründet, jedoch zweimal durch Brände völlig zerstört. Der heutige Entwurf datiert aus dem frühen 16. Jh. Im Jahr 1578 übernahm die Niederländisch-Reformierte Kirche das Gotteshaus und entfernte alle Statuen, Altäre und Gemälde. Bei Dachreparaturen fing das Gebäude 1645 durch geschmolzenes Blei Feuer und brannte bis auf das Mauerwerk aus. Dies ermöglichte andererseits eine Neuausstattung der Kirche in aller Pracht des goldenen Zeitalters.

Rechts vom Eingang erinnert ein Denkmal an **Joost van den Vondel** (1587–1679), Nationaldichter und Zeitgenosse Rembrandts, der hier seine letzte Ruhestätte fand. Auch viele heldenhafte Seefahrer, die im 18. und 19. Jh. praktisch als Hochadel gehandelt wurden, sind in dieser Kirche beigesetzt, namentlich Michiel de Ruyter (1606–1676), Admiral der niederländischen Flotte, der im Zweiten und Dritten Englisch-Holländischen Krieg gekämpft hatte. Im Zweiten segelte er die Themse fast bis London hinauf; im Dritten Krieg fiel er. Die Schlacht, in der er sein Leben verlor, ist auf seinem Grabmal

dargestellt. Die Kirche ist auch einer der meistbesuchten Ausstellungs-
orte des Landes. Es finden regelmäßig Ausstellungen zu Kunst und
Schätzen der „Weltreligionen" statt. In einem Shop (tägl. 10–18 Uhr,
auch zugänglich ohne Zahlung der Eintrittsgebühr) werden außerdem
ausstellungsbezogene Objekte und Literatur angeboten.

KLEINE PAUSE

Schaut man vom Dam nordwärts den Nieuwendijk entlang, reiht
sich ein Fastfood-Restaurant an das nächste. Besser, Sie bleiben am
Dam, wo das **Nieuwe Kafe** (tägl. 8.30–18 Uhr, Tel. 020 627 2830;
www.nieuwe-kafe.nl) bei der Nieuwe Kirk Gelegenheit zum Leute
beobachten bietet. Wer Lust auf etwas Stimmungsvolleres hat,
sollte das **Wynand Fockink** aufsuchen, eine Probierstube (▶ 72)
am Pijlsteeg 31, einer Querstraße hinter dem Hotel Krasnapolsky.

Dam
✚ 199 E5

Palast
✚ 199 D5 ☎ 020 620 4060; www.koninklijkhuis.nl ◉ Sept–Mai tägl. 12–17,
Juni–Aug tägl. 11–17 Uhr 🚋 alle Straßenbahnen zum und vom Hauptbahnhof

Nieuwe Kerk
✚ 197 E1 ☎ 020 638 6909; www.nieuwekerk.nl ◉ täglich 10 bis 18 Uhr,
Do bis 22 Uhr während Ausstellungen; geschl. 1. Jan. und 25. Dez.
💶 teuer; I Amsterdam-Card gültig

Entspannen
am Dam

KÖNIGLICHER PALAST: INSIDER-INFO

Top-Tipps: Von Juni 2009 bis Ende 2011 zeigt eine Sonderausstellung mit
dem Titel »Work in Progress« die Details des Restaurierungsprojekts, die sich
auf das Interieur mit Kunstwerken und Möbeln konzentriert.

4 De Wallen

Amsterdams Rotlichtbezirk (De Wallen) macht einen sprachlos. Leicht bekleidet sitzen die Prostituierten in grellrosa Licht, und im Fenster eines Coffee Shops hängt ein Schild: »Werte Kunden, bitte drehen Sie Ihre Joints im Geschäft. Danke.« Jede Stadt hat ihr Rotlichtviertel, wo die normalen Regeln außer Kraft gesetzt sind; aber so wie in Amsterdam ist es nirgends.

Manche Besucher sind von diesem Bezirk fasziniert und rechnen ihn zu den Hauptsehenswürdigkeiten der Stadt, weil er offen Einblick in eine Lebensweise gewährt, die andernorts nur im Verborgenen blüht. Andere Touristen fühlen sich unwohl und fast abgestoßen von dem irgendwie schäbigen Dreieck zwischen Warmoesstraat, Zeedijk und der Straße, die vom Dam weg ostwärts verläuft. Das Viertel völlig zu meiden würde bedeuten, einen wichtigen Teil der Stadt auszulassen.

Das Moulin Rouge ist eines der berühmtesten Striplokale in Amsterdam

Interessant ist, dass Prostituierte in Amsterdam die höchsten Steuersätze auf ihr Einkommen zahlen, sich regelmäßig gesetzlich

vorgeschriebenen Untersuchungen unterziehen müssen und sogar ihre eigene Gewerkschaft haben. Ein Besuch des Viertels ist in der Regel vor allem tagsüber sicher, und die abgesackten Häuser und zahlreichen Kirchen zeigen, dass es hier auch viel Geschichte zu entdecken gibt.

Die **Warmoesstraat** und ihre Fortsetzung **Nes** sind die ältesten Straßen Amsterdams, das ja am Ostufer der Amstel entstand. Gleichzeitig wurde der **Zeedijk** (Meeresdeich) erbaut als Schutz gegen Stürme und Sturmfluten auf der Zuidersee. Zwischen diesen beiden begann sich das heutige Labyrinth von Gassen und Gässchen zu entwickeln. Seit den Anfängen Amsterdams als Hafenstadt fanden hier Seeleute Quartier, Alkohol und weibliche Gesellschaft. Doch damals wie heute stehen zwischen Bordellen und Bars auch eine Reihe interessanter Sakralbauten.

Oude Kerk und Ons' Lieve Heer op Solder

Schon um 1300 befand sich am heutigen Standort der **Oude Kerk** (Alte Kirche) eine kleine Kapelle, geweiht dem hl. Nikolaus, der die Menschen vor den Gefahren des Meeres schützen soll. Der Baukern aus dem 15. Jh. macht sie zum ältesten Gebäude Amsterdams. Die »Alte Kirche« hat die Wirren der Jahrhunderte überraschend gut überstanden, wenngleich neuere Einrichtungen wie die benachbarten Pissoirs ihr doch etwas von ihrer Würde nehmen. Der Innenraum wird häufig für sehr unterschiedliche Ausstellungen genutzt, doch die schönen Buntglasfenster sowie die Denkmäler haben ihren Zauber bewahrt. Unter einem von 2500 Grabsteinen ruht Rembrandts erste Frau Saskia.

Das **Ons' Lieve Heer op Solder** (»Unser Herr auf dem Dachboden«, früher als **Amstelkring**-Museum bekannt) ist ein wunderbares Museum. Die drei unteren Geschosse geben Einblick in die Lebensweise des 17. Jhs.: Die Räume sind im Stil des damaligen Eigentümers Jan Hartman erhalten. In die oberen drei Etagen jedoch ist eine prächtige katholische Kirche mit reichem Statuen- und Silberschmuck gedrängt. Nach der Alteratie, also

nach dem Übergang zum Protestantismus, verwandelten mehrere wohlhabende Katholiken Teile ihrer Häuser in Kirchen, doch ist dies die einzige, die noch aus jener Zeit erhalten geblieben ist. Seit Juni 2009 wird die Kirche renoviert und ist nicht zugänglich. Das Museum ist weiterhin geöffnet.

Links: Am heutigen Standort der Oude Kerk steht seit dem 14. Jahrhundert eine Kirche

➕ 197 F1

Oude Kerk
➕ 197 F1 ✉ Oudekerksplein 23 ☎ 020 625 8284; www.oudekerk.nl
🕐 Mo–Sa 11–17 Uhr, So 13–17 Uhr; geschl. 1. Jan., 30. April und 25. Dez.
🚋 4, 9, 16, 24, 25 bis Damrak 💰 preiswert; für Inhaber der Museumskarte oder der I Amsterdam-Card frei

Unten: Das Erotic Museum liegt im Herzen des Rotlichtviertels

Ons' Lieve Heer op Solder (Unser Herr auf dem Dachboden)
➕ 197 F1 ✉ Oudezijds Voorburgwal 40 ☎ 020 624 6604; www.opsolder.nl
🕐 Mo–Sa 10–17 Uhr, So und an Feiertagen 13–17 Uhr; geschl. 1. Jan., 30. April und bei Sonderveranstaltungen 🚋 4, 9, 16, 24, 25 bis Damrak
💰 mittel; für Inhaber der Museumskarte und der I Amsterdam-Card frei

ROTLICHTVIERTEL: INSIDER-INFO

Top-Tipps: Denken Sie daran, dass das Geschäft mit der Liebe zwielichtige Gestalten anlockt und weder Freier noch Prostituierte oder Zuhälter Fotoapparate schwenkende Touristen mögen.
■ Parken Sie Ihr Fahrrad außerhalb des Bezirks; die Straßen sind zu schmal, überlaufen und morgens oft von Glasscherben bedeckt.

Nach Lust und Laune!

In dieser Küche speiste Rembrandt mit seiner Familie und seinen Schülern

🄳 Rembrandthuis

Das Wohnhaus des Meisters (von 1639 bis 1658) ist ein wahres Schatzkästlein, vom Erdgeschoss bis ganz nach oben. Man betritt es durch das Nachbarhaus und steigt von dort hinunter in die Küche, wo die ersten Kastenbetten des Personals zu sehen sind – im Grunde nichts anderes als ein Schrank mit einer Matratze drin.

Am repräsentativsten ist das Erdgeschoss mit der besonders prächtigen Eingangshalle. Als Kunsthändler wusste Rembrandt, welche Rolle der erste Eindruck spielt. Hier hängen eine Reihe von Werken anderer, weniger berühmter Zeitgenossen. Den Vorraum schmückt ein scheinbar aus Marmor gefertigter Kamin, der sich bei näherem Hinschauen freilich als Holzimitation erweist – die Marmorzeichnung ist täuschend echt aufgemalt. Moderne Reproduktionen einiger dieser Kunstwerke können im Shop erworben werden. Picasso übernahm zahlreiche Ideen aus den Stichen von Rembrandt. Sein Motto war: »Schlechte Künstler kopieren, gute Künstler stehlen«. Der **Salon** diente gleichzeitig als Rembrandts Schlafzimmer.

Über eine schmale Wendeltreppe gelangt man in das **Zwischengeschoss**, das eine außergewöhnliche Sammlung von Kunstwerken beherbergt. Es gibt eine Hängematte aus Südamerika und chinesisches Porzellan, faszinierende Schmetterlinge und drei riesige Schildkrötenpanzer.

Größter Raum im Haus ist das **Atelier** im ersten Stock, in dem Rembrandt und seine Schüler arbeiteten.

Schauen Sie vom **dritten Stock** aus

an der Rückseite des Hauses hinunter – und auf das angrenzende moderne Apartmenthaus. Und beachten Sie beim Verlassen des Hauses den hübschen Torbogen links (Richtung Westen) mit neuen Reliefs.

Gezeigt werden Wechselausstellungen und Radierungen des Künstlers sowie verschiedene Ausstellungen, die den Arbeiten von Rembrandt und von ihm inspirierten Künstlern gewidmet sind. Die Audio-Tour (kostenlos) ist interessant und gut gemacht.

🔲 200 A3 ✉ Jodenbreestraat 4 ☎ 020 520 0400; www.rembrandthuis.nl ⏰ tägl. 10–17 Uhr; geschl. 1. Jan. 🚇 Waterlooplein 🚊 9, 14 💶 mittel; Museumspass und I Amsterdam-Card gültig

🜁 Zuiderkerk

Diese schwer auffindbare ehemalige Kirche lohnt einen Besuch schon wegen des Blickes vom südlichen oder westlichen Turm sowie der interessanten Edelstahlskulptur gegenüber dem Ostportal – aber schenken Sie auch dem Inneren etwas Aufmerksamkeit.

Die nicht mehr als Gotteshaus genutzte Kirche beherbergt das Zuiderkerk Informatiecentrum, eine städtische Einrichtung, in der die Stadt über bauliche Vorhaben in Amsterdam informiert.

🔲 199 F4 ✉ Zandstraat ☎ 020 552 7987; www.zuiderkerk.amsterdam.nl ⏰ Turmführungen April–Sept. Mo–Sa halbstündlich von 12–15.30 Uhr; Kirche Mo–Fr 9–17 Uhr, Sa 12–16 Uhr 🚇 Nieuwmarkt 💶 Turm: preiswert; Kirche: frei

Zuiderkerk, die »Südkirche«

🜂 Madame Tussauds

Alle üblichen Wachsfigurenkandidaten, einschließlich Barack Obama mit seinem gewinnenden Lächeln, sind vertreten. Auch typisch holländische Figuren wie Queen Beatrix und Anne Frank mit ihrem Tagebuch gehören dazu. Die Besucher dürfen die Figuren anfassen und Fotos machen (bei den beliebtesten Figuren müssen Sie evtl. anstehen.

🔲 199 D5 ✉ Dam 20 ☎ 020 522 1010; http://www.madametussauds.com ⏰ tägl. 10–17.30 (bis 20.30 Uhr in den Schulferien); geschl. am 30. April 🚇 Centraal Station; Straßenbahn: Magna Plaza/Dam, Bijenkorf/ Dam 💶 teuer

🜃 Beurs van Berlage

Ein Gebäude ragt am Damrak besonders heraus: die wunderschöne rote Backsteinfassade der ehemaligen Börse. Der Sozialist Hendrik Petrus Berlage, der die Beurs vor 100 Jahren entwarf, glaubte an eine »höhere Bestimmung« dieser Organisation. Wenn auch Anhänger des Gewerkschaftsgedankens, war er doch bodenständig genug, den Auftrag für Amsterdams Kapitalismuszentrum nicht abzulehnen.

Dabei war Berlage nicht die erste Wahl der Juroren. Doch der eigentliche Sieger des Architekturwettbewerbs hatte, wie sich herausstellte, die Fassadengestaltung vom Rathaus der französischen Stadt Nantes abgeschaut. Mit großem Enthusiasmus machte sich Berlage 1898 daran, einen massiven Ziegelbau auf höchst unsicheren Grund zu setzen. Obwohl die neun Millionen Ziegelsteine auf fast 5000 Pfosten ruhen, zeigten sich schon bald nach der Fertigstellung im Jahr 1903 Risse im Mauerwerk. Nur umfassende Restaurierungsmaßnahmen machten es möglich, das Gebäude zusammenzuhalten. Im Jahr 2000 fusionierte dann die Amsterdamer Börse mit den Börsen von Paris und Brüssel und wurde in Euronext Amsterdam umbenannt. Sie liegt gleich im Osten in der Beursplein 5. Leider ist der Turm, der mit 40 Metern Höhe einen wundervollen Blick über die Stadt bietet nicht länger für die Öffentlichkeit zugänglich, aber das ehemalige Börsenparkett und die anderen Hallen des Gebäudes werden als Veranstaltungsorte für große

Das Scheepvaarthuis (Schifffahrtshaus) wurde 1916 für sechs große Reedereien erbaut

Ausstellungen, Shows und Konzerte – und einmal sogar für eine königliche Hochzeit – verwendet. Das ehemalige Haupteingangsfoyer beherbergt heute ein elegantes Café, in dem ein herrliches Fliesenbild des holländischen Symbolisten Jan Toorop hängt. Außerdem hat man einen schönen Blick über Beursplein.

🚹 197 F1 ✉ Beursplein ☎ 020 530 4141; www.beursvanberlage.nl 🕐 nur für Ausstellungen – Öffnungszeiten variieren. Café tägl. Mo–Sa 10–18, So 11–18 Uhr 🚇 Centraal Station 🚊 4, 9, 16, 24, 25 🚉 Centraal Station 💶 variiert

🟋 Centraal Station

Es ist merkwürdig und eigentlich schade, wie wenige Besucher dieses

Gebäudes seine Schönheit würdigen oder es überhaupt als Sehenswürdigkeit beachten. Die herrliche Fassade erstreckt sich 400 Meter lang auf einer künstlichen Insel zwischen dem Fluss IJ und der Stadt.

Sogar die Bauarbeiten an Amsterdams neuer Untergrundbahn konnten der Anmut des Gebäudes nichts anhaben. Der Stil ist niederländische Neurenaissance; als Architekt zeichnete P. J. H. Cuypers, der auch das ähnlich anmutende Rijksmuseum (▶ 114ff) entwarf. Den schönsten Gesamteindruck hat man etwa 100 Meter hinter dem Bahnhofseingang, wenn sich die Dekorationen im Licht der Nachmittagssonne abheben.

Der Ostturm des Bahnhofs enthält die für den Reisenden unentbehrliche Uhr, während auf seinem westlichen Pendant die Windrichtung angezeigt wird.

Die Fassade offenbart Darstellungen, die den Wirtschaftszweigen der Grachtenstadt huldigen: Handwerk, Handel und Export. Das in den Siebzigerjahren recht verunstaltete Innere hat von jüngeren Renovierungsarbeiten profitiert, doch das Glanzlicht des Bahnhofs bleibt die

vornehme **Wachtkamer 1e Klasse** am Bahnsteig 2B. Der ehemalige Wartesaal erster Klasse ist heute in zwei Cafés bzw. Restaurants unterteilt. Löwen bewachen den ursprünglichen Eingang gemeinsam mit dem Porträt einer wehmütig dreinblickenden Holländerin.

➕ 200 A5 ✉ Stationsplein 🕐 rund um die Uhr, zwischen 0 und 5 Uhr jedoch nur für Reisende mit Fahrschein 🍴 viele Imbissgelegenheiten im Einkaufsbereich unter den Bahnsteigen und an Bahnsteig 2 🚇 alle 🚊 alle

⑩ Scheepvaarthuis

Der Name dieses Gebäudes lautet übersetzt ganz schlicht »Schifffahrtshaus«, es ist aber besser als »Haus der 1000 Fenster« bekannt. Ursprünglich sollte dieses Gebäude Reedereien beherbergen, weshalb die gesamte Fassade mit Motiven geschmückt ist, die die Seefahrt verherrlichen und in großen Worten alle Meere vom Middellandse Zee (Mittelmeer) bis zum Indische Oceaan (Indischen Ozean) preisen.

Der Entwurf stammt von Schülern P. J. H. Cuypers'; das Gebäude gilt als erstes Beispiel der Amsterdamer Schule. Manche Besucher entdecken geometrische Elemente, die vom schot-tischen Designer Charles Rennie Mackintosh stammen könnten, andere fühlen sich an die Kunst der südamerikanischen Mayas erinnert. Heute befindet sich in dem Gebäude das Grand Hotel Amrâth (▶ 41f). Schauen Sie kurz hinein und werfen Sie einen Blick auf die wundervolle Deko und das mit Buntglas ausgestattete Treppenhaus.

➕ 200 B4 ✉ Prins Hendrikkade 108 🕐 Größtenteils nur zugänglich für Hotelgäste! guests 🚇 Centraal Station 🚊 Centraal Station 🚢 Centraal Station

⑪ Wissenschaftszentrum NEMO

Dieses lokale Wahrzeichen ist eine dramatische Ergänzung der Skyline und wirkt wie ein plumpes, sinkendes Schiff außerhalb des Oosterdoks. Der Weg über die Gebäudekante nach oben ist interessant und wird von einem großartigen Blick von der Dachterrasse belohnt. Das fantasievoll ausgestattete Wissenschafts- und Technologiezentrum bietet in spielerischer Form eine Reihe von Abwechslungen und Exponaten auf 5 Etagen an. Die gewollt spielerische Herangehensweise an die Wissenschaften (hier ist es verboten, die Ausstellungsstücke NICHT anzufassen) soll vor allem Kinder zwischen 6 und 14 Jahren ansprechen und ist daher auch bei Eltern und Großeltern beliebt. Für Teenager gibt es eine Show mit immer neuen Attraktionen.

➕ 200 C4 ✉ Oosterdok 2 ☎ 020 531 3233; www.e-nemo.nl 🕐 Di–So 10–17 Uhr (während der holländischen Schulferien und von Juni–Aug. auch Montags); geschl. 1. Jan., 30. April und 25. Dez. 🍴 Café (€€) 🚊 Centraal Station 💰 teuer; Ermässigung bei Vorlage der I Amsterdam-Card

Das Wissenschaftszentrum Nemo, dessen Form an ein Schiff erinnert, liegt neben Kähnen und der *De Amsterdam* in den Docks

Wohin zum ...
Essen und Trinken?

Preise

Die Preisangaben gelten pro Person für ein Essen ohne Getränke.

€ unter 20 €   €€ 20–40 €   €€€ über 40 €

CAFÉS

De Bakkerswinkel €

Sie können sich darauf verlassen, dass das angebotene Brot und Gebäck genau so frisch und lecker schmeckt, wie es aussieht (und duftet). Der Kaffee ist gut und das Café ist eine gute Wahl für einen Snack oder ein leichtes Mittagessen wie Suppe, Quiche oder ein Sandwich. Oder schauen Sie am Nachmittag zum Tee vorbei – dann gibt es Gebäck und andere hausgemachte Leckereien.

✚ 197 F1 ⊠ Warmoesstraat 69
☎ 020 489 8000; www.debakkerswinkel.nl
◷ Di–Sa 8–16, So 10–16 Uhr.
High Tea Di–So 14–16 Uhr

Café de Dokter €

Versteckt in einer Seitenstraße der Kalverstraat offeriert das 200 Jahre alte »Café de Dokter« in einer früheren Arztpraxis jetzt Medizin anderer Art. In Amsterdams angeblich kleinstem Braunen Café, das eher an einen Trödlerladen erinnert als an eine Bar, brennen selbst an einem sonnigen Nachmittag Kerzen. Auf den Lampen und alten Flaschen sammelt sich der Staub, an den Wänden hängen ausrangierte Musikinstrumente, und das Telefon ist uralt, funktioniert aber erstaunlicherweise!

✚ 199 D4 ⊠ Rozenboomsteeg 4
☎ 020 626 4427; www.cafe-de-dokter.nl
◷ Di–Sa 16–1 Uhr

Café Gollem €

Ein winziges, stimmungsvolles und dunkles Braunes Café in einer Nebenstraße der Spuistraat mit einer Unzahl importierter Biersorten (um die 204). Die Biere sind angeschrieben, Bierdeckel und Brauereiplakate bedecken Wände und Decke. Jazz und Blues bilden den musikalischen Hintergrund. Die Gäste sind eine Mischung aus Einheimischen und Touristen.

✚ 199 D4 ⊠ Raamsteeg 4 ☎ 065 241
7024; www.cafegollem.nl ◷ Mo–Do 16–1
Uhr, Fr–Sa 14–2 Uhr, So 14–1 Uhr

Café de Jaren €–€€

Eines der schönsten Grand Cafés von Amsterdam (auch wenn der Service manchmal langsam ist) und eines der zwanglosesten – bei Studenten (die Uni ist gleich nebenan) ebenso beliebt wie bei der Schickeria. Vor allem abends trendige Musik. Das ehemalige Bankgebäude ist groß und luftig, die Bar zieht sich über zwei Etagen. Es gibt Lesetische im Stil einer Bibliothek mit jeder Menge Zeitungen und

Zeitschriften sowie Panoramafenster und Terrassen mit Blick auf die Amstel. Das Essen – Sandwiches, Suppen, Salate und Kuchen, abends auch Deftigeres wie Steaks und Pasta – ist einfach und gut.

✚ 199 E4 ⊠ Nieuwe Doelenstraat 20–22
☎ 020 625 5771; www.cafe-de-jaren.nl
◷ tägl. 9.30–1 Uhr

Café Luxembourg €–€€

Das Grand Café schlechthin, beliebt bei Amsterdams Yuppies und Medienset, hat die Aura eines echten Pariser Cafés und sieht aus, als sei es mindestens 100 Jahre alt (was es nicht ist!). Sie haben die Wahl zwischen überdachter Terrasse mit Blick auf den Spui-Platz, Ledersitzen im Inneren, einem Hocker an der langen Marmortheke und Lesetischen mit internationaler Presse. Das Essen – von Suppen und Salaten über Dim Sum bis hin zu Steaks und verführerischen Pasteten – ist ausgezeichnet. Besonderen Ruf genießen die Club-Sandwiches.

✚ 199 D4 ⊠ Spui 24 ☎ 020 620 6264;
◷ So–Do 9–1 Uhr, Fr, Sa bis 2 Uhr

De Drie Fleschjes €

Das schicke »Drei Fläschchen« ist das bekannteste Proeflokaal (Probierstube) der Stadt. Seit 1650 werden hier zwischen alten Holzfässern diverse Liköre und Jenever ausgeschenkt. Was es alles gibt, ist großen Tafeln zu entnehmen, die über der Bar hängen, auf der Dekanter mit Aromen für die verschiedenen Jenever stehen. Die Probierstube ist winzig, für Sitzgelegenheiten buchstäblich kein Platz, aber im Sommer werden auf dem malerischen Kopfsteinpflaster Tische aufgestellt.

+ 197 E1 ⊠ Gravenstraat 18
☎ 020 624 8443
🕐 Mo–Sa 13.30–20.30 Uhr, So 14–19 Uhr

Esprit Caffe €

Die Esprit-Modeboutique liegt Rücken an Rücken mit diesem »hippen« Lunchcafé. Das minimalistische Dekor mit frei sichtbaren Metallstützen und die riesigen Panoramafenster zum Spui sichern den Gästen, zumeist Mitte bis Ende zwanzig, sowie den durchgehend modisch bekleideten Bedienungen maximale Aufmerksamkeit. Die einfache Speisekarte bietet vorwiegend Sandwiches, Pasta, Salate, Burger und Eis, alles in überraschend guter Qualität. Bei schönem Wetter sitzt man draußen auf dem Platz.

+ 199 D4 ⊠ Spui 10
☎ 020 622 1967; www.caffeesprit.nl
🕐 Fr–Mi 10–19 Uhr, Do 10–20 Uhr

't Gasthuys €

Dieses bei Studenten beliebte Café atmet durch und durch Bodenständigkeit. Im Erdgeschoss gibt es eine lange schmale Bar. Über eine steile Treppe gelangt man in zwei weitere kleine Räume, und es gibt eine Terrasse an der Gracht. 't Gasthuys bezeichnet sich als Eetcafé (▶ 28), und aus der Küche kommen gute, preiswerte Sandwiches, aber auch sättigende Mahlzeiten (verschiedene Fleischgerichte mit Salat und Pommes).

+ 199 E4 ⊠ Grimburgwal 7 ☎ 020 624 8230; www.gasthuys.nl 🕐 tägl. 12–1 Uhr, Mittagessen bis 16.30 Uhr, Abendessen 17.30–22 Uhr

Grand Café Restaurant 1e Klas €–€€

Dieser prächtige neugotische Raum mit hoher Decke, Trompe-l'œil-Säulen und geradezu monumentaler geschnitzter Bar bildete einst den Erste-Klasse-Wartesaal des Bahnhofs. Der sanft beleuchtete und mit Ornamenten bestückte Raum ist unbedingt sehenswert und lohnt einen Besuch, auch wenn Sie nicht auf einen Zug warten. Genießen Sie das Ambiente für den Preis eines Drinks, eines Sandwiches oder einer vollen Mahlzeit (internationale Küche). Einige Tische sind für Pendler reserviert, die regelmäßig nach der Arbeit hier essen.

+ 200 A5 ⊠ Centraal Station, platform 2B ☎ 020 625 0131; www.restaurant1eklas.nl 🕐 tägl. 8.30–23 Uhr

Hoppe €

Dieses gut besuchte Braune Café soll schon seit 1670 existieren und verkauft angeblich mehr Bier pro Quadratmeter Lokalfläche als irgendein anderes Café in den Niederlanden. In der älteren Hälfte, wo es keine Sitzplätze gibt, ist die Atmosphäre besonders urig (Sägemehl auf dem Fußboden, in die teils holzgetäfelten Wände sind Fässer eingelassen). Bequemer ist freilich der modernere Teil mit einer Terrasse zum Spui und Bedienung. Im Prinzip kommt man zum Trinken her, doch es gibt auch Sandwiches, Suppen und anderes. Am besten besucht ist Hoppe meist nach Ende der Bürozeit.

+ 199 D4 ⊠ Spui 18–20
☎ 020 420 4420; www.cafe-hoppe.nl
🕐 So–Do 8–1 Uhr, Fr, Sa 8–2 Uhr

In de Waag €–€€

Dieses Café/Restaurant befindet sich, wie der Name schon sagt, in der Waag, dem disneyhaft anmutenden vieltürmigen mittelalterlichen Stadttor und späteren offiziellen Wiegehaus am Nieuwmarkt. Drinnen ist es imposant und doch anheimelnd: Die schmucklosen Wände und blanken Holztische werden von 300 Kerzen erhellt. Die Sandwiches am Mittag sind empfehlenswert, Gerichte von der Abendkarte eher umstritten.

+ 200 A4 ⊠ Nieuwmarkt 4 ☎ 020 422 7772; www.indewaag.nl 🕐 tägl. 10–24 Uhr

In de Wildeman €

Der 1690 als Schnapsbrennerei gegründete, im Originalzustand erhaltene »Wilde Mann« nennt sich heute offiziell Bierproeflokaal, also Bierprobierstube. Sie haben die Wahl zwischen mehr als 200 Flaschenbieren und weiteren 17 Fassbieren. Die wunderschöne alte Bar und die alten Likörfässer bezaubern sogar Abstinenzler. Der ideale Ort für einen verregneten Nachmittag. Es gibt keine Musik – das Bier steht hier im Mittelpunkt.

⊞ 197 E2 🖂 **Kolksteeg 3** ☎ **020 638 2348; www.indewildeman.nl** 🕒 **Mo–Do 12–1 Uhr, Fr–Sa 12–1 Uhr (Mittagessen 10–16, Abendessen 17–22.30 Uhr)**

De Ooievaar €

»Der Storch« ist die kleinste Probierstube Hollands: Das Lokal von der Größe eines kleinen Wohnzimmers wirkt schon mit zehn Gästen überfüllt. Obwohl sie in der Ecke eines uralten malerischen Hauses liegt, gekachelte und holzvertäfelte Wände für Stimmung sorgen, gibt es die Bar

selbst erst seit den Neunzigerjahren. Und trotz der Lage am Eingang zum Zeedijk (▶ 64) handelt es sich um ein durch und durch seriöses Lokal mit viel Stammkundschaft.

⊞ 200 A5 🖂 **Sint Olofspoort 1** ☎ **020 420 8004** 🕒 **Mo–Fr 15–1 Uhr, Sa 13–1 Uhr, So 15–24 Uhr**

La Place €

Die belebte Selbstbedienungs-Cafeteria des Kaufhauses Vroom en Dreesman (V&D, ▶ 75) ist ideal für ein schnelles, preiswertes Mittagessen. Die Auswahl an kalten und warmen Gerichten ist riesig, von Steak und Pommes über Thai und ein Salatbuffet bis hin zu Gebäck oder frischen Säften. Oder Sie machen ein Picknick an der Gracht: An der Seite zur Kalverstraat gibt es eine zum Lokal gehörende große und sehr verführerische Bäckerei, wo Sie alles dazu Nötige bekommen.

⊞ 199 E4 🖂 **Rokin 160** ☎ **020 531 0860; www.laplace.nl** 🕒 **Mo 11–20 Uhr, Di, Mi 9.30–20 Uhr, Do, Fr 9.30–21 Uhr, Sa 9.30–20 Uhr; So 11–20 Uhr**

De Sluyswacht €

Ein beängstigend schiefes Haus aus dem 17. Jh. beherbergt dieses braune Café gegenüber dem Rembrandthuis. Bescheiden eingerichtet, ist es Innen aber freundlich und gemütlich. Sie können auch auf der großen Terrasse Platz nehmen und die Oude Schans beobachten.

⊞ 200 A3 🖂 **Jodenbreestraat 1** ☎ **020 625 7611; www.sluyswacht.nl** 🕒 **Mo–Do 11.30–1 Uhr, Fr, Sa bis 3 Uhr, So bis 19 Uhr**

Villa Zeezicht €

Dieses gemütliche Tagescafé mit dem merkwürdigen Namen hat eine einmalige Lage zur Häuserfront an der Gracht: Von den Panoramafenstern aus überblicken Sie die Torensluis-Brücke, eine der breitesten der Stadt. Im Inneren gibt es alte Möbel, sanfte Jazzmusik erklingt im Hintergrund, und junge Bedienungen sorgen für Ihr Wohl, ohne das Ganze durchaus cool wirken lassen. Auf der Speisekarte stehen Quiche, Sandwiches, Croissants und ein phantastischer Apfelkuchen!

⊞ 197 D1 🖂 **Torensteeg 7** ☎ **020 626 7433** 🕒 **tägl. 9–21 Uhr**

Wynand Fockink €

In dieser kleinen Probierstube in einer versteckten Gasse hinter dem Grand Hotel Krasnapolsky scheint die Zeit stehen geblieben zu sein. Seit 1679 biegen sich die Regalbretter hinter der Bar vor Flaschen selbst gemachter Liköre (die Brennerei liegt gleich nebenan), darunter recht obskure Mixturen mit Namen wie Papageiensuppe. Neben dem normalen *jenevers* gibt es noch verschiedene Geschmacksvarianten, dazu werden Erdnüsse gereicht.

⊞ 199 E5 🖂 **Pijlsteeg 31** ☎ **020 639 2695; www.wynand-fockink.nl** 🕒 **Bar tägl. 15–21 Uhr, Café tägl. 10–18 Uhr**

RESTAURANTS

Bird €

Ausgezeichnete Thai-Küche zu überraschend günstigen Preisen in einer stets voll gestopfen, hektischen Snackbar. Sie können das Essen mitnehmen oder einen der wenigen Tische am Fenster ergattern und das Kommen und Gehen auf Amsterdams berühmt-berüchtigtster Straße verfolgen. Die Huhn-Kokosnuss-Suppe ist eine volle Mahlzeit. Im Bird-Restaurant (tägl. 17–23 Uhr) gegenüber bekommt man Ähnliches in komfortablerem, aber weniger stimmungsvollem Ambiente geboten.

🔵 200 A4 ✉ Zeedijk 77 ☎ 020 420 6289; www.thai-bird.nl ⏰ tägl. 14–22 Uhr

Brasserie Harkema €€

Das Gebäude ist nach dem Vorbesitzer, einem Tabakunternehmer, benannt und beherbergt heute eine elegante Brasserie im Pariser Stil. Tagsüber stehen leichte Gerichte auf der Speisekarte (es wird ein eingeschränktes Mittagsmenü angeboten). Abends werden klassische Gerichte mit moderner Note wie gegrillter Thunfisch mit Wasabi-Mayonnaise oder Wild mit flambierten Pfifferlingen serviert. Dazu können Sie aus einer reichhaltigen Weinkarte wählen. Im Keller befindet sich ein großer Speiseraum mit luftigem, offenen Charakter, der über eine gläserne Galerie verfügt. Der Service ist allerdings zum Teil nicht umsichtig genug.

🔵 199 E4 ✉ Nes 67 ☎ 020 428 2222; www.brasserieharkema.nl ⏰ tägl. 11–1 Uhr; Mittagessen 12–16 Uhr, Abendessen 17.30–23 Uhr

Dorrius €€

Eine der besten Adressen in Amsterdam, wenn Sie traditionelle holländische Gerichte wie Räucheraal, Erbsensuppe und deftige *hutspot*-Eintöpfe kosten wollen. Das 1890 gegründete Lokal in zwei altersschwachen Grachtenhäusern wirkt mit holzgetäfelten Wänden, Balken und schwarzweißem Marmorboden durch und durch typisch. Und obwohl es heute zur Crowne-Plaza-Kette gehört und die meisten Gäste Ausländer sind, hat es sich seinen altmodischen Charme bewahrt. Der Service ist untadelig.

🔵 197 E2 ✉ Nieuwezijds Voorburgwal 5 ☎ 020 420 2224; www.dorrius.nl ⏰ Mo–Sa 18–23 Uhr

Het Karbeel €–€€

Tagsüber beherbergt dieses Haus (16. Jh.) im Herzen des Rotlichtviertels einen gut besuchten Sandwich-Shop. Abends dann verwandelt es sich in ein Bistro, das ganz phantastische Fondues spezialisiert ist – z. B. Roquefort- oder Champignon-, aber natürlich auch »normales« Käse- oder Fleischfondue. Dazu immer ein *fondue du jour*. Außerdem stehen Suppen und Salate sowie sündhafte Desserts auf der Karte. Viele der guten Weine gibt es glasweise, und der Service ist ebenso freundlich wie schnell – in Amsterdam heute beileibe keine Selbstverständlichkeit.

🔵 197 F1 ✉ Warmoesstraat 58 ☎ 020 627 4995; www.hetkarbeel.nl ⏰ tägl. 9.30–23 Uhr

Kamasutra €€

Es war nur eine Frage der Zeit, bis jemand aus dem Rotlichtviertel auf die Idee kommen musste, den bekanntesten Teil des antiken indischen Textes über Liebe mit Essen zu kombinieren. Die Wandbilder mögen direkt von den Kamasutra-Illustrationen inspiriert sein, aber die Menschen kommen zum Essen hierher. Auf der Speisekarte finden sich zwar nur wenige Überraschungen, aber die Standardgerichte wie Hühnchen Tikka und *saag paneer* sind lecker und zu einem günstigen Preis zu haben.

🔵 197 F1 ✉ Lange Niezel 9 ☎ 020 626 0003; www.restaurantkamasutra.nl ⏰ tägl. 13–24 Uhr

Kantjil & de Tijger €–€€

Anders als die meisten indonesischen Lokale der Stadt ist das »Antilope und der Tiger« ein großes, modernes Restaurant mit entsprechender Geräuschkulisse. Offeriert wird mit die beste indonesische Küche Amsterdams, und die Speisekarte ist mehrsprachig, mit ausführlichen Beschreibungen auf Englisch. Außer drei Arten von *rijsttafel* können Sie eine preiswerte *mini-Rijsttafel* bestellen, bei der alle Gerichte auf einer Platte kommen.

🔵 199 D4 ✉ Spuistraat 291–293 ☎ 020 620 0994; www.kantjil.nl ⏰ Mo–Fr 16.30–23 Uhr; Sa, So 12–23 Uhr

Keuken Van 1870 €

Gegründet als Suppenküche im Jahr 1870 bleibt dieses freundliche Restaurant seinen Wurzeln treu und bietet täglich ein 3-Gänge-Menü für nur Euro 7,50 an. Das Ambiente ist einfach, und Sie müssen wahrscheinlich Ihren Tisch mit jemandem teilen, das alles ist aber Teil des Spaßes. Um ca. 19 Uhr ist es oft sehr voll.

+ 199 D4 ⊠ Spuistraat 4
☎ 020 620 4018 www.keukenvan1870.nl
🕐 Mo–Sa 17–22 Uhr

Lucius €€–€€€

Riesige Deckenventilatoren sorgen dafür, dass es in diesem langen, schmalen und immer vollen holländisch-französischen Fischlokal nicht zu heiß wird. Während die Ober geschäftig zwischen den kachelgeschmückten Wänden, den Marmortischen und einem Aquarium hin und her eilen, können Sie sich dem Studium der großen Tafeln widmen, auf denen das täglich frische Angebot an *fruits de mer*, Muscheln und einheimischen Austern angeschrieben steht. Weitere Spezialitäten sind Blauhai, Räucheraal und Hering mit altem Jenever. Wer auf seinen Geldbeutel schauen muss, wählt am besten ein Tagesgericht. Die Weinkarte ist lang, eindrucksvoll und bietet teure Tropfen, der Service ist nicht ganz so makellos wie die auf Hochglanz polierten Tische, aber das Essen ist immer hervorragend.

+ 199 D4 ⊠ Spuistraat 247
☎ 020 624 1831; www.lucius.nl
🕐 tägl. 17–24 Uhr

Mercurius €€–€€€

In diesem erhabenen Gebäude aus dem 19. Jh. hängen Kronleuchter von den hohen Decken, während die Dekoration aus barocken Schnörkeln und postmodernen Möbeln besteht. Das Mercurius ist ein Ort für Neugierige. Sie können nur zu einem Kaffee oder einem Drink an der Bar vorbeikommen oder zur Mittagszeit oder am frühen Abend ein etwas gehaltvolleres Gericht in der Brasserie oder dem Restaurant wählen. Der Chefkoch, Olaf Oldenburg, kreiert phantasievolle Gerichte mit mediterraner Note, zum Beispiel Kräuter- und Senfsalat mit mariniertem Oktopus und geröstete Wachtel mit Sherry.

+ 197 F2 ⊠ Prins Hendrikkade 20–1
☎ 020 521 7010; www.restaurant-mercurius.nl
🕐 tägl. 10–19 Uhr

Nam Kee €

Seien Sie gewarnt: Wenn Ihnen Ausstattung und Ambiente wichtiger sind als günstiges und einfaches Essen, dann ist das Nam Kee (mit einer weiteren Filiale in der Geldersekade 117, Nieumarkt) nicht das Richtige für Sie. Es könnte sein, dass Sie in den zwei schlicht weiß gekachelten, immer überfüllten Gaststuben den Tisch mit anderen teilen müssen. Auf der Speisekarte stehen riesige Portionen leckerer gebratener Nudeln sowie jede Menge Süß-Sauer-Gerichte. Der Service ist flott.

+ 200 A4
⊠ Zeedijk 111–113
☎ 020 624 3470
🕐 tägl. 12–24 Uhr

Open €€–€€€

Dieses moderne Café-Restaurant im wachsenden Norden von Amsterdam ist wahrscheinlich das Vorbild für die Zukunft. Ein lokaler Architekt hat eine Eisenbahnbrücke zu einem riesigen Glascontainer umgeben von Wasser umgestaltet. Kommen Sie auf einen Drink, ein Sandwich oder ein Essen vorbei. Die Speisekarte ist inspiriert von der französisch-italienischen Küche. Der Sonntagsbrunch wird ab 15 Uhr serviert, ab 17 Uhr spielt auch Live-Musik.

+ 197 E3 ⊠ Westerdoksplein 20 ☎ 020 6201010; www.open.nl 🕐 tägl. 11–1 Uhr

Supper Club €€€

In diesem fensterlosen lagerhallenartigen weißen Raum speist man auf den Knien – entlang der Wände stehen lange Reihen einladender Matratzen, auf denen man sich dazu bequem zurücklehnen kann. Untermalt von leiser Musik, werden auf eine Wand Filme von Raketenstarts oder nackten Schwimmern projiziert;

manchmal gibt es auch Livemusik und Tanz. Was hier besticht, ist das sinnliche Gesamterlebnis, nicht die eher mittelmäßige Küche. Alle essen dasselbe, und die Gerichte werden von attraktiven jungen Bedienungen (männlich und weiblich) serviert. Rechnen Sie für ein Abendessen mindestens vier Stunden. Das gleiche Unternehmen bietet auch eine Supperclub-Bootstour an.

+ 199 D5 ⊠ Jonge Roelensteeg 21
☎ 020 344 6400; www.supperclub.nl
☺ tägl. 20–1 Uhr

Vermeer €€€

Mit seinen malerischen Balkendecken, Messingleuchtern und Marmorfußböden liegt das Vermeer in einem stimmungsvollen Haus aus dem 17. Jh. Hier speist man so formell wie kaum irgendwo sonst in Amsterdam (das Vermeer hat einen Michelin Stern). Nehmen Sie vor dem Essen einen Aperitif am Kamin in der Lounge und genießen Sie dann die interessanten Gaumenfreuden von Chefkoch Chris Naylor. Zum Beispiel Ente mit Grapefruit, Kapern und Artischocke gefolgt von Blätterteig mit Nelken, Honig, Feigen und Birnen.

+ 200 A5 ⊠ Prins Hendrikkade 59–72
☎ 020 5564 4885;
www.restaurantvermeer.nl ☺ Mo–Fr
12–14.30 und 18–22 Uhr, Sa 18–22 Uhr

d'Vijff Vlieghen €€–€€€

Mit neun Speisesälen in fünf Grachtenhäusern aus dem 17. Jh. bietet das »Fünf Fliegen« jede Menge Romantik. Vielleicht haben Sie das Glück, unter einer Originalradierung von Rembrandt zu sitzen oder auf einem Stuhl, den schon Elvis Presley oder John Wayne benutzten (jeder trägt eine kleine Plakette mit dem Namen berühmter Be-Sitzer). Die neue holländische Küche mit Räucheraal oder Hasenrücken mit Sauerkraut ist höchst einfallsreich, alle Gerichte sind wunderschön präsentiert, und beim Menü hält sich auch der Preis in bezahlbaren Grenzen. Der Service ist tadellos.

+ 199 D4 ⊠ Spuistraat 294–302
☎ 020 530 4060; www.thefiveflies.com
☺ tägl. 18–23 Uhr

Wohin zum …
Einkaufen?

Die Geschäfte im Zentrum gehören in der Regel zu großen internationalen Ketten. Kalverstraat und Nieuwendijk sind die größten Fußgängerzonen, insbesondere am Wochenende sehr belebt und bieten die beste Auswahl alltäglicher Geschäfte. Hinter diesen Straßen aber warten so wunderbare Überraschungen wie das grandiose Magna-Plaza-Einkaufszentrum, und zwischen den plakativen Sexshops des Rotlichtviertels stößt man immer wieder auf witzige und teilweise sehr, sehr alte Geschäfte.

KALVERSTRAAT UND ROKIN

Die Kalverstraat, benannt nach einem im 15. Jh. hier abgehaltenen Kälbermarkt und heute Fußgängerzone, wird von Filialen wenig bemerkenswerter Bekleidungsgeschäfte gesäumt. Am südlichen Ende (Muntplein) wird es dann stilvoller. Einen Besuch wert sind die Kaufhäuser **Maison de Bonneterie** (Rokin 140–142; Tel. 020 531 3400; www.maisondebonneterie.nl; »Hoflieferant« mit nobler Kundschaft, Lüstern unter der Kuppel und schickem Café) und **Vroom & Dreesman** (Kalverstraat 203; www.vd.nl; weniger exklusiv, zu einer landesweiten Kette gehörend, aber mit dem ausgezeichneten Café La Place, ▶ 72).

Auf der anderen Straßenseite steht das neu eröffnete, ansonsten wenig bemerkenswerte Einkaufszentrum **Kalvertoren** (Kalverstraat 212–220; www.kalvertoren.nl), zu dem jedoch ein Café mit herrlichem Panoramablick über die Grachten gehört.

Durch die parallel zur Kalverstraat verlaufende **Rokin** fahren viele

Trambahnen; obwohl sie also nicht sonderlich zum Bummeln einladt, gibt es hier einige schöne altmodische Antiquitätengeschäfte wie etwa **Premsela & Hamburger** (Nr. 98; Tel. 020 624 9688; www.premsela.com). Die berühmteste Adresse ist jedoch der Tabakwarenhändler **PGC Hajenius** (Nr. 92–96; Tel. 020 623 7494; www.hajenius.com), dessen marmornes Art-déco-Interieur noch genauso aussieht wie bei der Eröffnung 1915 und das mit einer Sammlung handgefertigter Tonpfeifen, einer ganzen Wand (mietbarer) Humidor-Schließfächer, einer Bar, einer Bibliothek zum Thema Rauchen und Zigarren-Proben aufwartet.

RUND UM DEN DAM

De Bijenkorf (Dam 1; Tel. 0900 0919 zum Spezialtarif; www.debijenkorf. nl; Mo–Mi 11–19, Do,Fr 10–21, Sa 9.30–19, So 12–19 Uhr), zu Deutsch »Bienenkorb«, ist wohl das berühmteste Kaufhaus Hollands und bietet neben der obligaten Parfümerieabtei-lung im Erdgeschoss, mittelpreisiger Damen- und Herrenmode und einem schönen Aussichtscafé (mit Blick über den Damrak) auch schicken Club-dress und eine trendige Chill-out-Collection.

Auf der anderen Seite des Platzes befindet sich das **Amsterdam Diamond Center** (Rokin 1–5; Tel. 020 624 5787; www.amsterdamdiamondcenter. nl), wo Sie den Diamantenschleifern bei der Arbeit zusehen sowie Uhren und Diamanten kaufen können. Die Geschäfte gleich um die Ecke an der Damstraat offerieren typisch holländische Souvenirs wie Käse, Holzschuhe und Grachtenhaus-Magnetsticker.

Unmittelbar westlich des Platzes steht am Nieuwezijds Voorburgwal das Einkaufszentrum **Magna Plaza** (Magna Plaza; Nieuwezijds Voorburgwal 182; www.magnaplaza.nl), ein prachtvolles neugotisches Gebäude, das früher das Hauptpostamt der Stadt beherbergte und in dem man heute vorwiegend schicke Modebou-tiquen findet. Biertrinker sollten unbedingt De Bierkoning (▶ 23) gleich um die Ecke in der Paleisstraat 125 einen Besuch abstatten.

NIEUWENDIJK

Nur wenige der großenteils billigen Geschäfte in dem Fußgängerbereich zwischen Dam und Hauptbahnhof sind einen zweiten Blick wert. Eine Ausnahme könnte höchstens **Oud Amsterdam** (Nr. 75; Tel. 020 624 4581; www.oudamsterdam.nl) bilden, das 1710 gegründet wurde und ein auf Liköre spezialisiertes Fachgeschäft mit beeindruckender Miniaturensammlung ist.

SPUIKWARTIER

Dieser eher für seine Cafés und Restaurants bekannte Bezirk bietet auch eine Reihe von Buchhandlungen und Antiquariaten sowie einen Büchermarkt (▶ 77). Weniger literarische Genüsse wie hausgemachtes Eis und unendlich leckere Apfeltörtchen gibt es bei **Lanskroon** (Singel 385, direkt am Spui; Tel. 020 623 7743; www. lanskroon.nl), einer Pâtisserie mit angeschlossenem kleinem Café.

RUND UM NIEUWMARKT UND DAS ROTLICHTVIERTEL

Zwischen den zwielichtigen Coffee Shops und Smart Shops an der Warmoesstraat liegen einige interessante Geschäfte. **Himalaya** (Nr. 56; Tel. 020 626 0899; www.himalaya.nl) hat sich auf New-Age-Bücher, Windspiele und Trancemusik spezialisiert (im rückwärtigen Teil gibt es ein hübsches Café). **Condomerie** (Nr. 141; Tel. 020 6274 174; www.condomerie.com), das weltweit erste Fachgeschäft für Kondome, bringt Lust und Laune in das Geschäft mit der Empfängnisverhütung. Hier können Sie als Lustscher getarnte Kondome kaufen, aber auch in Walnüsse verpackte, oder eine schmucke Schatulle aus Aluminium zum Aufbewahren der Gummis.

Direkt südlich vom Nieuwmarkt liegt am Kloveniersburgwal 12 **Jacob Hooy** (Tel. 020 624 3041; www.jacobhooy.nl). In der 1743 gegründeten

Apotheke mit wunderschönen alten Apothekerschränken und irdenen Gefäßen, deren Beschriftungen Heilkräuter und Gewürze nennen, ist man auch auf Aromatherapie und Reformkost spezialisiert. Ein Stückchen weiter den Kloveniersburgwal hinunter, im Haus Nummer 39, finden Sie den **Head Shop** (Tel. 020 624 9061; www.headshop.nl), praktisch eine Institution für alles rund ums Haschischrauchen. Die kleine Nieuwe Hoogstraat ist von lustigen Geschenkboutiquen gesäumt. **De Hoed Van Tijn** (Nr. 15; Tel. 020 623 2759; www.dehoedvantijn.nl) ist ein elegantes Hutgeschäft, und **Joe's Vliegerwinkel** (Nr. 19; Tel. 020 625 0139; www.joesvliegerwinkel.nl) verkauft Drachen (auch Sonderanfertigungen) und anderes Fluggerät wie Frisbees und Bumerangs. Am Ende der Straße liegt **Knuffels** (Tel. 020 427 3862; www.knuffels.com) und bietet Spielwaren, Mobiles sowie die typischen Klompenschuhe zum Verkauf. Von hier ist es nicht mehr weit zum **Rembrandthuis** (▶ 66), dessen Museumsshop gute Reproduktionen von den Radierungen des Meisters hat.

MÄRKTE

Nieuwmarkt (Mai-Sept. So 9-17 Uhr): Antiquitätenmarkt.

Oudemanhuispoort (Mo-Sa 10-16 Uhr): Unter den Arkaden dieses Durchgangs im Unibezirk werden antiquarische Bücher gehandelt.

Spui (Fr 10-18 Uhr): antiquarische Bücher und Drucke (März-Dez. So 10-18 Uhr). Daneben gibt es außerdem einige Stände mit guter moderner Kunst.

Waterlooplein (Mo-Sa 9-17 Uhr): der beste und meistbesuchte Flohmarkt der Stadt, der vor dem Bau des neuen Rathaus-Opern-Komplexes in den Achtzigerjahren – heute ein moderner Platz mit wenig Charme – sogar noch weitläufiger und bunter war. Ideal für die Suche nach Lederjacken. Second-Hand-Schallplatten und Filmplakaten. Viele Standler bummeln einfach nur so durch, wühlen hier und dort in einem Kleiderberg oder holen sich eine Portion Pommes frites mit Mayonnaise.

Wohin zum … Ausgehen?

Ein Abend im Stadtzentrum kann zwielichtig ausfallen, aber auch höchst kulturbeflissen – es liegt ganz bei Ihnen, ob Sie sich lieber im Rotlichtviertel vergnügen, die Oper besuchen oder Modern Jazz anhören.

ROTLICHTVIERTEL UND UMGEBUNG

Nach Einbruch der Dunkelheit erhellt violettes (nicht rotes) Neonlicht die Straßen zwischen Zeedijk, Warmoesstraat und den ungefähren Geraden zwischen Dam und Nieuwmarkt. Es beleuchtet die Prostituierten, die sich in Schaufenstern präsentieren und abwechselnd verführerisch lächeln und zu Tode gelangweilt dreinschauen. Natürlich gibt es jede Menge Freier, aber die meisten Passanten sind lediglich neugierige Touristen, und dass jemand, Frau oder Mann, tatsächlich belästigt wird, ist wirklich die Ausnahme. Dank der Vielzahl von Schaulustigen und entsprechendem Polizeiaufgebot sind die meisten größeren Straßen durchaus sicher. Die Nebenstraßen, vor allem am Südende des Zeedijk, sollten Sie jedoch meiden. Wenn Sie eine Sex-Show sehen wollen, lohnt das **Theatre Casa Rosso** (Oudezijds Achterburgwal 106–108, Tel. 020 627 8954; www.casarosso.nl) einen Besuch. Vorsicht: Es öffnen immer mehr Nachahmer mit ähnlichen Namen!

Der Zeedijk, früher absolut indiskutabel, wurde in den letzten Jahren ziemlich aufpoliert. Sein nördliches (besseres) Ende wartet mit Restaurants und nostalgischen Cafés wie **De Ooievaar** (www.de-ooievaar.nl; ▶ 72) und **In t'Aepjen** (gleich gegenüber, Haus Nummer 1) auf. Das alte Fachwerkhaus »In den Affen« war früher ein Obdachlosenheim.

Inzwischen wird Zeedijk immer mehr zur Anzugspunkt für junge ausländische Besucher, denn es werden zahlreiche günstige Unterkünfte angeboten.

Auch der von weiteren Cafés gesäumte Nieuwmarkt ist heute weit präsentabler als früher. Das interessanteste Lokal ist In de Waag (▶71f). Und wer ein charakteristisches einfaches Braunes Café sucht, dürfte im 't Loosje (Nieuwmarkt 32) auf seine Kosten kommen. Zum Maximiliaan, gleich südlich am Kloveniersburgwal 6–8 gelegen, gehört eine ausgezeichnete eigene kleine Brauerei (▶74).

An der schmuddeligen Warmoesstraat liegen mit Sicherheit mehr Coffee Shops als an irgendeiner anderen Amsterdamer Straße. Dazwischen finden sich Schwulenlokale wie das extreme Cockring (Nr. 96; Tel. 020 623 9604; www.clubcockring.com) – oft fehlen die Buchstaben des Schildes, die von Gästen als Souvenir mitgenommen werden – und das Getto (Nr. 51; Tel. 020 421 5151; www.getto.nl), eine kitschige Cocktailbar mit DJ, die zu den einladenderen Etablissements hier zählt. Laute Live-Rockmusik ist an den meisten Abenden die Hauptattraktion im Winston Kingdom (Nr. 131; Tel. 020 623 1380; www.winston.nl), einem Club mit Bar und Restaurant.

SPUIKWARTIER

Die Gegend um die Spuistraat südlich der Raadhuisstraat ist dicht bestuckt mit Restaurants, Cafés und Bars für jeden Geschmack und Geldbeutel, auch liegen hier einige der schönsten Braunen und Grand Cafés und die trendigsten Bars der Stadt. Die meisten findet man am südlichen Ende der Spuistraat und am Spui. Neben den auf den Seiten 70ff empfohlenen verdient das Café Dante (Spuistraat 320; Tel. 020 623 0424) Erwähnung, dessen junge Gäste in aller Regel kaum weniger attraktiv sind als die Kunstwerke. Trendigere Bars scharen sich am Nieuwezijds Voorburgwal südlich vom Dam.

MUSIK UND THEATER

Amsterdams Oper, das Muziektea- ter (Amstel 1–3, Tel. 020 625 5455; www.muziektheater.nl), befindet sich in einem Gebäudekomplex mit dem Stadhuis oder Rathaus. Der eindrucksvolle Bau aus Marmor, Backstein und Glas ist Sitz der Holländischen Oper und des Nationalballetts. Angeboten wird 11 Monate im Jahr ein umfassendes Programm an Oper, Ballett und modernem Tanz (keine Vorstellungen im August).

Von Oktober bis Mai finden dienstags um 12.30 Uhr im Bockmanzaal kostenlose halbstündige Konzerte statt, und wer einen Blick hinter die Kulissen werfen möchte, kann dies jeden Samstag um 12 Uhr tun (Reservierung über 020 551 8054). Karten für ausverkaufte Vorstellungen bekommt man möglicherweise, wenn man sich eine Stunde vor Vorstellungsbeginn am Schalter eine Nummer geben lässt. Mit etwas Glück holt jemand seine vorbestellte Karte nicht ab ...

Das 1903 fertig gestellte Börsengebäude Beurs van Berlage (Beursplein 1, Tel. 020 530 4141; www.beursvanberlage.nl; ▶67) des Architekten Hendrik Berlage zählt zu den bekanntesten Beispielen der Amsterdamer Schule. Gehandelt wird hier schon lange nicht mehr; stattdessen dient die Börse als Veranstaltungsort für Ausstellungen und Konzerte der Niederländischen Philharmoniker und des Kammerorchesters. Die »Bühne« in einem der beiden ausgezeichneten Konzertsale besteht aus einem riesigen frei stehenden Glaswürfel.

Durch den Multikulturalismus der Stadt ist es nicht schwer, hervorragende und abwechslungsreiche Weltmusik zu finden. Schließen Sie sich den (in der Regel) jugendlichen Massen an, die am Freitag- und Samstag Abend ab 23 Uhr zum Aknaton (Nieuwezijds Kolk 25, Tel. 020 624 3996) strömen. Schwingen Sie mit zu den fließenden Rhythmen, die sich (häufig) mit Schwaden von Cannabis mischen. Das Amsterdam Marionette Theatre (Nieuwe Jonkerstraat 8, Tel. 020 620 8027; www.marionettentheater.nl) ist der klassischen europäischen Tradition verpflichtet. Besonders sehenswert sind die Opern. Das Gebäude war einst eine Schmiede.

Westlicher Grachtengürtel

Erste Orientierung

Die malerischsten Fotos von Amsterdam sind im westlichen Teil der Stadt aufgenommen, wo die Seele der Grachtenstadt liegt. Wunderschöne Wasserstraßen und ruhige Innenhöfe findet man hier, aber auch die trendigsten und meist liberalen Einwohner. An praktisch jeder Straße erwartet Sie zumindest eine Überraschung: ein zauberhaftes altes Haus mit pittoreskem Giebel, ein faszinierendes Geschäft oder Café, oder ein Grachtenblick, der einen augenblicklich zur Kamera greifen lässt.

Am besten lernt man dieses Areal kennen, wenn man zuerst eine Grachtenrundfahrt macht und dann zu Fuß loszieht, die malerischen Straßen zu erkunden.

Das einstige Arbeiterviertel hat sich in jüngster Zeit zum schicksten (und entsprechend teuren) Wohngebiet der Stadt entwickelt. Einige der neu Zugezogenen leben in den eleganten alten *hofjes*, von denen es hier viele gibt und die manchmal auch Besuchern Einlass gewähren. Zwischen dem Jordaan und dem Stadtzentrum liegen die »Neun Straßen« (► 105), ein anderer aufstrebender Bezirk mit schönen Cafés und Restaurants – wie der Name schon sagt, alles in einem säuberlichen Drei-mal-drei-Raster. Und noch ein Stück weiter westlich hat die Schickeria ein ehemaliges Gaswerk annektiert. Die meisten Besucher weichen nur selten von dem

Streifen ab, der vom Anne Frank Huis über die Westerkerk zum Leidseplein führt, obwohl es sich lohnt, die Touristenpfade zu verlassen und sich ganz dem Zauber der Stadt hinzugeben.

Seite 79: Egelantiersgracht, Jordaan

Links: Innenraum der Westerkerk

Unten: Von Grachtenbrücken aus bieten sich herrliche Fotomotive

★ Nicht verpassen!

Nach Lust und Laune!

An einem Tag

Wenn Sie sich nicht sicher sind, wo Sie Ihre Reise beginnen
möchten, empfiehlt diese Route einen praktischen eintägigen
Besuch des westlichen Grachtengürtels mit den wichtigsten
Sehenswürdigkeiten. Sie können dazu die Karte auf der vorangegangenen Seite verwenden. Weitere Informationen finden Sie unter
den Haupteinträgen (➤ 84ff).

9 Uhr

Frühes Aufstehen lohnt sich: Das erste Boot ist deutlich weniger voll als die
nachfolgenden. Bei der ❶ **Grachtenrundfahrt** (unten, ➤ 84ff) umrunden Sie
die ganze Stadt, aber der hübscheste Teil liegt am westlichen Grachtengürtel.

10 Uhr

Spazieren Sie zum ❺ **Leidseplein** (➤ 97), bevor er von Bier trinkenden, Dope
rauchenden Touristen heimgesucht wird. Setzen Sie sich in ein Straßencafé,
oder wärmen Sie sich – bei kühlerer Witterung – im opulenten Ambiente des
Café Américain im ❻ **American Hotel** (➤ 97f) auf.

11 Uhr

Gehen Sie weiter Richtung Norden, und holen Sie sich bei einem langen
Spaziergang durch den ❷ **Jordaan** (➤ 88ff) Appetit aufs Mittagessen. Lassen Sie
das Flair des Stadtteils auf sich wirken, und besichtigen Sie ein oder zwei *hofjes*.

13 Uhr

Vom Jordaan ist es nicht weit zum Mittagessen in einem der hübschen Cafés
in den schicken **9 Straatjes** (»Neun Straßen«, ➤ 105). Oder Sie legen einen
Schaufensterbummel ein – in dieser Gegend locken einige der ausgefallens-

ten Läden von ganz Amsterdam. Alternativ können Sie auch die Dachterrasse im **Werck** (➤ 105), einem modernen Café-Restaurant im Kutschenhaus am Westerkerk für ein Mittagessen wählen.

14.30 Uhr
An der Nordwestecke der Neun Straßen steht die **3 Westerkerk** (➤ 92f), die traditionelle Hochzeitskirche des Königshauses und einst die letzte Ruhestätte Rembrandts. Steigen Sie im Sommer (April–Okt.) auf den Kirchturm hinauf.

16 Uhr
Stärken Sie sich bei einem Kaffee, vielleicht im lauschigen Café Chris (➤ 101) an der Bloemstraat oder, bei schönem Wetter, in einem Grachtencafé z.B. im Café 't Smalle (➤ 102).

17.30 Uhr
Nutzen Sie die verlängerten Öffnungszeiten für einen Besuch im **4 Anne Frank Huis** (➤ 94ff). Um diese Zeit ist es nicht mehr ganz so überlaufen.

19.30 Uhr
Wenn Sie einen Aperitif wollen, haben Sie die Wahl zwischen vielen Bruin Cafés (➤ 26f) Alternativ können Sie am Leidseplein (unten) ein Pils trinken und Passanten beobachten.

20 Uhr
Besuchen Sie eines der klassischen Eetcafés, zum Beispiel das **Café Reiger** (➤ 103), für ein entspanntes Abendessen. Ein eleganteres Ambiente finden Sie im **Bordewijk** (➤ 103), einer sicheren Adresse für ein hervorragendes Essen.

22 Uhr
Verspielen Sie Ihr letztes Urlaubsgeld, oder gewinnen Sie ein Vermögen im Holland Casino (➤ 107). Oder lassen Sie sich überraschen, welche Musik im Melkweg oder im Paradiso (➤ 108) geboten ist, zwei bekannten Nachtclubs.

0 Grachtenrundfahrt

Mehrere Millionen Touristen begeben sich jedes Jahr an Bord eines der rund 100 Sightseeing-Boote. Amsterdam ist wie dazu geschaffen, vom Wasser aus betrachtet zu werden. Von dem langsam tuckernden Schiff lässt sich die Schönheit der Grachtenhäuser, das üppige Grün und der Reiz der Uferpromenaden in Ruhe genießen.

Welche Tour?

Jeder Veranstalter hat seine eigene Anlegestelle und Tour. Lebhafte Konkurrenz sorgt für niedrige Preise und hohes Niveau. Die meisten Unternehmen verwenden heute Kommentare vom Band. Laut ihnen ist dies die einzige Möglichkeit, den vielen verschiedenen Nationalitäten an Bord gerecht zu werden. Amsterdam Canal Cruises direkt gegenüber der Heineken-Brauerei bietet eine attraktive Route durch einige der schönsten Wasserlandschaften.

Stadtrundfahrt

Unsere Rundfahrt folgt der Route der Amsterdam Canal Cruises (▶ 87). Wie die meisten Touren führt sie im Uhrzeigersinn rings um Amsterdam und schließt auch die Amstel mit ein, jene natürliche Wasserstraße, der die Stadt ihre Existenz überhaupt erst verdankt (einige Veranstalter fahren entgegen dem Uhrzeigersinn und lassen die Amstel völlig aus).

Erste Höhepunkte auf der Amstel sind die **Schleusentore**, das eindrucksvolle **Theater Carré** und die **Magere Brug** (▶ 150f). Das Ostufer zwischen Keizersgracht und Herengracht wird vom schönen **Amstelhof** dominiert.

Die bevorzugte Wasserstraße des Gürtels ist die **Herengracht**, und die Tour der Amsterdam Canal Cruises präsentiert sie fast in voller Länge. An der Kreuzung mit der für ihre sieben Brücken bekannten **Reguliersgracht** verlangsamt das Boot seine Fahrt, damit jeder die malerischen Steinbögen bewundern kann.

Weiter geht es durch die **Brouwersgracht**, einen der hübschesten Abschnitte, dann nach einem abenteuerlichen Wendemanöver in den Singel und von dort unter einer Reihe von Brücken hindurch zum IJ. Das Gefühl, aus der Stadt herauszukommen, kann erfrischend und befreiend sein, begegnet man hier jedoch einem mächtigen Kreuzfahrtschiff, wird man sich in dem kleinen Touristenboot doch der Kleinheit der eigenen Existenz bewusst.

Die Fahrt durch das offene »Meer« ist rund einen Kilometer lang, führt vorbei an der wenig attraktiven Rückseite der Cent-

---

LEBEN MIT DEM WASSER

Der Wasserspiegel in Amsterdam wird dank eines ausgefeilten Schleusensystems konstant gehalten. Den Einheimischen zufolge entsprechen drei Meter Wassertiefe in Wahrheit einem Meter Wasser, einem Meter Fahrräder und einem Meter Schlamm. Die Fahrräder werden regelmäßig gehoben – zusammen mit Massen an Sperrmüll.

Den schönsten Blick genießt man von einem Boot mit geöffnetem (Glas-) Dach

raal Station (►68) und bietet die Möglichkeit, einen Blick auf **Amsterdam Noord** zu werfen, wo sich u. a. der Firmensitz des Ölmultis Royal Dutch Shell befindet. Unter zwei Drehbrücken biegt das Boot nach Süden ab zum **Oosterdok**, wo vor dem Bau des Bahnhofs der Hafen von Amsterdam lag. Vor Ihnen ragt jetzt der kupferne »Rumpf« des **NEMO** (►69) auf. Halten Sie Ausschau nach der Klippernachbildung *De Amsterdam* (►149), die aufgrund der Renovierungsarbeiten im Scheepvaart Museum vorübergehend bei NEMO festgemacht hat. Achten Sie insbesondere auf die wundervolle Galionsfigur und das einem Stadthaus nachempfundene Heck. Während die meisten Veranstalter hier umkehren, bringt Amsterdam Canal Cruises Sie wieder zur Amstel und von dort zurück zur Singelgracht.

Unten: Im Hausboot-museum

HAUSBOOTE

Die Unterkünfte aller Größen und Formen, die am Ufer der Grachten vertäut liegen, sind eine relativ junge Bereicherung des Stadtbilds. Sich eine dauerhafte Bleibe auf dem Wasser zu suchen, kam nach dem Zweiten Weltkrieg auf, als der Wohnraum in der Stadt knapp wurde. Heute gibt es rund 2500 Hausboote, die meisten legal, mit offizieller Postadresse, Strom- und Wasseranschluss, rund 100 aber auch »illegal«. Viele bestehen aus dem Stahlrumpf ehemaliger Frachter und müssen alle paar Jahre in eine Werft. Immer häufiger werden jedoch Betonwannen verwendet. Sie sind wartungsfrei und bieten auch mehr Wohnfläche – es sind sogar Unterwasseretagen möglich (Merkmal: schmale Fenster dicht über der Wasseroberfläche). Auf dem Betonfundament haben sich manche Leute richtige Ziegelhäuser gebaut, oft mit Garten oder Terrasse. Selbst die amtlich registrierten Hausboote entsorgen ihr Abwasser in die Grachten. Deshalb müssen die Wasserstraßen häufig durchgespült werden, ein kompliziertes Verfahren, bei dem Wasser aus der Amstel herübergepumpt wird.

Wenn Sie wissen wollen, wie es sich auf einem Hausboot lebt, besuchen Sie das **Hausbootmuseum** (Woonboot Museum – Tel. 020 427 0750, www.houseboatmuseum.nl, geöffnet Di–So 11–17 Uhr, Nov., Dez., Febr. Fr–So 11 bis 17 Uhr; geschl. Jan. und an einigen Feiertagen, preiswert) am Westufer der Prinsengracht direkt südlich der Berenstraat.

Abend-
dämmerung
über der
Brouwers-
gracht im
Stadtteil
Jordaan

Grachtenrundfahrten

✉ die meisten Veranstalter: am oder beim Damrak-Becken, gegenüber vom Hauptbahnhof; Kooij: vor dem Allard-Pierson-Museum an der Binnen-Amstel

Amsterdam Canal Cruises

✉ Nordufer der Singelgracht, direkt gegenüber der Heineken-Brauerei ☎ 020 626 5636; www.amsterdamcanalcruises.nl 🕐 Touren: April–Sept. 10–18 Uhr (alle 30 Minuten), Okt.–März 10–17 Uhr (stündlich). Die Touren sind ohne Pause und dauern rund 75 Minuten 💶 teuer

---

GRACHTENRUNDFAHRT: INSIDER-INFO

Top-Tipps: Die Konkurrenz ist so groß, dass viele Veranstalter **Rabatt** gewähren, wenn man die Karten im Voraus kauft. Preiswerte Hotels und Jugendunterkünfte werben manchmal mit Preisnachlässen von über 30 Prozent.

■ Stärken Sie sich vor der Abfahrt: **Nur wenige Boote haben Erfrischungen an Bord.** Ausgenommen sind natürlich die Dinnercruises am Abend.

■ Im Sommer können tagsüber 80 oder mehr Kanalboote auf dem Wasser sein. Dazu kommen zahlreiche kleinere Wasserfahrzeuge und Dutzende ungeschickt gesteuerte Kanalfahrräder. Die Staus können lang sein und die durchschnittliche Fahrtzeit enorm verlängern. Einige Angebote sind evtl. auch von Reisegruppen ausgebucht. **Versuchen Sie, bei einer der ersten Touren des Tages** um ca. 9 Uhr dabei zu sein. Ab 10 Uhr beginnt die «Rushhour», die bis 17 oder 18 Uhr andauert.

■ **Canal Bike** (Tel. 020 623 9886, www.canal.nl, geöffnet ca. 10–20 Uhr im Sommer) vermietet **Tretboote** für vier Personen. Sie können die »Grachtenfahrräder« an jeder beliebigen von vier Anlegestellen abholen und abgeben: Drei liegen am westlichen Grachtenring – an der Nordseite des Leidseplein, Keizersgracht Ecke Leidsestraat und vor dem Anne Frank Huis. Die vierte (der Firmensitz) befindet sich am Weteringschans, unweit vom Haupteingang des Rijksmuseums.

2 Jordaan

Nirgends ist Amsterdam ursprünglicher als in diesem ehemaligen Arbeiterviertel, wo Sie eine Mischung aus stimmungsvoller Architektur, verführerischen Geschäften, malerisch-verträumten Ansichten und dörflichem Ambiente erwartet. Der unten beschriebene Rundgang soll lediglich ein Gerüst darstellen: Weichen Sie ruhig davon ab, und schlendern Sie in idyllische Gassen, spähen in jene verborgenen Innenhöfe, denen der Stadtteil so viel von seinem Charme verdankt.

Das goldene Zeitalter im 17. Jh. wurde von einer wahren Bevölkerungsexplosion begleitet, da Handwerker, Künstler und Abenteurer aus ganz Europa nach Amsterdam strömten. Während die Reichen sich Grundstücke am neuen Grachtengürtel sicherten, entstand dahinter, wo noch kurz zuvor Ackerland gewesen war, ein eng besiedeltes Viertel. Der Name »Jordaan« leitet sich vom französischen *jardin* her, obwohl bei der Bebauungsdichte eigentlich nicht viel an einen Garten erinnert. Das Viertel liegt, flankiert von der Prinsengracht im Osten und der Lijnbaansgracht im Westen, im westlichen Teil des

Egelantiersgracht, eine der meistfotografierten Wasserstraßen Amsterdams

Grachtengürtels. Die Nordgrenze bildet die Brouwersgracht, die Südgrenze die Looiersgracht, wo unser Rundgang auch beginnt.

Westlich der Prinsengracht

Sobald Sie sich westlich der Prinsengracht befinden, ändert sich das Stadtbild, die Hektik schwindet mit der Größe und dem Anmut der Gebäude. Die Brücke über die **Looiersgracht** ist ein hervorragender Aussichtspunkt. Gehen Sie entlang der **Eerste Looiersdwaarsstraat** nach Nordwesten. Hier finden Sie einige interessante Geschäfte, deren Angebot sich irgendwo zwischen Antiquitäten und Ramsch einordnen lässt. Dort wo sich der Straßenname in **Hazenstraat** ändert gibt es eine Reihe ausgefallener Geschäfte, in denen Sie wahrscheinlich genau die Olivenölqualität finden, die Sie gerade brauchen (**Olivaria**, ➤ 106). Kurz darauf könnte allerdings ein rüdes Erwachen aus der romantischen Träumerei folgen, wenn Sie die einzige große Verkehrsader im Joordan queren müssen, **Rozengracht**, wo vier Trambahnlinien und jede Menge Autos durch eine Straße drängen, die so gar nicht in das malerische Bild des Viertels passen will.

Haben Sie sie glücklich überquert, kommen Sie auf die **Bloemstraat** (erwarten Sie hier, wie überhaupt im Jordaan, aber bitte nicht besonders viele Blumen) und gehen dann auf den unverkennbaren Turm der **Westerkerk** (➤ 92f) zu. Vorher biegen Sie aber links in die **1e Bloemdwarsstraat** ein, die Sie zu verschiedenen *hofjes* (➤ 90) bringt. Bummeln Sie anschließend zur **Westerstraat**, versäumen aber auf gar keinen

Fall die **1e Leliedwarsstraat**-Brücke über die
Egelantiersgracht, wo der vielleicht schönste
Grachtenblick Amsterdams auf Sie wartet.
Die Westerstraat ist zwar die Hauptstraße des
Viertels, verliert aber durch die vielen geparkten Autos sehr an Charme. Biegen Sie in der
Mitte der **Lindengracht** nach Norden ab, und
Sie sind binnen fünf Minuten am nördlichsten
Punkt des Jordaan.

Von hier aus können Sie Rundgang 1
(► 174ff) oder Rundgang 3 (► 181ff)
machen, westwärts in Richtung **Westergasfabriek** und **Westerpark** (► 100) spazieren
oder einfach über einen anderen Weg wieder
zurückgehen und weitere malerische Ecken
dieses vielgesichtigen Stadtteils entdecken.

Die *Hofjes* im Jordaan

Das ehemalige Arbeiterviertel weiß seine
Schätze zu verbergen. Hinter einer Reihe
unscheinbarer Pforten versteckt, liegen um Innenhöfe (*hofjes*)
herum gebaute Wohnkomplexe, errichtet von den Reichen
und Mächtigen für die vom Schicksal weniger Begünstigten.
Sie boten – und bieten teils heute noch – Not leidenden und
alten Menschen bestimmter Glaubensrichtungen Unterkunft.
Einige dieser Armenhäuser, wie *hofjes* bisweilen übersetzt
wird, wirken in der Tat ärmlich, während andere wunderschöne Anlagen mit prachtvollen Gärten sind.

Hofjes gibt es in ganz Amsterdam, aber nirgendwo ist die
Dichte so hoch wie im Jordaan.

Wenn Sie Zeit für nur einen *hofje* haben, sollten Sie den **Karthuizerhof** (Karthuizerstraat 89–171; 24 Stunden geöffnet)
besuchen: Der Huyz-Zitten Weduwen Hofje (benannt nach den
Gründern) besteht aus einem großen Innenhof mit zwei kunstvoll
verzierten Wasserpumpen. Die Gebäude sind streng symmetrisch
angeordnet, wie es im 17. Jh., als dieser *hofje* entstand, Mode war. An
der Wand des oberen Stockwerks ist dort, wo ein Fenster sein sollte,

*Oben : Abenddämmerung an
der Blauburgwalbrücke*

*Unten:
Ein gepflegter
umzäunter
Garten ist der
Mittelpunkt
dieses
Hofes in der
Egelantiersstraat*

ein Platz frei gelassen – wohl, um die Ausdehnung des *hofjes* hervorzuheben.

Claes Claesz Hofje, Egelantiersstraat 34–54, zählt zu den am einfachsten zugänglichen *hofjes* (rund um die Uhr geöffnet). Er liegt in einer dicht bebauten Gegend des Jordaan zwischen Egelantiersstraat, Tuinstraat und Eerste Egelantiersdwarstraat, wo sich auch der Haupteingang befindet. Claes Claesz war ein mennonitischer Tuchhändler, der die Anlage 1626 begründete. Sie umfasst drei miteinander verbundene grün verwilderte Höfe und beherbergt heute ein Wohnheim für Musikstudenten. Bei schlechtem Wetter finden hier gelegentlich auch Haschraucher Unterschlupf.

Um die Ecke gibt es einen zweiten Eingang, direkt neben einer Taverne, die in einen der Höfe hineinragt. Wenn Sie durch dieses Tor hinausgehen und über den Eingang zur Taverne schauen, sehen Sie eine besonders schöne Tafel mit dem Wappen von Anslo, wie das norwegische Oslo früher auf Holländisch hieß.

Größer als zwischen dem Claes Claesz Hofje und dem **St. Andrieshofje**, Egelantiersgracht 107–145, zum Ende der Straße hin gelegen, könnte der Kontrast kaum sein. In diesem Bilderbuchhofje mit seinem gepflegten Garten und den hübschen, schiefen Häuschen sind Besucher nur zwischen 9 und 18 Uhr willkommen.

Den Zugang zum **Zevenkeurvorstenhofje**, Tuinstraat 199–225, zu finden, bedarf längerer Suche. Als Belohnung winkt allerdings eine Insel der Stille, die das städtische Leben vollständig ausschließt. Entsprechend lang ist die Warteliste für die Wohnungen.

Das Attraktivste am **Bosschehofje**, Palmgracht 20–26, ist der Blick von der Straße auf den Haupteingang. Hoch über dem Tor prangt eine große Tafel, darunter ein Bullauge und ein Schlussstein über einem dekorativen Backsteinbogen.

Dahinter findet ganz alltägliches Leben statt: Kinder toben herum, Wäsche flattert zum Trocknen an der Leine. Über die rückwärtige Mauer hat man einen guten Blick auf die rückseitigen Fassaden einiger schöner Häuser.

✉ 196 C2

JORDAAN: INSIDER-INFO

Top-Tipps: Wegen der Lage der Straßen und Grachten im Jordaan ist **das beste Licht zum Fotografieren** gewöhnlich am Spätnachmittag.

■ Wenn Sie um den **Geburtstag der Königin am 30. April** in Amsterdam sind, sollten Sie in diesem Stadtteil mitfeiern.

Geheimtipp: Wer das Leben auf einem Hausboot kennen lernen möchte, besucht das **Hausbootmuseum** (▶ 86), das auf Höhe Johnny Jordaan Plein in der Prinsengracht vertäut liegt.

3 Westerkerk

Von all den schönen Kirchen Amsterdams ist dies die zentralste, dem pulsierenden Leben der Stadt ganz nah und auch eng verbunden. Der Turm – angesichts des nachgiebigen Untergrunds ein wahres Meisterwerk an Baukunst und Statik – beherrscht den westlichen Teil der Grachtenstadt, und Amsterdamer, die in Hörweite der Glocken der Westerkerk geboren sind, betrachten sich als vom Schicksal besonders begünstigt.

Die Westerkerk, eine der ersten protestantischen Kirchen Amsterdams, wurde von Hendrick de Keyser (1565–1621) entworfen und am Pfingstsonntag 1631 eingeweiht. Der Turm, der erst sieben Jahre später fertig gestellt wurde, ist über 85 Meter hoch und trägt die schwerste Glocke der Stadt.

Der Innenraum ist auffallend schlicht gehalten, in bewusstem Gegensatz zu dem oft überladenen Prunk katholischer Kirchen. Die prächtigsten Stücke sind die »Logen« der reichen Familien, die sich darin vom gemeinen Volk abgrenzten. Die große, reich geschmückte Orgel über dem Westportal kam erst mehr als 50 Jahre nach Vollendung der Kirche hinzu – so lange dauerte die Debatte darüber, ob musikalische Begleitung dem Gottesdienst überhaupt angemessen sei. Sie ruht, unterstützt von ein oder zwei Putti, auf Marmorsäulen und ist so das extravaganteste Stück der Kirche. Besonders kunstvoll sind die Jalousien gearbeitet.

Das verborgene Grab von Rembrandt

Die berühmteste Persönlichkeit, die in der Westerkerk ihre letzte Ruhe fand, ist de facto heute nicht mehr auffindbar: Rembrandt wurde hier in einem gemieteten Grab beigesetzt, seine sterblichen Überreste wurden aber 20 Jahre später entfernt, um anderen Verstorbenen Platz zu machen. Dennoch behauptet ein Denkmal an der

Nordseite der Kirche: »Hier ruht R. Harmensz Van Ryn, geb. 15. Juli 1606, gest. 4. Oktober 1669.«

Der schönste Blick über die Stadt

Der Aufstieg auf den nach einer umfangreichen Renovierung wiedereröffneten Turm wird mit einem prächtigen Panorama belohnt, angeblich »der schönste Blick über die Stadt«. Im 17. Jh. diente der Turm nicht nur der Ehre Gottes, sondern zugleich als Wachturm: Hier hielt man Ausschau nach Bränden oder Dammbrüchen. Der untere Teil des Turms ist gemauert, doch ab der ersten Etage ist das Bauwerk aus Gewichtsgründen aus Holz, mit Sandstein- oder Bleiverkleidung. Der mittlere Teil der heute geschlossenen ersten Etage war einst offen, um Baumaterial und die Glocken nach oben zu ziehen. In der vierten Etage sieht man die Balken, die die Schwingungen der sieben Tonnen schweren Glocke auffangen – ohne sie würde der Turm wahrscheinlich irgendwann einstürzen.

KLEINE PAUSE

Machen Sie eine Pause im **Werck** (► 105) und genießen Sie einen Kaffee oder ein Mittagessen. Dieses hochmoderne Restaurant mit Café und Bar im alten Kutschenhaus der Weberkerk hat eine Terrasse, von der Sie aus der Vogelperspektive auf die Kirche nebenan blicken.

⊞ 198 C5 ✉ Prinsengracht 281 ☎ 020 624 7766; www.westerkerk.nl
🕐 die Öffnungszeiten schwanken! Kirche April–Okt. Mo–Fr 11–15 Uhr; Juli–Aug. auch Sa 11–15 Uhr; Gottesdienste sind auf Holländisch So ab 10.30 Uhr; Turmführungen täglich 10–17.30 Uhr, halbstündlich 🚊 13, 14, 17 💶 Kirche: frei; Turm: mittel

WESTERKERK: INSIDER-INFO

Top-Tipp: Der Aufstieg auf den Turm ist für körperlich gesunde Personen nicht schwierig, **in den steileren Bereichen vor der Spitze sollten Sie allerdings vorsichtig sein.**

Geheimtipp: Gleich nördlich des Haupteingangs befindet sich ein Sturz mit vier Cherubim und zwei Schädeln.

4 Anne Frank Huis

Ein idyllischerer Ort ist schwerlich vorstellbar: Im Schatten der Westerkerk steht an einer der schönsten Wasserstraßen Amsterdams in der Prinsengracht 263 ein stattliches Kaufmannshaus, erbaut 1635. Hinter der gefälligen Fassade aber liegen ein Gefängnis und ein Ort der Denunziation. Heute erinnert es an die Opfer des Zweiten Weltkriegs, insbesondere jedoch an ein junges Mädchen, dessen man sich noch im 21. Jh. entsinnt.

25 lange Monate lebten die Familien Frank und van Pels im Anbau des Hauses Prinsengracht 263 in ständiger Furcht vor Entdeckung und Deportation. Kurz vor Kriegsende wurden sie dann tatsächlich denunziert und abtransportiert. Als Einziger überlebte Annes Vater Otto Frank das KZ. Als er später in das Haus zurückkehrte, gab ihm einer der Helfer der Familie Annes Tagebücher, die er dann veröffentlichte.

Anne Frank (1929–45) – Ein tragisch kurzes Leben

   Das Haus, in dem sie sich versteckt gehalten hatten, stand jahrelang leer. Ende der Fünfzigerjahre sollte es abgerissen werden, woraufhin engagierte Bürger das Anne-Frank-Haus ins Leben riefen. Ursprünglich ging es dabei allein um die Erhaltung des Hauses, doch betrachtete die Organisation es zunehmend als ihre Aufgabe, vor den Gefahren des Rassismus allgemein zu warnen.

   Der Rundgang durch die Räume macht mit Annes Geschichte bekannt. Es gibt keine Führer: Jeder Besucher kann sich so viel Zeit lassen, wie er möchte. Der Eingang liegt in der Prinsengracht 267, es folgt ein Videoraum, der den Weg zum Haus mit der Nummer 265 bereitet. Das eigentliche Anne-Frank-Haus betritt man im Erdgeschoss durch die einstigen Lagerräume, wo auch Gewürze gemahlen wurden.

   Otto Frank war nach der Ernennung Hitlers zum Reichskanzler 1933 mit seiner Familie von Frankfurt nach Amsterdam gezogen und hatte zwei Geschäfte gegründet: Opekta, die das bekannte Geliermittel herstellt, und eine Gewürzfirma namens Pectagon. Die Kräuter und Gewürze eigneten sich ideal als Erklärung, warum die Fenster im rückwärtigen Anbau des Hauses geschwärzt waren: Was dahinter lag, blieb besser im Dunkeln.

Invasion

Im Mai 1940 marschierten die Nazis in Amsterdam ein und nahmen der jüdischen Bevölkerung nach und nach sämtliche Rechte. Otto Frank, seine Frau Edith und ihre Töchter Anne und Margot hielten sich ab dem 6. Juli 1942 versteckt – nachdem Margot die Einweisung in ein Arbeitslager erhalten hatte. In einem Video **im ersten Stock** erzählt Miep Gies – Mitglied der Familie, die Anne und ihre Angehörigen versteckt hielten –, wie die Franks im Hinterhaus lebten.

Es kam noch eine zweite Familie dazu, Otto Franks Geschäftspartner Hermann van Pels, seine Frau Auguste und ihr Sohn Peter. Und ab November lebte zudem Fritz Pfeffer hier, der mit seiner nichtjüdischen Verlobten aus Deutschland geflohen war.

Geholfen wurde den Zufluchtsuchenden von vier Personen; eine davon war Victor Kugler, einer der Geschäftsführer des Unternehmens. Über die Treppe und einen Korridor gelangen Sie durch sein Büro in den **zweiten Stock**. Manchmal wagten sich die Verfolgten abends aus ihrem Versteck und lauschten dort dem »feindlichen« britischen Sender. Mit Kuglers Hilfe führte Otto Frank sogar weiterhin seine Geschäfte.

Leben im Hinterhaus

Auf der gleichen Etage liegt das Büro dreier weiterer Mitarbeiter: Johannes Kleimann, Miep Gies und Bep Voskuijl. Samstagnachmittags wurde der vordere Teil zum Badezimmer für die beiden Mädchen umfunktioniert. »Wir schrubben uns in der Dunkelheit«, schrieb Anne. »Während sich die eine wäscht, späht die andere zwischen den Vorhängen hindurch nach draußen.« Im Warenlager ist die Geschichte der Judenverfolgung dokumentiert. Von hier gelangt man in das **Hinterhaus**, wo auf zwei Stockwerken acht Menschen lebten, zu ständigem Stillsein verurteilt, um nur ja keine Aufmerksamkeit auf sich zu lenken. Der Zugang war hinter einem verschiebbaren Bücherregal verborgen, hinter dem eine schmale Treppe in den Anbau hinaufführt.

Jede Woche brachte Victor Kugler Anne eine Kino- und Theaterzeitschrift mit, aus der sie Bilder ihrer Idole ausschnitt und an die Wand heftete. Anne führte seit ihrem 13. Geburtstag am 12. Juni 1942 Tagebuch, wenige Wochen bevor die Familie untertauchte. »Ich hoffe, ich kann Dir alles anvertrauen«, notierte sie. Der letzte Eintrag stammt vom 1. August 1944, als sie schreibt: »Etwas in mir schluchzt.«

Vom Hinterhaus gelangt man in einen modernen **Ausstellungsraum**, wo man das weitere Schicksal der acht Menschen erfährt. Am 4. August 1944 kam die SS – jemand hatte die Untergetauchten verraten. Alle acht wurden verhaftet, ins

Übergangslager Westerbork und von dort mit einem der letzten Judentransporte nach Auschwitz gebracht.

Auch ihre Helfer Victor Kugler und Johannes Kleimann wurden festgenommen, aber später wieder freigelassen. Hermann van Pels wurde kurz nach der Ankunft im KZ vergast, seine Frau und sein Sohn von Lager zu Lager verschoben; sie starben sechs Monate später. Auch Fritz Pfeffer überlebte die Strapazen nicht. Otto und Edith Frank entgingen der Gaskammer, doch Edith starb im Januar 1945 an Unterernährung. Anne und Margot landeten schließlich im Lager Bergen-Belsen, wo sie einen Monat vor Kriegsende im März Opfer einer Typhus-Epidemie wurden.

Nach dem Krieg entschloss sich Otto Frank, dem Wunsch seiner Tochter nachzukommen und ihr Tagebuch zu veröffentlichen; das Original ist im Dachgeschoss ausgestellt. Es erschien erstmals 1947 auf Holländisch, wurde aber sehr bald übersetzt und liegt heute in über 65 Sprachen vor.

KLEINE PAUSE

An der Südseite des Museums befindet sich ein hübsches Café mit Blick auf die Westerkerk (tägl. 9–19 Uhr).

🗺 196 C1 ✉ Prinsengracht 263 (Eingang Hausnummer 267)
☎ 020 556 7105; www.annefrank.org
🕐 1. Jan. 12–19 Uhr, 2. Jan–Mitte März So–Fr 9–19, Sa 9–22 Uhr; Mitte März–Juni So–Fr 9–21, Sa 9–22 Uhr, Juli und Aug. tägl. 10–22 Uhr, Sept.–Mitte Sept. 9–21 Uhr, Mitte Sept.–Dez. tägl. 9–19 Uhr; geschl. Jom Kippur 🚋 13, 14, 17 💶 mittel

Das drehbare Bücherregal vor dem Zugang zum Versteck

ANNE FRANK HUIS: INSIDER-INFO

Top-Tipps: Im Sommer sollten Sie später kommen, um nicht lange anstehen zu müssen.
- Wenn Sie Ihren Besuch für eine Uhrzeit planen, zu der viel Andrang ist, sollten Sie Ihre Eintrittskarten im Voraus online kaufen (www.annefrank.org). Dann müssen Sie sich nicht am Schalter anstellen, sondern können einen separaten Eingang nehmen.
- Viele Menschen nimmt der Besuch des Anne-Frank-Hauses emotional stark mit, insbesondere Kinder. Planen Sie so viel Zeit ein, dass Sie das Gesehene verdaut haben, bevor Sie die nächste Sehenswürdigkeit in Angriff nehmen.

Nach Lust und Laune!

Das Stadsschouwburg-Theater am Leidseplein-Platz bei Nacht

5 Leidseplein

Der Leidse-Platz (so benannt, weil hier die Straße zwischen Leiden und Amsterdam endete) wurde erstmals im 17. Jahrhundert als Parkplatz für Pferde und Kutschen genutzt. Heute pulsiert hier jeden Abend das Nachtleben mit Neonlichtern und Nachtschwärmern.

Den richtigen Zeitpunkt zu finden ist das A und O. Besuchen Sie den Knotenpunkt der vielen Touristenpfade deshalb möglichst früh, wenn er sich frisch geputzt präsentiert und das American Hotel (➤ unten) im Glanz der Morgensonne liegt.

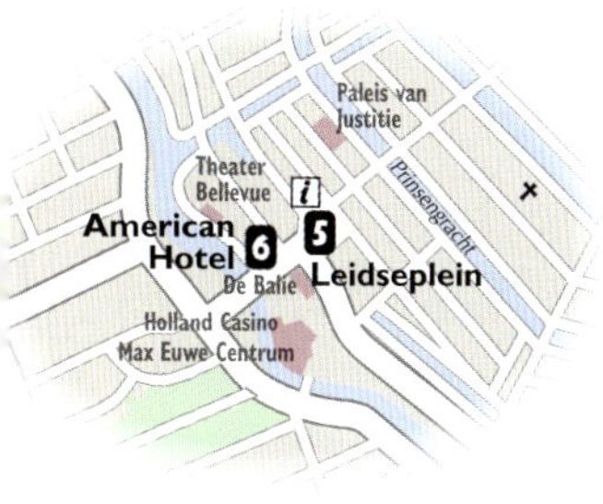

Der imposante neoklassische Klotz von Hirsch & Cie am Südufer ist – wie viele moderne Gebäude Amsterdams – eine Bank. An der **Marnixstraat**, und zwar an der Nordostseite des American Hotel, befindet sich eine attraktive Häuserzeile, die inzwischen zu Hotels umgewandelt worden ist.

Beim **AUB Ticketshop** (➤ 47) in der Stadsschouwberg gibt es Eintrittskarten für Veranstaltungen am gleichen Tag zum Sonderpreis.

198 C3

6 American Hotel

Das im Jahr 1900 erbaute Hotel ist ein Baudenkmal und als verrückte Art-Nouveau-Interpretation eines schottischen Baronschlosses eine der Hauptattraktionen auf der Leidseplein. Von außen lohnt sich eine ausführliche Betrachtung, und auch das Innere ist einen Besuch wert.

Beginnen Sie an der Nordwestecke, wo unter einem Bogenfenster schön gestaltete Störche und Eichhörnchen zu bewundern sind. Der Giebel wird von einem stilisierten Sonnenstrahl erhellt. Die Südostfassade des Hotels schmückt

Das Interieur des Café Americain im Art-Deco-Stil

sich mit einem Fischbrunnen, interessanter jedoch ist links vom Eingang zum Café Américain (oben, ➤ 101) ein Relief des Hotels. An der Südecke zeigt sich auf den Kacheln eine Venus in Begleitung zweier Eulen, einiger Schlangen und einer böse dreinblickenden Fledermaus. Bei genauerem Hinsehen lassen sich aus einem Mosaik die Worte »American Hotel« herauslesen. Offiziell heißt es jetzt Eden American Hotel, allgemein wird es aber immer noch American Hotel genannt.

⊞ 198 B3 ✉ Leidsekade 97 ☎ 020 556 3000; www.edenamsterdamamericanhotel.com/en/
🚊 1, 2, 5, 11

🔢 Homomonument

Die Toleranz der Stadt zeigt sich auch im Standort – direkt neben der Westerkerk – dieses Denkmals für all die Männer und Frauen, die wegen ihrer Homosexualität verfolgt wurden. Form und Farbe des dreieckigen rosafarbenen Granitblocks, der in die Keizersgracht hineinragt, basieren auf dem rosa Dreieck, das Schwule und Lesben während der deutschen Besatzung tragen mussten. Fast ist es eine Art Mahnmal geworden, und viele Leute legen hier Blumen nieder.

⊞ 198 C1 ✉ Ecke Westermarkt und Keizersgracht 🕐 immer zugänglich
🚊 13, 14, 17

Das Homomonument ist jetzt ein integraler Bestandteil der Kanallandschaft

Das Tulpenmuseum zeigt den Aufstieg einer einfachen Blume zu einer nationalen Besessenheit

8 Tulpenmuseum Amsterdam

Der Keller dieses Kanalhauses wurde in ein kleines, aber bezauberndes Einraum-Museum umgebaut, das der bekanntesten Blume Hollands gewidmet ist. Eine historische Zeitleiste bringt Licht in die Vormachtstellung der Tulpe in der Kunst des Osmanischen Reiches und die Tulpenmanie des 17. Jhs., als die teuersten Zwiebeln den Preis eines Hauses überstiegen. In einem Video sehen Sie alles, was Sie über den modernen Anbau wissen müssen und im Erdgeschoss werden in einem hübschen Geschäft Tulpenzwiebeln und dekorativ gestaltete Tulpen in jeder Form angeboten – auf Fliesen, Tabletts, Tassen, Tellern und sogar Ohrringen.

🗺 196 C2 ✉ Prinsengracht 112 ☎ 020 421 0095; www.amsterdamtulipmuseum.com
🕐 täglich 10–18 Uhr 🎫 preiswert 🚊 13, 14, 17

An einem sonnigen Tag ist der Westerpark voller Menschen

🔟 Westergasfabriek und Westerpark

Das westliche Ende der Stadt, insbesondere nördlich vom Haarlemmerweg, lag lange im Abseits, was auch erklärt, warum die westlichen Inseln (➤ 184ff) so wunderbar unberührt geblieben sind. Zwischen einer Wasserstraße und den Bahngleisen findet man in diesem Dreieck heute einen Park und ein ehemaliges Gaswerk, das seit einiger Zeit ein avantgardistisches Kunstzentrum (➤ 108) beherbergt und auch im Nachtleben eine festen Platz einnimmt. Die Westergasfabriek besteht aus mehreren Gebäuden an der Nordseite der Haarlemmervaart-Gracht, und wurde 2003 grundlegend renoviert. Die Haupt»straße« wird von mehreren ansehnlichen Gebäuden gesäumt, die sich für experimentelle Kunst geradezu anbieten. Im Osten geht die Westergasfabriek in den Westerpark über. Beachten Sie die Skulpturengruppe am Osteingang.

➕ 196 A4 und B4 ☎ 020 586 0710; www.westergasfabriek.nl 🚋 10 endet an der Van Hallstraat, von wo man ein kurzes Stück nordwärts zum Haarlemmerweg und über den Kanal zur Westergasfabriek läuft (geöffnet 8–23.30 Uhr); die Trambahnlinie 3 fährt zum Haarlemmerplein am östlichen Ende des Westerparks 🎫 frei

Wohin zum ...
Essen und Trinken?

Preise

Die Preisangaben gelten pro Person für ein Essen ohne Getränke.

€ unter 20 €   €€ 20–40 €   €€€ über 40 €

CAFÉS

De Admiraal €–€€

Dieses Proeflokaal (▶ 27f) in einem ehemaligen Lagerhaus bietet 20 alte Jenever und 60 Liköre (manche mit so herrlichen Namen wie Perfect-Happiness oder Lift-up-your-Shirt) aus der eigenen Brennerei. Alte Eichenfässer, riesige Schnapsflaschen aus Steingut und kupferne Destillierkessel zieren die große Bar. Anders als in den meisten Probierstuben gibt es hier auch leckere Snacks wie Hering und Räucheraal sowie richtige Mahlzeiten. Einziger Nachteil ist, dass biswellen Touristenscharen einfallen.

➕ 199 E3 ✉ Herengracht 319
☎ 020 625 4334; www.de-ooievaar.nl
🕐 Mo–Sa 16–24 Uhr

Café Américain €–€€€

Das Jugendstil-Interieur dieses Grand Cafés im American Hotel (▶ 97f) steht praktisch unter Denkmalschutz. Über den Steinbögen gibt es herrliche Buntglasdekorationen und wunderschöne, ausgefallene Leuchten. Genauso gut können Sie durch die großen Panoramafenster aber auch das Treiben auf dem Leidseplein beobachten. Die knappe, aber einladende Speisekarte bietet schmackhafte Burger und Fingerfood

wie Dim Sum. Wer sparen will oder muss, kann das Ambiente aber schon für den Preis von einem Kaffee oder Bier genießen. Zum Sonntagsbrunch spielt eine Jazzband.

➕ 198 B3 ✉ Leidsekade 97 ☎ 020 556 3107; www. edenamsterdamamerican.com
🕐 tägl. 7–23.30 Uhr

Café Chris €

Eine gute Wahl, wenn Sie ein traditionelles Braunes Café im Jordaan suchen, das nicht von Touristen überlaufen ist (es liegt nicht an einer Gracht). Möglicherweise mit Recht behauptet das Chris, das älteste Café Amsterdams zu sein. Es wurde 1624 gegründet, als die Arbeiter an der Westerkerk hier ihren Lohn erhielten (und vermutlich auch zumindest zum Teil gleich wieder ausgaben). Skurrile Charakteristika sind ein aufgehangtes Fahrrad und eine Toilette, die von innerhalb der Bar gespült wird.

➕ 196 C1 ✉ Bloemstraat 42 ☎ 020 624 5942; www.cafechris.nl 🕐 Mo–Do 15–1 Uhr, Fr, Sa bis 2 Uhr, So bis 21 Uhr

Café Dulac €–€€

Dieses Café in einem ehemaligen Bankgebäude aus den Zwanzigerjahren wartet sicher mit einem der auffälligsten Interieurs aller Grand Cafés auf. Postmoderner Kitsch prägt das Bild, dazu kommen von der Decke hangende Trompeten und Schiffsmodelle sowie Wasserspeier, nackte Frauenleiber an den Wänden und ein Billardtisch aus Kiefernholz. An manchen Abenden lockt ein DJ junges trendiges Publikum an. Auf der Karte stehen u. a. Salate, Steaks und Pasta

➕ 197 E3 ✉ Haarlemmerstraat 118
☎ 020 624 4265
🕐 So–Do 12–1 Uhr, Fr, Sa bis 3 Uhr

Café Papeneiland €

Das winzige »Papstinselchen« ist eines der ältesten Braunen Cafés (▶ 26f) in Amsterdam. Seit dem frühen 17. Jh. wird hier Bier ausgeschenkt – Hauptbewerb des damaligen Besitzers war freilich das Sargzimmern. Holztäfelung, Delfter Kacheln, an Balken hängende Bierseidel, ein riesiger alter Herd und nach traditionellem Brauch auf der Bar präsentierte gekochte Eier und Apfelstrudel – das Café atmet ganz einfach Atmosphäre. Trotz erstklassiger Lage (gleich beim Noordermarkt Ecke Brouwersgracht) kommen hauptsächlich einheimische Stammkunden.

🔢 197 D3 ✉ Prinsengracht 2 ☎ 020 624 1989; www.papeneiland.nl 🕐 Mo–Do 10–1 Uhr, Fr, Sa bis 2 Uhr, So 12–1 Uhr

Café de Prins €–€€

Ein Braunes Eetcafé (beachten Sie die alte Bar, die typischen Holztische und die halbhohe Wandtäfelung), immer gut besucht von Gästen, die teils hier speisen, teils nur zum Trinken kommen. Pluspunkte sind die Lage am Wasser (bei schönem Wetter kann man draußen sitzen), die Nähe zum Anne Frank Huis und die gute, preiswerte holländisch-französische Küche. Besonders lecker sind das Käsefondue, die Quiches mit Füllung sowie mittags das exzellente *uitsmijter* (Spiegeleier auf Brot).

🔢 196 C2 ✉ Prinsengracht 124 ☎ 020 624 9382; www.diningcity.nl/deprins 🕐 tägl. 10–1 Uhr (Küche bis 22 Uhr)

Café 't Smalle €

Idyllischer als dieses winzige Eckhaus kann ein Bruin Café kaum sein. Lage an einer Gracht, Kerzen auf der Bar, Holztäfelung an den Wänden und Buntglas aus dem späten 18. Jh. sorgen dafür, dass es meist voll ist – aber immer auch stilvoll. Eine gute Auswahl an Jenever und Snacks tun ein Übriges. Wenn das Wetter mitspielt, kann man direkt am Wasser sitzen.

🔢 196 C2 ✉ Egelantiersgracht 12 ☎ 020 623 9617; www.t-smalle.nl 🕐 So–Do 10–1 Uhr, Fr, Sa bis 2 Uhr

De Doffer €–€€

Ein großzügiges Braunes Eetcafé (mit einer weiteren Bar gleich nebenan), wo einfach alles stimmt (auch der Jazz im Hintergrund passt irgendwie): Holzboden, Wandtäfelung, Kerzenlicht und ausgesprochen leckere Gerichte – Suppen und Sandwiches zum Mittagessen und Gerichte wie Lachs und Wasabi oder gefüllte Ente mit Cassis am Abend. Das etwas noblere Ambiente spiegelt sich in der Klientel.

🔢 198 C4 ✉ Runstraat 12–14 ☎ 020 622 6686; www.doffer.com 🕐 So–Do 12–3 Uhr, Fr bis 4 Uhr, Sa 11–4 Uhr

Metz & Co €

Im obersten Stock des schicken Kaufhauses (▶ 106) verdient dieses freundliche Café allein schon der Aussicht wegen einen Besuch: In alle vier Himmelsrichtungen schaut man auf die malerischen steilen Dächer hinab. Service und Küche – Suppen, Eierspeisen, Sandwiches, englischer Tee – sind weniger berühmt.

🔢 198 C3 ✉ Keizersgracht 455 ☎ 020 520 7048; www.metz-co.com 🕐 Di–Sa 9.30–18 Uhr, So 12–17 Uhr, Mo 11–18 Uhr

Spanjer & Van Twist €–€€

In diesem modernen Eetcafé gibt es mit das beste Café-Essen von ganz Amsterdam – zu Mittag phantastische Omelets und interessante Sandwiches, abends dann Gehaltvolleres wie gedünsteten Fisch oder Hasenpfeffer. Zudem sind die meisten Zutaten aus biologischem Anbau. Das Grachtencafé ist gemütlich, hinter der Bar zieht ein Spiegel im Mondrianstil die Blicke auf sich. Der Service ist freundlich und professionell.

🔢 197 D1 ✉ Leliegracht 60 ☎ 020 639 0109; www.spanjerenvantwist.nl 🕐 tägl. 10–1 Uhr (Mittagessen 10–13; Abendessen 18–22 Uhr)

De Tuin €

»Der Garten« zählt zu den Bruin-Café-Klassikern des Jordaan. Nehmen Sie Kaffee und Kuchen oder ein kleines Essen in der zauberhaften alten Bar mit Kerzenlicht, blanken Holztischen, zigarettengebräunten Wänden und alten Werbeplakaten für holländisches Bier. Die jungen Leute des Viertels kommen gerne her und es herrscht ein wunderbarer Mix aus Sudenten, Intellektuellen und Biertrinkern, doch auch andere Gäste fühlen sich wohl.

📱 196 C2 🗺 2e Tuindwarsstraat 13
📞 020 624 4559 🕐 Mo-Do 10-1 Uhr, Fr, Sa
10-2 Uhr, So 11-1 Uhr

Walem Café €–€€

Eine der so genannten »Designer Bars«
– daher ganz in Schwarz gekleidete Bedienungen, beleuchtete Spiegel an den
Wänden und reichlich Grünpflanzen.
Trotzdem fühlt man sich im Walem
wohl. Hauptgrund für seine Beliebtheit
dürfte nicht zuletzt die ausgezeichnete (einsehbare) Küche sein. Mittags
gibt es etwa *croque madame* (Toast
mit Spiegelei belegt). Und wie klingt
beispielsweise geschmortes Kaninchen
mit in Riesling gekochtem Sauerkraut?
Bei schönem Wetter können Sie am
Wasser oder im Garten sitzen.
📱 196 C3 🗺 Keizersgracht 449 📞 020
625 3544; www.diningcity.nl/walem
🕐 So-Do 10-1 Uhr, Fr, Sa bis 2 Uhr

RESTAURANTS

De Belhamel €€

Ein ruhiges, romantisches Restaurant
mit zauberhaftem Blick über die

Brouwersgracht und die Herengracht. Bitten Sie bei der Reservierung um einen Tisch am Fenster.
Das Lokal wie auch die groteskartige
Bar sind authentischer Jugendstil,
die französische Küche recht gut
und die Speisekarte wechselt oft.
Was hielten Sie z. B. von Krabben-
mousse, gefolgt von gedünsteter
Kalbszunge und Birnentorte?
📱 197 E3 🗺 Brouwersgracht 60 📞 020
622 1095; www.diningcity.nl/debelhamel
🕐 tägl. 18-22 Uhr

Bordewijk €€–€€€

Eines der schicksten Restaurants
der Stadt (unbedingt reservieren,
auch unter der Woche), jedoch mit
wunderbar legerer Atmosphäre. Vom
sparsam eingerichteten modernen
Raum überblickt man durch große
Fenster den hübschen Noordermarkt. Die faszinierende Speisekarte
schöpft teils aus der italienischen,
teils aus der französischen Küche.
Besonders zu empfehlen sind die
verschiedenen Käsevarianten. Mit
einem Tagesmenü ist man auch

preislich gut beraten; die Atmosphäre ist zwangloser als in den anderen
Top-Restaurants der Stadt.
📱 197 D3 🗺 Noordermarkt 7
📞 020 624 3899; www.bordewijk.nl
🕐 Di-So 18.30-22.30 Uhr

Café-Restaurant Amsterdam €€

Die zehnminütige Fahrt vom
Stadtzentrum aus (Endstation der
Linie 10) lohnt sich allein schon
der Räumlichkeiten wegen: Das
Lokal befindet sich im ehemaligen
Maschinenhaus des Wasserwerks,
in dem leicht zehn Grachtenhäuser Platz fänden. Die vorwiegend
französische Küche wird gerne mit
holländischen Zutaten garniert; alle
Gerichte sind einfach zubereitet,
schmackhaft und preiswert. Amsterdamer aller Altersgruppen lieben das
Lokal. Wer nicht reserviert hat, muss
möglicherweise mit Wartezeit rechnen, bevor ein Tisch frei wird.
📱 196 bei A4
🗺 Watertorenplein 6
📞 020 682 2666; www.cradam.nl
🕐 tägl. 11-24 Uhr (Fr, Sa bis 1 Uhr)

Café de Reiger €€

Dieses stimmungsvolle *Eetcafé*
(▶ 28) im Jordaan ist ständig von
Amsterdamern bevölkert. Sie kommen wegen der schönen, kerzenbe-
leuchteten Bar, dem geschäftigen,
aber entspannten Treiben und der
herzhaften, unkomplizierten französischen, italienischen und niederländischen Küche. Auf der Speisekarte
stehen Steaks (dick geschnitten und
mit leckeren Pommes und Mayo
serviert) und Pasta. Die Tagesgerichte
auf den Tafeln sind interessanter –
probieren Sie das Schalskäsesouflé
oder Risotto mit Lammkeule. Es
werden weder Reservierungen noch
Kreditkarten angenommen; um Wartezeiten zu vermeiden, sollten Sie
möglichst früh kommen.
📱 196 C2 🗺 Nieuwe Leliestraat 34
📞 020 624 7426 🕐 So-Di 17-24 Uhr,
Mi-Fr 17-1 Uhr, Sa 15-1 Uhr

Chez Georges €€–€€€

Sie müssen frühzeitig reservieren,
um in diesem kleinen und gemütlichen, aber ziemlich formellen Bistro

einen Tisch zu bekommen. Die Küche des Belgiers Georges Roorda ist französisch-burgundisch inspiriert. Kommen Sie nicht für einen Snack hierher; empfehlenswert ist das gastronomische Sieben-Gänge-Menü, das – insbesondere im Vergleich zu der teuren Weinkarte – zu einem hervorragenden Preis angeboten wird.

✚ 197 D2 ⌧ Herenstraat 3 ☎ 020 626 3332 ◷ Mo–Di, Do–Sa 18–23.30 Uhr

Christophe €€€

2006 verkaufte Christophe Royer sein elegantes, mondänes Restaurant an zwei seiner Mitarbeiter, Ellen Mansfield und Jean-Joel Bonsens. Obwohl das Restaurant daraufhin seinen Michelin-Stern verlor, gilt es immer noch als eine der besten (und teuersten) Einrichtungen der Stadt für ein unvergessliches und ziemlich formelles Essen. Ellen ist der Sommelier, während der Franzose Jean-Joel jetzt der Chefkoch und Schopfer von Gerichten wie Dorsch mit Anis oder Crème Brulée mit rotem Pfeffer und Limonengras ist.

✚ 197 D1 ⌧ Leliegracht 46 ☎ 020 625 0807; www.restaurantchristophe.nl ◷ Di–Sa 18.30–22.30 Uhr

Envy €€–€€€

Kreative italienische Gerichte in Probiergröße sowie leckere Käse- und Fleischsorten werden in diesem ultramodernen, minimalistischen Restaurant am Kanal serviert. Sie können an Einzeltischen oder auf Hockern an langen Gemeinschaftstischen sitzen. Genießen Sie vor dem Essen ein oder zwei Gläser Wein im Vyne, der ebenso modernen Weinbar des Envy einige Häuser weiter.

✚ 198 C5 ⌧ Prinsengracht 381 ☎ 020 344 6407; www.envy.nl ◷ Mo–Do 18–1 Uhr, Fr, Sa 12–15, 18–3 Uhr, So 12–15 und 18–1 Uhr

Moeders €€

Als das «Mothers» 1990 eröffnete, kauften die Gäste Ihr eigenes Geschirr und Besteck und die bunte Mischung wird in dem gemütlich-kitschigen Restaurant bis heute verwendet. Die Wände schmücken Bilder von Muttern. Die freundlichen Kellnerinnen erläutern gerne die Speisekarte mit traditionellen niederländischen Gerichten sowie internationalen Speisen. Probieren Sie den holländischen «Reistisch» – eine Parodie des traditionellen indonesischen Gerichts ohne Reis aber dafür mit einer Sammlung kleiner nationaler Gerichte.

✚ 198 B5 ⌧ Rozengracht 251 ☎ 020 626 7957; www.moeders.com ◷ tägl. 17–1 Uhr (Küche bis 22.30 Uhr)

The Pancake Bakery €€

Für Kinder aller Altersstufen: Mehr als 75 Pfannkuchen und Omeletts werden hier im Erdgeschoss eines alten Grachtenhauses angeboten, mit Füllungen von Lamm mit Paprika bis hin zu Kirschen mit Schlagsahne. Auf jedem Tisch stehen zusätzlich Marmelade, Sirup und Puderzucker. Die Pfannkuchen sind zwar nicht gerade preiswert, dafür aber sehr groß.

✚ 197 D2 ⌧ Prinsengracht 191 ☎ 020 625 1333; www.pancake.nl ◷ tägl. 11–21.30 Uhr

D'Theeboom €€–€€€

Dieses elegante Bistro am Singel befindet sich in einem ehemaligen Käiserelager. Obwohl der Eigentümer Georges Thubert aus Frankreich kommt und die Speisen französisch mit einem modernen Touch sind, erinnert das Ambiente eher an Griechenland oder Portugal – an den Wänden wachsen Keramikbäume aus warmen Grüntönen und Schwarz. Die Speisekarte spiegelt eine Vorliebe für frische Zutaten, die ohne große Umstande einfach zubereitet werden.

Zum Angebot gehören ein preisgünstiges Drei-Gänge-Menü und Tagesgerichte wie Enie Carpaccio, Lachs Millefeuille oder Flambiertes Rind in Whisky. Die Weinkarte ist ausschließlich französisch. Bei schönem Wetter kann man auf der Terrasse speisen.

✚ 199 D5 ⌧ Singel 210 ☎ 020 623 8420; www.theeboom.com ◷ Mo–Sa 18–22 Uhr

Van Puffelen €€

Ein freundliches Lokal am Wasser, das gleichzeitig als Braunes Café und vollwertiges Restaurant firmiert.

Wohin zum ...
Einkaufen?

Am westlichen Grachtengürtel und im Jordaan findet man die besten Einkaufsmöglichkeiten von ganz Amsterdam. Entlang der Grachten und in den kleinen Nebenstraßen gibt es Dutzende wunderbarer, einzigartiger kleiner Läden, dazu Galerien, Antiquitäten- und Blumengeschäfte. Individualismus ist Trumpf und hat hier eindeutig den Vorrang vor Kommerz. Am besten, Sie gehen auf eigene Faust Schaufensterbummeln und besuchen die überdachten Märkte des Jordaan. Denken Sie daran, dass viele Geschäfte hier montags geschlossen bleiben.

9 STRAATJES

Die »Neun Straßen« (www.theninestreets.com) sind ein tatsächlich autofreies Quadrat zwischen Singel und Prinsengracht,

Leidsegracht und Raadhuisstraat. Die schlichten Häuser, einst Quartier der Dienstboten, deren Herrschaften am Wasser residierten, beherbergen heute eine Vielzahl mitunter skurriler Läden.

Von Norden nach Süden finden Sie am Gasthuismolensteeg 7 **Brillenwinkel** (www.brilmuseumamsterdam.nl), wo es im Erdgeschoss alte Operngläser und Lorgnons gibt, während eine Treppe höher das **Brilmuseum** untergebracht ist – mit ebenso vergnüglichen wie witzigen Exponaten, darunter Kneifer, Schutzbrillen aus dem 19. Jh. und Brillen, die wie Fernsehgeräte geformt sind. (Laden und Museum geöffnet nur Mi–Fr 12–17.30, Sa 12–17 Uhr). Gegenüber hat sich im Haus Nummer 16 **Antonia by Yvette** (www.antoniabyvette.nl) auf pfiffige Schuhe spezialisiert. In der Hartenstraat 28 lohnt **BLGK**

(www.blgk.nl) einen Besuch: Der hier gezeigte Schmuck ist ungleich ausgefallener als alles, was Sie in den Diamantenschleifereien der Stadt entdecken werden.

Weiter entlang der Reestraat befindet sich in der Nr. 5 das **Fifties-Sixties** (www.fifties-sixties.nl), wo Gegenstände wie Toaster und Staubsauger aus den 1930er- bis 1970er-Jahren angeboten werden. **E Kramer** (Nr. 18–20; Tel. 020 626 5274) ist spezialisiert auf Kerzen und alle möglichen spirituellen Objekte.

Knopen Winkel (Wolfenstraat 14) hat eine unglaubliche Auswahl an Knopfen, während man bei **Laura Dols** (Haus Nr. 7; www.lauradols.com) Kleidung aus den 1940- und 1950-Jahren findet. Schöne moderne Plastiken gibt es bei **De Beeldenwinkel** (Berenstraat 35; www.beeldenwinkel.nl) zu bewundern.

Zeit für eine Verschnaufpause: Verwöhnen Sie sich im Louis-XVI-Teesalon von **Pompadour** (Huidenstraat 12; Tel. 020 623 9554) mit wunderbarer heißer Schokolade und sundhaft gutem Kuchen.

Schwere Samtvorhänge trennen das Café von dem geräumigen, wunderschön getäfelten Speiseraum, der gleichzeitig fröhlich und romantisch wirkt. Das herzhafte Menü ist hauptsächlich von französischem Stil, enthält aber auch einige Ausflüge in die multi-ethnische Küche, z. B. Rindfleisch-Carpaccio (hauchdünne Scheiben) mit Artischockensoße, Parmesan und *pesto rosso*.

✛ 198 C5 ⊠ Prinsengracht 377
☎ 020 624 6270; www.goodfoodgroup.nl
⏰ Mo–Do 15–1 Uhr, Fr 15–2.30 Uhr, Sa 12–2.30 Uhr, So 12–1 Uhr

Werck €– €€

Genießen Sie von der Terrasse dieses modernen, aber gemütlichen Restaurants mit Café und Bar den Blick auf den Kanal und die Westerkerk nebenan. Am Donnerstag-, Freitag- und Samstagabend wird das Werck zum Club mit DJs und Veranstaltungen.

✛ 198 C5 ⊠ Prinsengracht 277
☎ 020 627 4079; www.werck.nl
⏰ Di–Do 12–1, Fr–Sa 12–15 Uhr (Küche Di–Sa 12–22.30 Uhr geöffnet)

In der Runstraat finden Sie hervorragende Bäckereien und Käsegeschäfte, die mit jeder Boulangerie oder Fromagerie in Paris mithalten können. De Kaaskamer (Nr. 7; Tel. 020 623 3483) – die „Käsekammer" – ist eines davon. Hier können Sie aus Hunderten Käsesorten wählen. In der Regel dürfen Sie vor dem Kauf die jeweilige Sorte auch probieren. Eine holländische Spezialität ist der Old Amsterdam, ein reifer Gouda mit angenehmer Schärfe und viel Biss. Gleich nebenan liegt das schrullige De Witte Tanden Winkel (Nr. 5; www.dewittetandenwinkel.nl) – „Der Weiße-Zähne-Shop" – wo seit über zwanzig Jahren Zahnbürsten und andere Zahnpflegemittel verkauft werden.

JORDAAN

An den winzigen Gässchen südlich der Westerstraat, deren Namen fast so lange sind wie sie selber, locken jede Menge schrullige kleine Läden, in denen man wunderbar nach alten Schallplatten, Filmplakaten und Secondhand-Kleidung stöbern kann. Die Rozengracht ist zwar die reizloseste Straße des Viertels, doch liegen hier das 1884 gegründete Wegewijs (Nr. 32; www.wegewijs.nl – wunderbarer Käse) und Coppenhagen (Nr. 54), das nach Farben sortierte Perlen anbietet.

Südlich davon verkauft Olivaria (Tel. 020 638 3552) in der Hazenstraat 2a Olivenprodukte. Es gibt dutzende von verschiedenen Varianten in Flaschen, viele der Öle sind aus biologisch angebauten Produkten hergestellt. Katzenliebhaber finden ein Stück weiter im Haus Nummer 26 bei Cats & Things (Tel. 020 6428 3028) alles, was im weitesten Sinn mit Katzen zu tun hat: Kleine Leckereien für Ihre Katze ebenso wie knuddelige Plüschkatzen (leicht zu verwechseln mit der hier ansässigen Hauskatze, die aber definitiv nicht zu verkaufen ist!).

PRINSENGRACHT UND HAARLEMMERSTRAAT

Das Spektrum der Geschäfte an diesem wunderschönen Abschnitt der Prinsengracht reicht von edlen Antiquitäten bis hin zu Geschenkshops. Vom Noordermarkt aus südwärts, auf der Westseite der Gracht, ist Rinascimento Galleria d'Arte (Nr. 170; www.delft-art-gallery.com) ein Muss für alle Liebhaber echten Delfter Porzellans in Form von Tellern, Figuren und Fliesen. Ein Stück weiter wehen verlockende Düfte durch den Laden von Simon Levelt (Nr. 180; www.simonlevelt.com), der seit 1839 Tee und Kaffee, aber auch Schoko-Poller verkauft. Hochwertiges gibt es bei Van Hier tot Tokio (Nr. 262; www.hiertottokio.com), spezialisiert auf edle japanische Antiquitäten.

Wenn Sie noch etwas Zeit haben, sollten Sie nördlich der Brouwersgracht zur Haarlemmerstraat spazieren, wo zwischen diversen Coffee Shops einige gute Delikatessengeschäfte und besuchenswerte Galerien liegen.

LEIDSESTRAAT UND UMGEBUNG

Der ständige Tram- und Fahrradverkehr nimmt einem die Lust an einem Schaufensterbummel in der Leidsestraat mit ihren ohnehin eher durchschnittlichen Mode- und Geschenkboutiquen. Allerdings verdient Metz & Co (▶ 102; www.metz-co.com) in der Keizersgracht einen Besuch: Das kleine, aber exklusive Kaufhaus offeriert im 1891 erbauten und damals höchsten Gebäude Amsterdams Designermode und hochwertige Haushaltswaren. Schöne, nicht kitschige Postkarten zu finden, ist auch in der Grachtenstadt schwierig. In einem zauberhaften Grachtenhaus an der Prinsengracht verkauft Heinen (Haus Nummer 440, Nähe Leidsestraat; www.heinen-delftware.nl) modernes Delfter Porzellan und im Delfter Stil bemalte Keramiken.

MÄRKTE

Noordermarkt (Mo 9–13 Uhr): Flohmarkt mit jeder Menge Kleidung, Schallplatten und Büchern sowie obskureren Dingen wie Flaggen, rostigem Werkzeug und klassischen Statuen. Nicht so groß und bunt sortiert wie der Flohmarkt am Waterlooplein (▶ 77), aber angesichts der Kulisse der Grachtenhäuser weit malerischer. Samstag zwischen 9 und 16 Uhr wird hier der **Boerenmarkt** abgehalten, spezialisiert auf Vollwertkost und mit herrlich verführerischen Ständen. Zu einem Besuch des Noordermarkt gehört traditionsgemäß eine Einkehr im Café Winkel, Noordermarkt 43, wo ein phantastischer Zimt-Apfelkuchen lockt.

Lapjesmarkt (Mo 8–13 Uhr): vom Noordermarkt die Westerstraat entlang; ein großer, viel besuchter Markt für Stoffe und billige Kleidung.

De Looier Kunst en Antiekcentrum (Elandsgracht 109, www.looier.nl, Sa–Do 11–17 Uhr) ist labyrinthischer, aber kultivierter überdachter Antiquitäten- und Kuriositätenmarkt, dessen über 80 Stände Porzellan, Glaskunst, Teleskope, Militaria und Spielzeugautos anbieten. Unterhaltsam ist der »Tischmarkt«, wo jedermann einen Tisch mieten und dort seine eigenen Antiquitäten und Kuriositäten verkaufen kann.

Wohin zum ...
Ausgehen?

Mit Dutzenden von Restaurants, Cafés, Nachtclubs, Kinos und Theatern stehen der Leidseplein und die umliegenden Straßen im Zentrum des Amsterdamer Nachtlebens. Wer es lieber ruhiger und romantischer mag, sollte durch den Jordaan spazieren und die Prinsengracht entlanglaufen, die hübsch beleuchteten Brücken bewundern und in einem oder zwei Bruin Cafés einkehren. Nördlich vom Jordaan wartet mit der Westergasfabriek das größte und faszinierendste Kulturzentrum der Grachtenstadt.

LEIDSEPLEIN UND UMGEBUNG

Der Leidseplein ist nicht schön und sicher nichts für einen stimmungsvollen Abend, aber das bunte Treiben hier hat auch seinen Reiz. Cafés voller Touristen säumen den Platz, im Sommer sitzt alles draußen, und Straßenmusikanten sorgen für Unterhaltung.

Wenn Sie Spaß daran haben, Leute zu beobachten, suchen Sie sich einen Platz im Café Américain (▶ 101). Andere interessante Lokale in der Nachbarschaft sind **Schaakcafé Het Hok** (Lange Leidsewarsstraat 134; www.schaakcafehethok.nl), ein »Schachcafé«, das sich aber auch bei Backgammon- und Kartenspielern großer Beliebtheit erfreut, und **Lux** (Marnixstraat 403; Tel. 020 6422 1412), eine trendige Nachtbar mit riesigen Aktfotos und einem eigenen DJ an den meisten Abenden.

Verschiedene Bars bieten allabendlich Livejazz. Erkundigen Sie sich nach dem Programm im **Café Alto** (Korte Leidsewarsstraat 115; www.jazz-cafe-alto.nl) und im **Bourbon Street** (Leidsekruisstraat 6; www.bourbonstreet.nl): Bei beiden ist der Eintritt preiswert oder sogar kostenlos.

Steht Ihnen der Sinn nach einem Joint, ist der Coffee Shop **Bulldog** (dazu gehören auch eine Bar und ein Souvenirgeschäft; www.bulldog.nl) direkt am Leidseplein die nächstliegende Wahl. Mehr Atmosphäre bietet freilich **De Rokerij** (Lange Leidsedwarsstraat 41, ▶ 29).

Im **Boom Chicago** (Leidseplein 12, Tel. 020 4230101; www.boomchicago.nl) veranstalten »Exil«-Amerikaner improvisierte Comedy-Shows.

Das Amsterdamer Spielcasino, **Holland Casino** (Max Euweplein 62, Tel. 020 521 1111, www.hollandcasino.nl, tägl. 12–3 Uhr), ist ein Erlebnis für sich. Es werden die üblichen Roulettes und Kartenspielen geboten. Gäste müssen eine geringe Eintrittsgebühr zahlen (für I Amsterdam-Card Inhaber inklusive), über 18 sein und einen Ausweis dabei haben; besonders elegante Kleidung ist jedoch kein Muss.

In direkter Nachbarschaft des Leidseplein liegen das **Melkweg** (Lijnbaansgracht 234a, Tel. 020 531 8181;

www.melkweg. nl) im Südwesten und das **Paradiso** (Weteringschans 6–8, Tel. 020 626 4521; www.paradiso.nl) im Südosten; ersteres ist eine ehemalige Molkerei (und heißt übersetzt »Milchstraße«), letzteres ein früheres Gotteshaus. In der Hippiezeit der Stadt in den Sechziger- und Siebzigerjahren standen beide ganz im Zeichen von Love, Peace und Haschisch. Heute hat sich das **Melkweg** zum Multimedia-Kulturzentrum entwickelt. Hauptanliegen ist, jungen holländischen Bands im Forum zu bieten und in den zwei freundlichen Konzertsälen auch große Namen der internationalen Rock- und Popszene zu präsentieren. Unter der Woche findet in beiden gewöhnlicher Nachtclubbetrieb statt. Das Zentrum umfasst zudem ein Kino, ein Theater, eine Galerie, ein Café und einen Chill-out-Room. Überall herrscht betont lockere Atmosphäre (inklusive Dopesmoking).

Am Wochenende strömt die Jugend ins **Paradiso**, um sich in dem wunderschönen großen Raum Techno, Funk, Disco oder Soul hinzugeben. Im »Tempel der Rockmusik«, wie die um-

gemodelte Kirche auch genannt wird, treten oft Rockgruppen und Jazzbands auf, bisweilen gibt es auch Konzerte mit klassischer Musik.

Die **Nachttheater Sugar Factory** (Lijnbaansgracht 238; Tel. 020 626 5006; www.sugarfactory. nl) gegenüber vom Melkweg ist ein faszinierender alternativer Club mit Unterhaltung kombiniert aus Musik, Theater und Kunst.

Das **Odeon** (Singel 460; Tel. 020 521 8555; www.odeontheater.nl), ein umgebautes Kanalhaus aus den 17. Jh. auf der Singel, einen Block westlich des Blumenmarktes (▶ 159), hat eine lange und abwechslungsreiche Geschichte als Brauerei, Konzerthalle, Theater und Homosexuellenclub. Nach einer umfassenden Renovierung wurde es als trendiges Café, Cocktailbar, Restaurant und – freitags und samstags abends – als Nachtclub wiedereröffnet.

JORDAAN

Neben den traditionellen Braunen Cafés (▶ 26f) gibt es im Jordaan zwei

Cafés/Bars, in denen außer Trinken auch Gesang angesagt ist. Im wunderbar kitschigen **Café Nol** (Westerstraat 109; Tel. 020 624 5380; www.cafenolamsterdam.nl) singen Einheimische lautstark zu holländischer Volksmusik vom Band. Im kleineren, etwas intimeren **Twee Zwaantjes** (Prinsengracht 114, bei der Egelantiersgracht; Tel. 020 625 2729; www. detweezwaantjes.nl) finden sich oft bereits angeheiterte Amsterdamer ein, um zur Akkordeonmusik zu grölen. Beide Bars sind bis in die frühen Morgen geöffnet (vor 23 Uhr braucht man gar nicht hinzukommen); am meisten ist an den Wochenenden los.

WESTERGASFABRIEK

Mitte der Neunzigerjahre wurde das ehemalige Gaswerk der Stadt, die **Westergasfabriek** (Haarlemmerweg 8–10, Tel. 020 586 0710; www. westergasfabriek.nl), zum Schauplatz illegaler Rave-Partys; inzwischen steht das Ganze unter der Ägide der Stadt und ist ganz legal zur legaler Schauplatz

von Großveranstaltungen wie Rockkonzerten, Opern und Balletts – und manchmal sogar Konferenzzentrum. In anderen Gebäuden sind Theater und Filmstudios und kann ein Kino (das **Ketelhuis**, das vorwiegend hollandische Filme zeigt) untergebracht. Das **Pacific Parc** (www.pacificparc.nl), Herz und Seele der Westergasfabriek, ist ein unkonventionelles Café/Bar/Restaurant in einem der Lagerhäuser. Abgenutzte Tische stehen unter einem riesigen Kronleuchter aus Stoffen und Seilen. Jeden Abend ist ein DJ vor Ort und häufig treten auch Live-Bands auf. Das Pacific Parc hat jeden Abend geöffnet und ist der einzige Teil des Westergaskomplexes, wo Sie auf gut Glück hinkommen. Bei allen anderen Lokalitäten sollten Sie sich vorher nach dem Programm erkundigen. Verbinden Sie die Fahrt hier heraus mit einem Besuch im wirklich empfehlenswerten Café-**Restaurant Amsterdam** (▶ 103). Ein Taxi von der Stadtmitte kostet rund 20 Euro. Wem dies zu teuer ist, der macht von der Endstation der Trambahnlinie 10 einen kurzen Spaziergang.

Das Museums-viertel

Erste Orientierung

Amsterdam erreicht seinen Höhepunkt in einem Distrikt abseits des Stadtkerns, südlich der Singelgracht. Im Museumsviertel liegt neben unzähligen Museen – davon viele von Weltklasse – der Vondelpark als große grüne Lunge der Stadt.

In Amsterdam findet sich eine Ansammlung herausragender Kunst. Als 1885 das Rijksmuseum für die staatliche Sammlung gebaut wurde, erhielt es einen Standort am Rande der Stadt. Seine ersten Jahre verbrachte das Museum in Abgeschiedenheit. Ein Jahrzehnt später öffnete das Stedelijk Museum für moderne Kunst, und 83 Jahre nach seinem Tod 1890 wurde Vincent van Gogh durch ein Museum geehrt, das seinen Namen trägt. Die Museen liegen zusammengepfercht in Museumsplein. Obwohl sowohl das Rijksmuseum als auch das Stedelijkmuseum zurzeit restauriert werden, ist Ersteres noch geöffnet, Letzteres wurde vorübergehend an einen Standort in der Nähe der Centraal Station (▶ 68) ausgelagert. Der nahe gelegene Vondelpark, die größte Freifläche im Zentrum von Amsterdam, umstanden von hübschen Häusern und übersät mit eklektischem Zierrat, sorgt für frische Luft, während Sie die Kultur genießen.

Das Museumsviertel ist aber nicht nur das Kunstzentrum der Stadt, auch einige der besten Cafés und Restaurants liegen hier.

Seite 109: Niederländisches Filmmuseum

Unten: Das prächtige Exterieur des Rijksmuseums zeigt romanische und gotische Einflüsse

★ Nicht verpassen!

0 —————— 250 m

Paleis van Justitie

Theater Bellevue *i* *Leidse-plein*

Prinsengracht

De Balie *Holland Casino* *Max Euwe Centrum*

WETERINGSCHANS

Singelgracht

OVERTOOM

TE CONSTANTIN HUYGENSSTRAAT

STADHOUDERSKADE

Vondelkerk **7** *Filmmuseum* *Hostel*

Hollandsche Manege

Joost van den Vondel Statue

Coster Diamonds **5**

1 **Rijksmuseum**

Van Gogh Museum **4**

Kerwin Duinmeyer Monument

VAN BAERLESTRAAT

Stedelijk Museum **3**

Zuiderbad

6 **Museumplein**

HOBBEMAKADE

Boerenwetering

Concertgebouw **8**

Concert-gebouw-plein

STRAAT

Vermeer-plein

...elpark

OUD- ZUID

DE LAIRESSESTRAAT

R Hart-plein

J Obrecht-plein

Noorder *Amstelkanaal*

Hilton Hotel **9**

Nach Lust und Laune!

Der Vondelpark ist die Heimat verschiedener Skulpturen und Wasserspiele

An einem Tag

Wenn Sie sich nicht sicher sind, wo Sie Ihre Reise beginnen möchten, empfiehlt diese Route einen praktischen eintägigen Besuch des Museumsviertels mit den wichtigsten Sehenswürdigkeiten. Sie können dazu die Karte auf der vorangegangenen Seite verwenden. Weitere Informationen finden Sie unter den Haupteinträgen (➤ 114ff).

9 Uhr

Stellen Sie sich als Erster in die Schlange vor dem ❶Rijksmuseum (➤ 114ff). Obwohl das Museum noch bis mindestens Ende 2013 renoviert wird, können Sie immer noch die Ausstellung zum goldenen Zeitalter im Nebengebäude besuchen.

11 Uhr

Schauen Sie beim neuen Museum von ❺Coster Diamonds (➤ 128), vorbei und vielleicht haben Sie auch Lust zu einer Tour durch die Werkstätten.

12 Uhr

Umgehen Sie die langweiligen Museumscafés, und testen Sie stattdessen das Restaurant Cobra in der Mitte des ❻Museumplein (unten, ➤ 128) – oder machen Sie bei schönem Wetter ein Picknick im ❷Vondelpark (➤ 118ff).

13 Uhr

Machen Sie einen Schaufensterbummel an den Designer-Läden, die die P.C. Hooftstraat säumen; besuchen Sie die Stallungen der **7 Hollandsche Manege** (oben, ► 129), oder bummeln Sie zum **9 Hilton Hotel** (► 130). Alles ist von den wichtigsten Museen aus leicht zu erreichen.

14.30 Uhr

Machen Sie einen Spaziergang zum frisch renovierten **3 Stedelijk Museum** (► 122f), das Mitte bis Ende 2010 eröffnet werden soll.

16 Uhr

Zurück am Museumsplein schwinden allmählich die Besuchermassen vor dem großartigen **4 Van Gogh Museum** (unten, ► 124ff). Es ist also die optimale Zeit, um sich in Licht- und Schattenseiten des Genius aus dem 19. Jh. zu vertiefen.

18 Uhr

Folgen Sie dem Strom der Kulturbeflissenen bis zur Van Baerlestraat, und entspannen Sie sich bei einem Glas Bier bei **Welling** (► 132), oder gönnen Sie sich bei **Bark** (► 132) ein frühes Abendessen in mediterraner Atmosphäre.

20 Uhr

Genießen Sie eine Aufführung im **8 Concertgebouw** (► 129) oder einen Film im Niederländischen Filmmuseum im **2 Vondelpark** (► 119f).

❶ Rijksmuseum

Das Rijksmuseum ist eines der größten Kunstzentren Europas und das Gebäude ist eine Reflexion der niederländischen Ambitionen des 19. Jahrhunderts. Das Hauptgebäude wird zurzeit erweitert und bleibt noch bis 2013 geschlossen. Inzwischen kann man die herausragendsten Stücke im angrenzenden Anbau bewundern.

Das Backsteingebäude des Rijksmuseums dominiert den südwestlichen Bezirk von Amsterdam. Auch zwischen neueren und höheren Gebäuden bewahrt es seine majestätische Ausstrahlung. Der Architekt P. J.H. Cuyper schuf einen düsteren und strengen neogotischen Bau und belebte ihn mit Renaissance-Elementen. Das Ensemble ist unübersehbar holländisch, obgleich manche Elemente von einer deutschen oder französischen Kathedrale sein könnten.

Neid war das Hauptmotiv für die Gründung der staatlichen Sammlung. Prinz Wilhelm V. hatte etwa 2000 Gemälde zusammengetragen, die er mit nach London nahm, als er 1795 vor der französischen Revolutionsarmee flüchtete. In den folgenden Jahren beschlagnahmten Abgesandte der holländischen Regierung die Werke, und sie wurden zunächst in Den Haag untergebracht.

Die Nachtwache, Rembrandt van Rijn, 1642

Die Judenbraut, Rembrandt van Rijn, 1667

1808 wurde Louis Napoleon (der Brwuder des französischen Kaisers) zum König der Niederlande gekrönt. Er setzte alles daran, in seinem Herrschaftsbereich mit der Galerie seines Bruders im Louvre gleichzuziehen. Die Sammlung wurde zunächst im Königspalast, später im Trippenhuis untergebracht, das sich für die rasch wachsende Zahl von Gemälden, Radierungen und Skulpturen bald als zu klein erwies.

Ursprünge des Museums

Ein Wettbewerb für ein neues Museum am Rand der Stadt wurde ausgeschrieben, ein Deutscher gewann; da man dies als unpassend empfand, wurde Cuypers auserwählt, für Ersatz zu sorgen. Sein Entwurf hat sich als robust erwiesen, obgleich das Gebäudeinnere während des 20. Jhs. so umfassend umgestaltet wurde, dass man 2004 mit einer langfristigen Erneuerung begann, um das Rijksmuseum dem Original von Cuypers wieder etwas anzunähern.

STRASSE ZUR KUNST

Das Rijksmuseum wurde über eine Hauptstraße hinweg gebaut. Das Museum öffnete 1885. Geplant war die Schaffung einer großen Achse, die mit denen in Paris und Berlin wetteifern sollte – ein Projekt, das sich mit Amsterdams Stadtanlage kaum vereinbaren ließ. Dafür wurde der Verlauf der geradesten Linie im Straßengewirr der Innenstadt, Achterburgwal, in der Nieuwe Spiegelstraat weitergeführt, die direkt auf die Mitte des Rijksmuseums zielt. Nach der Überquerung der Singelgracht trägt die Achse den Namen Museumstraat; sie wird mittels eines großen düsteren Tunnels unter dem Rijksmuseum hindurch geführt. Dieser Tunnel war weit bis ins 20. Jh. hinein eine der wichtigsten Zufahrten ins Zentrum von Amsterdam, Autos und Busse wurden allerdings später westlich um das Rijksmuseum herumgeleitet. Erst in den letzten Jahren des Jahrhunderts wurde die Autostraße gesperrt, sodass die gewaltige Südwestfront des Museums nun wieder frei steht.

Besichtigung des Rijksmuseums während der Renovierung

Das Hauptgebäude ist bis zur geplanten Neueröffnung 2013 geschlossen. Bis dahin sind einige der wichtigsten Werke des Museums in anderen Galerien zu sehen, andere sind eingelagert. Seine größten Schätze zeigt das Museum aber im Philips-Flügel in der Ausstellung „Meisterwerke".

Neben dem Eingang sehen Sie einige außergewöhnlich fein gearbeitete Puppenhäuser (Raum 3), dass Sie auf die Stufen stehen müssen, um alles zu sehen. Außerdem finden Sie im Erdgeschoss einige Stücke exquisiten Porzellans. Die Treppe zur Hauptetage (erster Stock) ist mit einer prächtigen Stuckdecke aus dem 18. Jh. dekoriert. Raum 7 ist Franz Hals gewidmet, dessen Werk

hauptsächlich in Haarlem (➤ 166) gedacht wird. Aber auch das Rijksmuseum besitzt einige Klassiker, zum Beispiel das *Hochzeitsporträt*, das die Hochzeit eines aristokratischen Paares darstellt und *Der fröhliche Trinker*. Die beste Werbung des Museums ist seine **hochwertige Rembrandt-Sammlung**. Von den Gemälden des 17. Jhs. verdienen einige besondere Aufmerksamkeit. Das erste ist ein Selbstporträt des Künstlers als junger Mann, den Kontrast dazu bildet ein zweites Porträt, das er 1661 im Alter von 55 Jahren anfertigte und auf dem er mit einem Mantel des Apostels Paulus bekleidet ist. Seine Genialität bei der Darstellung von Emotionen wird in dem Werk *Die Judenbraut* deutlich, das die Leidenschaft zwischen Isaak und Rebecca in der biblischen Geschichte zeigt. Rembrandt malte hauptsächlich Porträts auf Auftragsbasis. Sein Bild des alternden Pfarrers Johannes Wtenbogaert stellt die Weisheit des Alters dar. *Die Staalmesters* war eine kompliziertere Angelegenheit: Die Kunden verlangten, dass sie alle auf der gleichen Ebene dargestellt werden. Um dem Gemälde mehr Energie zu verleihen, stellte Rembrandt eine Figur halb stehend dar, während

Winter Games, **Hendrik Avercamp (1585–1634)**

Dienstmagd mit Milchkrug, Jan Vermeer, 1658–60

die Augen des Ensembles direkt auf den Betrachter gerichtet sind. Sein am meisten gefeiertes Werk, *Die Nachtwache*, wurde von der Kloveniers-Gilde in Auftrag gegeben. Im 17. Jh. war es üblich, dass die Angehörigen eines Berufes sich zusammen auf einem Bild verewigen lassen. Das Standardporträt war steif und formell, aber Rembrandt brach mit dieser Tradition, um ein Gefühl von Theater, Vitalität und Spaß in diese seriöse militärische Angelegenheit zu bringen.

Das neue Rijksmuseum

Das Museum gibt 200 Millionen Euro für die Renovierung aus. Unter dem Museum entsteht ein neuer Eingangsbereich und der Kunst wird zukünftig mehr Platz gewidmet. Die aufwändige Wandgestaltung, die einstmals überstrichen wurde, wird wieder hergestellt. Eine Ausstellung (geöffnet Di–So, 11–16 Uhr, Eintritt frei) über das neue Museum ist in einem Gebäude im Garten des Rijksmuseums zu sehen.

KLEINE PAUSE

Das **Sama Sebo** (P.C. Hooftstraat 27; Tel. 020 6628 146; www.samasebo.nl; Mo–Sa 9–13 (Café), 12–15 (Mittagessen), 17–22 Uhr (Abendessen)), etwa 150 Meter die Hobbemastraat entlang, serviert gute indonesische Küche.

✚ 198 C2 ✉ Jan Luijkenstraat 1
☎ 020 674 7047; www.rijksmuseum.nl
🕐 tägl. 9–18 (Fr bis 20.30 Uhr)
🚊 2, 5, 6, 7, 10
🎫 teuer; Museumkaart und I Amsterdam-Card gültig (➤ 39)

RIJKSMUSEUM: INSIDER-INFO

Top-Tipp: Der **derzeitige Eingang** zum Philips-Flügel des Rijksmuseums befindet sich in der Jan Luijkenstraat 1. Wenn Sie vom Zentrum kommen, liegt er rechts auf der Rückseite des Gebäudes. Früher gab es zwei oder drei Eingänge zum Museum, daher kann es während der Schließung des Hauptgebäudes ziemlich voll werden. Wenn Sie nicht anstehen möchten, können Sie Ihre Eintrittskarte im Voraus auf der Website des Museums kaufen.

■ Das Rijksmuseum ist besonders an Wochenenden im Sommer überfüllt. Am ruhigsten geht es montags bis donnerstags zu, an den übrigen Tagen kommen Sie am besten einige Minuten vor der Öffnung um 9 Uhr.

Geheimtipp: Der hübsche **Garten des Rijksmuseums** auf der Südwestseite des Hauptgebäudes war fester Bestandteil von Cuypers Entwurf.

2 Vondelpark

Auch in einer grünen Stadt wie Amsterdam mit nicht weniger als 30 Parks ist der Vondelpark etwas Besonderes. Die 45 Hektar große Anlage zieht pro Jahr über 10 Millionen Besucher an. Einheimische und Touristen strömen gleichermaßen in die große grüne Lunge der Stadt, um die vielen Freizeitangebote wie Theater, Filmmuseum, Brunnen und Cafés zu genießen.

Der Vondelpark liegt auf einem Fleckchen Erde unterhalb des Meeresspiegels. Der lange schmale Flecken Grün erscheint auf der Karte in Form eines Kricketschlägers, dessen Griff gegen die Singelgracht gedrückt ist, während das andere Ende auf dem Amstelveenseweg, fast zwei Kilometer entfernt, ruht.

Es ist ein durch und durch proletarischer Ort, an dem man einen Mikrokosmos des Amsterdamer Lebens findet: Familien picknicken, während Rollerblader vorbeirasen und Witwen ihre Pudel spazieren führen, vorbei am Dunst von Haschisch-Rauchern. Allerdings trifft man heute nicht mehr auf Hippiekolonien. Aber man kann noch viel mehr tun als Leute beobachten: Man kann durch einen Rosengarten gehen, auf einem Filmbalkon posieren und sogar mit Lamas kommunizieren.

Design im englischen Stil

Briten werden sich ganz besonders zu Hause fühlen, denn die Anlage ähnelt den vielen englischen Stadtparks. L.D. Zocher hat diesen eher schlichten Stil, übersät mit zahlreichen Teichen, in seine Pläne für einen »Park zum Reiten und Spazierengehen« einbezogen. Als der Vondelpark 1865 eröffnet wurde, grenzte er auf drei Seiten an die offene Landschaft. Bald jedoch zogen reiche Stadtbewohner wegen

Amsterdam von einer anderen Seite – die weiten offenen Flächen des Vondelparks

Das Café ist ein toller Platz zum entspannen

der frischeren Luft dort hinaus; der Vondelpark liegt günstig im Südwesten der Innenstadt, in der Richtung, aus der die vorherrschenden Winde wehen.

Ein Spaziergang durch den Park

Am besten betritt man den Vondelpark durch einen der Eingänge mit Blick auf die Singelgracht. Sehr gut kommt man vom Max Euweplein hinein, dem modernen Komplex südlich des Leidseplein. Ein Fahrradweg führt durch den Park, vorbei an einem riesigen Schachbrett und über eine Brücke. Überqueren Sie die belebte Stadhouderskade, und schon stehen Sie vor den originalen Gittertüren.

Nach ungefähr 400 Metern führt die **Eerste Constantijn Huygensstraat** (der Name ist fast so lang wie die Straße) über den »Hals« des Vondelparks. Kurz vor der Brücke liegt zur Rechten (Richtung Norden) die größte **Jugendherberge** der Stadt, die in die Hülle eines alten Schulhauses hineingebaut wurde. Direkt gegenüber steht das **Flying Pig** auf der anderen Seite des Parks – die modernere Konkurrenz.

Hinter der Brücke wird der Park breiter, und die erste Wasseranlage wird sichtbar, ein lang gezogener **Teich**, der sich 400 Meter weiter bis ins Herz des Parks hineinschlängelt.

Zum **Nederlands Filmmuseum** halten Sie sich rechts. Dieser nicht zu übersehende, beeindruckende Pavillon wurde 1881 von

P. J. und W. Hamer entworfen. Verschönerungen wie die großäugigen Maiden, die die Treppe flankieren, stammen von ihnen, zur »neuen« Innenausstattung zählt dagegen das Cinema Parisien. Als Amsterdams erstes Kino in den Achtzigerjahren vor dem Abbruch stand, wurden viele Bestandteile daraus gerettet und im Niederländischen Filmmuseum zusammengetragen. Um die Überbleibsel ansehen zu können, muss man eine Karte für eine der Vorführungen pro Tag erwerben, die vom Stummfilmklassiker bis zu aktuellen Premieren reichen. Trotz der filmischen Leckerbissen, die im Inneren geboten werden, bevorzugen die meisten Kunden die Außenveranda. Diese ist an Sommerwochenenden bevölkert von Menschen, die mehr Interesse an Grolsch und Heineken als Hitchcock zu haben scheinen, solange nicht eine der regelmäßigen Open-Air-Veranstaltungen läuft. 2011 zieht das Filmmuseum an einen neuen Standort am Ufer des IJ nördlich vom Bahnhof um.

Es ist bezeichnend, dass unter den vielen Bürgern, deren Name für Amsterdams anspruchsvollsten Park hätte ausgesucht werden können, die Wahl gerade auf den Poeten Joost van den Vondel fiel. Er war ein Zeitgenosse Rembrandts, dessen mit dem viel kleineren und schäbigeren Rembrandtsplein gedacht wird. Der Dichter Vondel schrieb zur selben Zeit wie Shakespeare Theaterstücke, wenngleich mit deutlich weniger Erfolg und Unsterblichkeit als sein englischer Zeitgenosse. Dennoch überragt auf der Landzunge gegenüber dem Filmmuseum ein großes **Standbild** von ihm den Park.

Wenn man das Zentrum des Vondelparks durchstreift, fällt auf der Suche nach einer Erfrischung **'t Blauwe Theehuis** (▶ 131) ins Auge, eine zum Café gewordene fliegende Untertasse, die gegenüber der Konzertbühne zur Erde gefallen ist. Nebenan bietet das **Openluchttheater** (Freilichttheater, ▶ 134) ein lebhaftes Sommerprogramm bei freiem Eintritt. Der zweite Erfrischungsstopp, das **Melkhuis**, ist sowohl eine Brasserie als auch ein großes Selbstbedienungsrestaurant mit weniger Ausstrahlung, aber besserem Kaffee und Kuchen als das Blaue Teehaus.

Setzt man den Rundgang auf der Südseite des Parks bis zur nächsten Brücke fort, gelangt man zum **Rosengarten**. Die Folge von sechseckigen Blumenbeeten sieht im Sommer wunderbar

't Blauwe nutzt seine stimmungsvolle Lage optimal

aus, im Winter wirkt sie dagegen trist. In Richtung Westen kommt man zu einer Art Wasserfall, einer als **Kaskade** bezeichneten Skulptur mit Wasser, das über Felsen plätschert.

Am westlichen Ende des Parks, das zurzeit renoviert wird, lässt man die Vegetation wachsen in der Hoffnung, dass einige der Lebewesen zurückkehren, die das ursprüngliche Sumpfland bevölkerten. Auf Informationstafeln werden die eingeleiteten Schritte und die Ziele des Projekts erläutert.

Eine letzte Möglichkeit zur Einkehr ergibt sich im **Vondel Tuin** (Vondelpark 7; Tel. 062 756 5576; geöffnet April–Okt. tägl. 9–18 Uhr) in der Südwestecke, bevor man den Park zum Amstelveenseweg hin verlässt – und in ein Gebiet gelangt, das von der übrigen wohlhabenden Umgebung des Vondelparks Welten entfernt ist.

Joost van den Vondel war ein niederländischer Nationaldichter, bekannt für seine Satiren über den Calvinismus, die Staatsreligion

KLEINE PAUSE

Stellen Sie ein Picknick zusammen; der nächste Supermarkt am Ostende des Parks ist eine Filiale von **Albert Heijn** am Overtoom zwischen Stadhouderskade und Eerste Constantijn Huygensstraat.

✚ 202 B2

Nederlands Filmmuseum
✚ 198 A2
✉ Vondelpark 3
☎ 020 589 1400; www.filmmuseum.nl
🕐 Kasse/Foyer geöffnet Mo–Fr 9–22.15 Uhr
🍴 mittel
🚊 1, 3, 12 Halt an der Kreuzung Overtoom/Eerste Constantijn Huygensstraat
🎫 Karten für Vorstellungen: mittel

VONDELPARK: INSIDER-INFO

Top-Tipps: In Anbetracht der Größe des Vondelparks kann es sich lohnen, ein Fahrrad zu mieten (▶ 24). Alternativ kann man im Sommer an der Hütte neben dem Café Vondel Tuin in der Südwestecke Inlineskates ausleihen. Sie benötigen einen Ausweis sowie 20 € Pfand.

■ Die Straßenbahnlinien 2 und 5 halten direkt am Osteingang, die Linie 2 am Südwesteingang.

3 Stedelijk Museum

Die alten Meister des Rijksmuseums und die Werke von Van Gogh aus dem 19. Jahrhundert haben in Amsterdam kein künstlerisches Monopol: Das Stedelijk bringt als Hauptaussteller der modernen Kunst mit aufregenden und anspruchsvollen Arbeiten aus ganz Europa Kunstliebhaber auf den neuesten Stand. Es wird voraussichtlich Ende 2010 wiedereröffnet. Zwar bleiben Lage und Exterieur des Gebäudes gleich, das Interieur wurde aber komplett umgestaltet und stark erweitert. Aufgrund seiner unverwechselbaren Form wurde ihm der Spitznamen «Badewanne» verliehen.

Sophia de Bruijn-Suasso, eine holländische Aristokratin, vermachte der Stadt Hunderte von Uhren, Schmuck- und Einzelstücken. Die Stadt, die sich zur dieser Zeit mit dem Wunsch nach einem Ort für die zeitgenössische Kunst konfrontiert sah, beschloss, beides unter einem Dach zu vereinen, und das Stedelijk nach einem Entwurf von A.W. Weissmann wurde 1895 gebaut. Die moderne Kunst gewann nach und nach die Oberhand, und das Bruijn-Suasso-Erbe wurde allmählich in andere Sammlungen überführt. Unmittelbar nach dem Zweiten Weltkrieg übernahm Willem Sandberg die Leitung des Museums: Er öffnete das Stedelijk und damit Amsterdam für die Kunst der Avantgarde. In der Sammlung finden sich Bilder von Matisse, Picasso, Mondrian und Chagall sowie Werke, die mit der CoBrA-Gruppe und der holländischen De-Stijl-Tradition in Verbindung stehen.

Das Stedelijk Art Museum beherbergt Ausstellungen moderner Kunst und eine Auswahl von Möbeln des 20. Jahrhunderts

Das Stedelijk besichtigen

Das Stedelijk Museumplein soll nach einer umfassenden Renovierung und Erweiterung Ende 2010 wiedereröffnet werden. Zum Teil werden Kunstwerke ab 1968 im zweiten und dritten Stock des alten Postgebäudes gezeigt. Das Stedelijk betont aber, dass die Highlights seiner Sammlung aufgrund der klimatischen Bedingungen in dem Gebäude hier nicht ausgestellt werden können. Das Postgebäude mit dem Namen Stedelijk Museum CS befindet sich inmitten des Bebauungsgebietes Oosterdokseiland Amsterdam in der Nähe der Centraal Station. Viele Exponate sind Teil **moderner Ausstellungen** – ein großer Teil des Platzes ist beispielsweise Avantgarde-Videoinstallationen und faszinierenden Skulpturen aufstrebender Künstler gewidmet.

KLEINE PAUSE

Bei Drucklegung waren die Details zu den Erfrischungsangeboten in dem renovierten Gebäude noch nicht veröffentlicht. Sie umfassen ein Café-Restaurant im Erdgeschoss sowie eine »Kaffeeecke« im ersten Stock und wurden von Gilian Schrofer (1966 in Amsterdam geboren) gestaltet. Außerdem können Sie auch die Cafés und Restaurants in und um Zeedijk besuchen.

Auch auf dem Museumsgelände werden einige Stücke ausgestellt.

🔲 202 E3 (Stedelijk Museum CS 200 C5)
✉ Museumsplein 5 ☎ 020 573 2911; www.stedelijk.nl
🕐 tägl. 10–18 (Do auch 18–21 Uhr)
🍴 Café (€–€€)
🚇 Alle 🎫 mittel; Museumspass und I Amsterdam-Card gültig

STEDELIJK MUSEUM: INSIDER-INFO

Top-Tipps: Der Eingang des Museums liegt auf dem Museumplein. Von hier betreten die Besucher die beeindruckende neue Erweiterung des Museums mit Wechselausstellungen, dem Shop und dem Restaurant.

■ Für aktuelle Informationen schauen Sie bitte auf die Homepage, da sich die Wiedereröffnung verzögern kann.

Geheimtipp: In dem restaurierten Gebäude wird eine chronologische Ausstellung der Museumssammlungen gezeigt.

4 Van Gogh Museum

Er starb von eigener Hand, nachdem er während seiner kurzen und schwierigen Künstlerlaufbahn lediglich zwei Bilder hatte verkaufen können. Heute jedoch erzielt Vincent van Goghs Kunst Rekorderlöse – und der Ort, der die beste Sammlung seiner Werke überhaupt enthält, ist das am besten besuchte Museum in Amsterdam.

Van Gogh begann 1880, nach wenig Erfolg versprechenden Versuchen als Lehrer und Prediger in England, zu malen und zu zeichnen. Im folgenden Jahrzehnt produzierte er 800 Bilder, von denen das Museum ein Viertel besitzt. Es bewahrt außerdem 500 seiner Zeichnungen und 700 Briefe auf (die allerdings wegen ihrer Brüchigkeit nur selten gezeigt werden) – und 400 japanische Zeichnungen, aus denen Van Gogh Inspiration und Trost bezog.

Nach seinem Tod im Juli 1890 gingen die Werke des Künstlers auf seinen jüngeren Bruder Theo über, der ihn nur um sechs Monate überlebte, dann auf Theos Witwe Johanna. Deren Sohn, Willem Van Gogh, verkaufte die Sammlung 1962 an die Vincent Van Gogh Stiftung.

Das Rijksmuseum Vincent Van Gogh wurde 1973 eröffnet. Gerrit Rietvelds nüchterner, rechteckiger Entwurf bildet einen erheblichen Gegensatz zu seinen eleganteren Backsteinnachbarn am Museumplein, aber er lässt das Werk des Künstlers umso lebhafter hervortreten.

Frühe Arbeiten

Das Museum beherbergt auch Werke von Van Goghs Zeitgenossen, die seinerzeit sehr viel berühmter waren. Das **Erdgeschoss** (als 0 gezählt) bereitet den Kontext in der zweiten Hälfte des 19. Jhs. auf, als sich

Rechts:
Sonnenblumen,
Vincent van
Gogh, 1889

**Unten: Die
Erweiterung
des Museums
hat für stilvollen, dringend
benötigten
Platz gesorgt**

DER ERWEITERUNGSBAU

Mit einer großen Zeremonie wurde 1999 der dringend benötigte Erweiterungsbau für das Van Gogh Museum (entworfen von dem japanischen Architekten Kisho Kurokawa) eingeweiht. Der Grundriss ist oval, die Außenverkleidung aus Titan wird von eigenwilligen Kuben durchbrochen, insgesamt steht der Bau in willkommenem Gegensatz zu der Nüchternheit des Museums von Gerrit Rietveld. Einen Eindruck vom Erweiterungsbau gewinnt man am besten vom dritten Stock des Hauptgebäudes aus. Der Zugang zum Neubau erfolgt über eine Rolltreppe, die vom Hauptfoyer unter die Erde führt, in den »Knoten« – die Verbindung zwischen beiden Museen.

Van Gogh von Arbeiten wie Léon-Augustin Lhermittes *Heuernte* inspirieren ließ. Später sagte er, es sei »wie von einem Bauern gemacht, der malen kann«.

Im **ersten Stock** begegnet man sogleich einem düsteren Selbstporträt, das einzige, auf dem eine Staffelei zu sehen ist. Historischen Quellen zufolge ist es von all seinen Selbstbildnissen das ähnlichste. Die große Zahl von Selbstporträts ist kein Zeichen von Eitelkeit: Van Gogh konnte es sich nicht leisten, Modelle zu bezahlen, und malte sich deshalb selbst.

Die Ausstellung ist im Uhrzeigersinn chronologisch angeordnet, angefangen in Brüssel und Den Haag. Eine kurze Periode, die er Ende 1883 im Nordosten Hollands verbrachte, erwies sich als unproduktiv, und Van Gogh kehrte bald zurück zu seinen Eltern nach Nuenen kurz hinter der belgischen Grenze. Seine Ehrfurcht vor der Hände Arbeit zeigt sich in *Die Kartoffelesser* (1885), das erste Gemälde, das er signierte. Ganz in der Nähe zeigt das *Stillleben mit Quitten und Limonen* (1887) eine ungewöhnliche Leichtigkeit.

Im Frühjahr 1886 zog Van Gogh ins Pariser Viertel Montmartre, wo er bei seinem Bruder Theo, einem Kunsthändler, lebte und den Einfluss der Impressionisten auf sich wirken ließ. Seine Unruhe trieb ihn im Mai 1888 weiter nach Arles im Süden Frankreichs, wo er in dem gelben Haus, das er gemietet hatte, eine Künstlerkolonie aufzubauen hoffte. Paul Gauguin traf im Oktober zu einem kurzen, unglücklichen Aufenthalt ein. Während dieses stürmischen Besuchs verwirrte sich Van Goghs Geisteszustand, was in einer Selbstverstümmelung, dem Abschneiden des linken Ohres, gipfelte.

Die letzten Jahre von Van Gogh

Nach Gauguins Rückkehr nach Paris erlitt Van Gogh einen Zusammenbruch und wurde im April 1889 in eine Anstalt in St Rémy eingewiesen. Hier schuf er seine bedeutendsten Werke, darunter die *Schwertlilien* (1890). Unfähig, mit Modellen zu arbeiten, griff er als Anregung auf Drucke der Alten Meister zurück: *Die Auferstehung des Lazarus* (1890) nach Rembrandt ist eine kühne Beschönigung, in der die Sonne Jesus ersetzt und Lazarus in unheimlicher Weise Van Gogh ähnelt. *Weizenfeld mit einem Mäher* (1889) zeigt den unheilvollen Blick aus Van Goghs Zimmer in St Rémy; der Künstler schrieb: »Ich sah in ihm das Abbild des Todes.«

Im Mai 1890 zog er nach Auvers-sur-Oise in der Nähe von Paris. Zwei Monate später fügte er sich in einem Weizenfeld eine Schusswunde zu und erlag zwei Tage später seinen Verletzungen. Die Ausstellung im ersten Stock schließt mit drei kraftvollen Landschaften,

Oben links:
Fischerboote am Strand von Saintes-Maries, 1888

Oben rechts:
Das Weizenfeld mit Krähen, 1890

die seine Pinseltechnik am ausdrucksvollsten verdeutlichen: *Krähen über dem Kornfeld* (1890) entstand nur zwei Wochen vor seinem Tod.

Der **zweite Stock** ist einer wechselnden Sammlung von Zeichnungen und Drucken gewidmet, der **dritte Stock** führt zurück ins Milieu des 19. Jhs. mit Arbeiten von Whistler, Monet, Cézanne und Gauguin.

KLEINE PAUSE

Im Museumscafé gibt es Kaffee und richtige Mahlzeiten. An sonnigen Tagen suchen Sie sich einen Platz auf der Terrasse des Restaurants **Cobra** (► 131). Oder erstehen Sie im **Albert Heijn Supermarkt** an der Südwestecke des Museumsplein die Zutaten für ein Picknick.

➕ 202 E3 ✉ Paulus Potterstraat 3 ☎ 020 570 5200; www.vangoghmuseum.nl 🕐 Sa–Do 10–18 (letzter Einlass 17.30), Fr 10–22 Uhr 🍴 Museumscafé tägl. geöffnet 10–17.15 Uhr (€) 🚊 2, 5 💶 teuer; Kinder von 13 bis 17 Jahren zahlen eine geringe Gebühr, darunter frei; ICom-Karte und I Amsterdam-Card gültig (außer Sonderausstellungen)

VAN GOGH MUSEUM: INSIDER-INFO

Top-Tipps: Die Schlange vor dem Van Gogh Museum ist manchmal frustrierend lang. Selbst wenn Sie früh kommen, um die Massen zu umgehen, werden wahrscheinlich viele Andere das gleiche versuchen. Sie können allerdings das Schlangestehen vermeiden, indem Sie Ihr Ticket im Voraus online auf der Website des Museums kaufen (€ 3,50 Gebühr).

■ Sie können die Massen auch umgehen, indem Sie mittags, am Montagmorgen oder nach 16 Uhr kommen, wenn der Ansturm langsam abflaut.

■ Audioführer kosten extra, sind aber eine schöne Bereicherung des Rundgangs. Für Kinder gibt es außerdem eine lustige Schatzsuche.

■ Am **Freitagabend** hat das Museum bis 22 Uhr geöffnet, dann gibt es immer zusätzliche Unterhaltung, zum Beispiel Livemusik oder einen DJ von 18 bis 22 Uhr.

Nach Lust und Laune!

5 Coster Diamonds

Eine von Amsterdams führenden Diamantenschleifereien hat ihren Sitz gleich neben dem Rijksmuseum und in derselben Straße wie das Van Gogh Museum. Sie bietet regelmäßige Führungen (Dauer: 45 Minuten) an, die dem härtesten Mineral der Welt gewidmet sind.

Die Tour beginnt in einem Ausstellungsraum, in dem Repliken der berühmtesten Diamanten der Welt zu sehen sind, wie etwa Koh-i-Noor und Cullinen. Der bei weitem interessanteste Teil der Führung besteht jedoch darin, dass man den Schleifern bei der Arbeit zusehen kann. Man schaut ihnen direkt auf die Werkbänke.

Jede geführte Gruppe wird dann in einen der »Privaträume« gebeten, wo man erfährt, wie Diamanten bewertet und eingestuft werden. Tabletts mit Ringen werden hereingebracht. Für die Gäste ergibt sich die Gelegenheit zu Fragen – für den Führer die Gelegenheit zum Verkaufen. Coster Diamonds hat das **Diamant Museum Amsterdam** in der Paulus Potterstraat 8 eröffnet. Hier werden die Diamantenherstellung, die Fundorte und die vier Qualitätskriterien erläutert – Karat, Reinheit, Farbe und Schliff. Abwechslungsreich sind die interaktiven Elemente: Sie können sich auf einem Bildschirm selber krönen und in einem zimmergroßen Diamanten werden Sie mit den Glamourbotschaften der Diamantenverkäufer bombardiert.

198 C1 Paulus Potterstraat 2–8
020 305 5555; www.costerdiamonds.com
Tour und Museum: tägl. 9–17 Uhr
2, 5 Tour: frei; Museum: mittel

DIAMANTEN

Die meisten Diamanten werden in der Äquatorialregion oder in der südlichen Hemisphäre gefördert (eine Ausnahme bildet das sibirische Jakutien in Russland), doch der Handel mit den Kostbarkeiten wird weitgehend von dem Londoner Büro von De Beers kontrolliert. Als im 15. Jh. die ersten Diamanten aus Indien nach Europa gelangten, wurden sie in Brügge geschliffen, aber mit dem Niedergang dieser Stadt wurde die Industrie nach Antwerpen verlagert – das bis heute das Zentrum des Handels ist. Amsterdam wurde zur Diamantenstadt, nachdem die spanischen Habsburger 1589 Antwerpen eingenommen hatten und Tausende von protestantischen und jüdischen Händlern nach Norden flohen. Auch als der Antwerpener Diamantenhandel wieder in Gang kam, blieben genügend Händler in Amsterdam, um eine beachtliche Industrie aufzubauen.

6 Museumplein

Der Name bedeutet »Museumsplatz«, aber eigentlich handelt es sich dank der teilweisen Neugestaltung im Jahr 2000 jetzt eher um einen Park.

Ein Experte prüft im Coster Diamonds einen Diamanten

Der grasbewachsene Museumplein mit dem Rijksmuseum im Hintergrund

Das Stück Grün, das sich südwestlich des Rijksmuseums erstreckt, ist mehr als nur ein von Museen umstandenes Fleckchen freier Fläche. Noch Anfang der Neunzigerjahre durchschnitt eine breite Schnellstraße, die Achse des Tunnels durch das Rijksmuseum, den Park. Sehr zur Erleichterung der Einwohner wie der Touristen ist die Straße durch einen langen schmalen Teich ersetzt worden (in dem sich an sonnigen Nachmittagen das Rijksmuseum widerspiegelt) und durch viele Rasenflächen, auf denen Skulpturen stehen, beispielsweise die *Fäuste* nahe der Südecke.

➕ 202 E2 🚊 2, 5 (Nordseite); 16 (Südseite); 3, 5, 12 (Van Baerlestraat, an der Südwestecke)

7 Hollandsche Manege
Der Entwurf für diese schönen Stallungen von A. L. Van Gendt wurde stark von der Spanischen Hofreitschule in Wien beeinflusst. Als die Ställe 1882 errichtet wurden, ging es dort noch ganz und gar ländlich zu. Nach und nach expandierte Amsterdam um

die Gebäude herum, doch ihr Charakter blieb intakt. Zur Straße hin wirkt der Eingang abweisend, aber man kann ohne weiteres hineingehen und vom Balkon in die Reithalle schauen oder die Pferde von dem opulenten Café (ausgeschildert als Foyer) aus beobachten.

➕ 198 bei A2 ✉ Vondelstraat 140 ☎ 020 618 0942; www.dehollandschemanege.nl 🕐 Mo, Di, Do, Fr 14–23 Uhr, Mi 9–23 Uhr, Sa 9–18 Uhr, So 9–17 Uhr 🍴 Café (€) 🚊 1 (Overtoom, eine Querstraße nördlich) ♿ frei

8 Concertgebouw
Amsterdam hatte schon immer ein Problem mit Monumenten – oder eher mit dem Mangel daran. Gegen Ende des 19. Jhs. bemühte man sich, der Stadt mehr Größe zu verleihen: Rijksmuseum und Centraal Station wurden gebaut, außerdem das Concertgebouw, der erste feste Konzertsaal der Stadt.

P. J. H. Cuypers, der die beiden ersten Bauten errichtet hatte, saß auch dem Entwurfskomitee für das Concertgebouw vor. Dies erklärt, warum der Entwurf des ausgewählten Architekten, A. L. Van Gendt, den des Rijksmuseums ergänzt. An Stelle der Glasmalereien, die große Künstler zeigen, präsentiert

Die klassische Fassade des Concertgebouw begrüßt Konzertbesucher abends hell erleuchtet

das Concertgebouw Büsten bekannter Komponisten.

Mittwochs zur Mittagszeit kommen Sie in den Genuss eines kurzen kostenlosen Konzerts. Die Darbietungen sind sowohl im Grote Zaal (Großer Saal) mit einer hervorragenden Akustik, als auch im Kleine Zaal (kleiner Saal) zu hören.
➕ 202 D2 ✉ Concertgebouwplein 2–6
☎ 020 671 8345; www.concertgebouw.nl
🚊 3, 5, 12, 16

❾ Hilton Hotel

Wie andere Häuser der multinationalen Hotelkette wirkt die Amsterdamer Niederlassung von außen nicht gerade aufregend: ein Sechzigerjahre-Block, lieblos an eine Biegung des ansonsten

attraktiven Noorder Amstelkanals gestellt. Der Grundriss des Hotels spiegelt die Kanalschleife wider und durchbricht so das Rechteck.

Die Menschen kommen jedoch nicht wegen der Architektur hierher. Sie wollen entweder in einem der 271 Zimmer übernachten oder eine Pilgerfahrt zu einer wichtigen Stätte auf dem John-Lennon-Pfad unternehmen. Im März 1969 bezogen Lennon und Yoko Ono das heutige Zimmer 702 und ließen sämtliche Möbel mit Ausnahme des Bettes entfernen. Dann luden sie die Medien der Welt ein, bei ihrem »Bed-in für den Frieden« Zeuge zu sein. Das Ereignis wurde später in dem Beatles-Hit *The Ballad of John and Yoko* verewigt, dessen Text hier entstand.

Als Yoko das Hotel 1991 noch einmal besuchte, wurde das Zimmer im schicken Hippiestil renoviert. Das Bett steht noch an derselben Stelle, aber der Rest des Zimmers ist in eine Art Schrein verwandelt worden. Um es zu sehen, muss man das Zimmer allerdings buchen – zum Preis von rund 1000 € pro Nacht.
➕ 202 C1 ✉ Apollolaan 138 ☎ 020 710 6000; www.hilton.com 🚊 16 (De Lairessestraat, zwei Querstraßen nördlich)

Wohin zum … Essen und Trinken?

Preise

Die Preisangaben gelten pro Person für ein Essen ohne Getränke.

€ unter 20 € €€ 20–40 € €€€ über 40 €

CAFÉS

't Blauwe Theehuis €

Dieses aus den Dreißigerjahren stammende pagodenähnliche Gebäude liegt hübsch im Herzen des Vondelparks, umgeben von hohen Bäumen und Wasserläufen. Draußen auf der Terrasse kann man Kuchen und Sandwiches essen, oder man kann die erstaunlich modische Bar / das Restaurant im Obergeschoss besuchen (serviert werden Mittagessen, Abendessen und Fingerfood).

☩ 202 B2 🚇 Vondelpark 5 ☎ 020 662 0254; www.blauwetheehuis.nl ◷ Sommer: So–Do 9–1, Fr, Sa bis 3 Uhr; Winter: Mo–Fr 9–16.30, Sa, So 9–20 Uhr

Caffepc €€

Das ultramoderne caffepc auf der elegantesten Einkaufsstraße von Amsterdam ist genau der richtige Ort für ein exklusives Sandwich oder einen Salat zu einer Flasche Champagner. In einer der Lederspareos mit Holzverkleidung können Sie einige *Tapas* oder ein leckeres Stück Kuchen genießen oder auch etwas Gehaltvolleres probieren. Im Hintergrund spielt ruhige Musik, die dunklen Wände und der Schieferboden werden mit orangen Farbspritzern aufgehellt.

☩ 198 B2 🚇 PC Hooftstraat 87 ☎ 020 673 4752; www.caffepc.nl ◷ So, Mo 10–20, Di, Mi 8.30–20, Do 8.30–22, Fr, Sa 8.30–21 Uhr

Cobra €€

Dieses helle, moderne Café am Museumplein hat seinen Namen von der expressionistischen Künstlergruppe der späten Vierzigerjahre, in der Maler aus Kopenhagen, Brüssel und Amsterdam eine führende Rolle spielten. Alles vom Muster auf dem Boden bis zum Geschirr ist von dieser Bewegung inspiriert. Bei schönem Wetter kann man draußen sitzen und den allgegenwärtigen Straßenmusikanten zuhören.

☩ 202 E2 🚇 Museumplein ☎ 020 470 0111; www.cobracafe.nl ◷ tägl. 10–17 Uhr

Ebeling €

Die frühere Bank (die Toiletten sind in den Tresorräumen) am Overtoom in der Nähe des Leidseplein ist heute ein trendiger Treffpunkt für Amsterdamer um die 20. Das Dekor ist minimalistisch, die Musik am Abend laut, doch gibt es auch Konventionelles wie von Kerzen erleuchtete Tische und eine Lesecke mit Zeitungen und Zeitschriften. Manchmal streicht auch eine Katze um die Ecke. Die Speisekarte bietet Gerichte aus allen Kontinenten.

☩ 198 A2 🚇 Overtoom 50 ☎ 020 773 7046; www.cafeebeling.nl ◷ So–Mi 10–1, Do–Sa bis 3 Uhr

Kinderkookkafé €

Dieses einzigartige Kindercafé ist in einem umgebauten Kuhstall auf der Nordseite des Vondelparks untergebracht. Es hat eine große Außenterrasse und einen Spielbereich. Hier können Sie mit der Familie zu einem Snack vorbeikommen; die Kinder kochen und dekorieren ihr eigenes Essen wie Pizzen, Sandwiches und Kuchen. Kinder ab acht Jahre können Sie auch im Voraus telefonisch für einen der Kochkurse anmelden. In diesen Kursen wird von den Kindern am Vormittag ein komplettes Menü gekocht, das Sie dann ihren Eltern zum Mittagessen servieren.

☩ 202 B3 🚇 Vondelpark 6B at Kattenlaan ☎ 020 625 3257, www.kinderkookkafe.nl ◷ tägl. 10–17 Uhr

Vertigo €–€€

Das Café im Pavillon des Nederlands Filmmuseum (▶ 119) hat seinen Namen von dem berühmten Hitchcock-

Film. Man braucht aber keine Angst vor Höhen zu haben, denn es liegt in einem von Kerzen erhellten gemütlichen Kellergewölbe mit Filmplakaten an den Wänden. Im Sommer ist die große Terrasse mit Blick auf den Vondelpark einer der Hauptanziehungspunkte. Trendige junge Leute kommen hierher, um etwas zu trinken; man bekommt Salate, Pasta und Steaks.

198 A2 Vondelpark 3 020 612 3021; www.vertigo.nl tägl. 10–1 Uhr

Welling €

Das Welling ist in diesem Teil der Stadt einer der wenigen, traditionellen Orte für einen gemächlichen Drink. Ein wenig versnobtes Eckcafé, das hinter dem Concertgebouw liegt und von zeit viele seiner Besucher bezieht. Samtvorhänge und Netzgardinen verhüllen die Fenster, die Sessel und Sofas sind abgenutzt. Achten Sie auf den Spazierstock, der hinter der Bar hängt: Er gehörte einem inzwischen verstorbenen Stammgast.

202 D2 J W Brouwersstraat 32 020 662 0155; www.cafewelling.nl So–Do 16–1 Uhr, Fr, Sa 15–2 Uhr

Wildschut €–€€

Dieses Grand Café im Art-déco-Stil liegt abseits der Touristenpfade, ist aber vom Concertgebouw in fünf Minuten zu erreichen. Seine lange geschwungene Fassade ist Teil eines der Amsterdam-Schule der Zwanziger-jahre geschaffenen architektonischen Ensembles, das man von der großen Außenterrasse bewundern kann. Das geräumige Café schmücken marmorne Wandtäfelungen, Kino-Klappsitze und eine Wurlitzer Jukebox. Mittags werden in erster Linie Sandwiches angeboten. Der Service ist sehr lässig.

202 E1 Roelof Hartplein 1–3 020 676 8220; www.goodfoodgroup.nl Mo–Fr 9–1, Sa, So 10–1 Uhr

RESTAURANTS

Bark €€

Ein belebtes Fisch-Bistro in der Nähe des Concertgebouw mit flinkem Service, in dem man noch sehr spät etwas zu essen bekommt. Die Tische sind klein und stehen dicht beisammen, sodass es sich kaum vermeiden lässt, Gespräche mitzuhören. Sie können wählen zwischen Austern, *fruits de mer* und Gerichten wie Schwertfisch mit Muscheln. Das auf Fleisch spezialisierte Schwesterlokal, De Knijp, liegt im selben Häuserblock, Nr. 134 (Tel. 020 671 4248), und ist im Stil sehr ähnlich.

202 E2 Van Baerlestraat 120 020 675 0210; www.bark.nl Mo–Fr 12–15, 17.30–0.30 Uhr, Sa, So 17.30–0.30 Uhr

Blue Pepper €€€

Die Gäste des Blue Pepper, einem der besten indonesischen Restaurants in Amsterdam, werden einer wahrhaftigen Attacke auf ihr Sinne ausgesetzt: hellblaue Wände, kunstvolle Teller, einfache weiße Orchideen und hervorragende, innovative indonesische Küche einschließlich einer modernen *rijsttafel*. Informieren Sie das geschulte Personal über Ihre Gewürzwünsche und verpassen Sie auf keinen Fall die klebrige Reiseiscreme mit Kokosnusspfannkuchen.

198 B3 Nassaukade 366 020 489 7039; www.restaurantbluepepper.com Mi–Mo 18–22 Uhr

De Toog Eetcafe €–€€

Abseits der Touristenpfade (gehen Sie die Gerard Brandtstraat entlang, die vom Vondelpark abzweigt und biegen dann nach rechts in die Eerste Helmersstraat ab) liegt dieses lebendige Restaurant in einem traditionellen Haus aus dem Jahr 1890. Auf der internationalen Speisekarte stehen warmer thailändischer Rindfleischsalat oder Wildsteak mit Cranberrysauce. Sie können zwischen drei Sitzbereichen wählen. Die großen Fenster stellen sicher, dass auch in die unteren Ebenen Licht gelangt.

198 off A2 Nicolaas Beetstraat 142 020 618 5017; www.goodfoodgroup.nl tägl. 16–24 Uhr (Abendessen 18–22 Uhr)

Le Garage €€€

Die einstige Hinterhof-Garage nahe dem Vondelpark ist heute eines der glamourösesten Restaurants der Stadt. Hinter einer offenen Küche und einer schicken Bar liegt der Speisebereich mit verspiegelten Wänden und roten Sitzbänken. Die meisten Gerichte, wie *fruits de mer* und *rôtisserie*-Fleisch, sind französisch und trotz der glitzern-

Wohin zum … Einkaufen?

Im Museumsviertel gibt es nicht nur unbezahlbare Exponate zu sehen, sondern man kann dort auch vieles kaufen, was eine erhebliche Lücke ins Portemonnaie reißt. Hier kann man selbst ein Vermögen ausgeben oder auch anderen dabei zusehen – in exklusiven Boutiquen, die Kreationen der holländischen und internationalen Modedesigner feilbieten oder bei Coster Diamonds (▶128).

PC HOOFTSTRAAT

Amsterdams Antwort auf Bond Street oder Rodeo Drive ist nach Pieter Cornelius Hooft, einem Dichter des 17. Jhs., benannt. Doch es sind die berühmten Namen der Modewelt, die Kauflustige zu den drei kompakten Häuserblocks zwischen Hobbemastraat und Van Baerlestraat locken.

den Umgebung erstaunlich bodenständig. Auch aus anderen Küchen gibt es Anleihen, z. B. als Vorspeise holländischen Chicorée mit Räucheraal. Reservieren Sie frühzeitig, und werfen Sie sich in Schale!

➕ 202 E1 ✉ Ruysdaelstraat 54–56 ☎ 020 679 7176; www.restaurantlegarage.nl
🕐 Mo–Fr 12–14, 18–23, Sa, So 18–23 Uhr

Momo €€

Das Momo gilt als panasiatisches Restaurant, ist aber weitaus eklektischer. Starten Sie mit einer südamerikanischen *Ceviche* oder alaskischen Königskrabben und probieren Sie dann Berkshire-Schweinenacken oder *Foie gras*, jeweils mit köstlicher Soße. Obwohl das Interieur eher protzig wirkt, sind die Kellner sehr nett. Gehen Sie als Gruppe (Reservierungen erforderlich), wenn Sie können, denn die Gerichte sind groß genug zum Teilen und die günstigen Menüs reichen für Vier oder mehr.

➕ 198 C2 ✉ Hobbemastraat 1 ☎ 020 671 7474; www.momo-amsterdam.com
🕐 tägl. 10–13 Uhr (Bar); tägl. 12–14.30 Uhr (Mittagessen), 18–22.30 Uhr (Abendessen)

Gucci (Nr. 56–58; Tel. 020 662 5184; www.gucci.com) hat oft stark reduzierte, doch auffallende Ausstellungsstücke wie etwa eine ausgestopfte Schlange mit einer Handtasche im Maul. Weitere Geschäfte, in die es sich einen Blick zu werfen lohnt, finden Sie auf dieser (der nördlichen) Straßenseite:

Shoebaloo (Nr. 80; Tel. 020 671 2210) für Aufsehen erregende Schuhe in einem futuristischen Interieur, **MEXX** (Nr. 118–120; www.mexx.com), wo meist die dramatischsten Auslagen der Straße zu sehen sind, und **Edgar Vos** (Nr. 136; Tel. 020 671 2748; www.edgarvos.nl), wo man die Top-Haute-Couture hollandischer Designer bewundern kann.

Auf der Südseite halten Sie Ausschau nach: **Emporio Armani** (Nr. 39), **Oger** (Nr. 81) für ultrakonservative Herrenbekleidung, **Oilily** (Nr. 133; Tel. 020

672 3361; www.oililly.nl), wo es entzückende Kinderkleider und -accessoires gibt, etwa rosafarbene Turnschuhe und niedliche Frühstücksboxen.

Sie möchten mal was anderes als Kleidung? **Fred Stoeltie Brillen** (Nr. 73; Tel. 020 662 4792; www.fredstoeltie.nl) ist der Ort für Designerbrillen. Edelstahlmesser, Scheren und Gewürzsets der weltweit führenden Hersteller finden Sie bei **Zwilling JA Henckels** (Nr. 43; Tel. 020 671 4220; www.zwilling.com). **Lifestyle** (Nr. 116; Tel. 020 470 9913; www.lifestylewomen.nl) ist ein holländisches Unternehmen und ist spezialisiert auf Möbel und Innenausstattung.

Abseits des oberen Endes der P C Hooftstraat zeigt **Romeo Vetro** (Hobbemastraat 13; Tel. 020 470 2705; www.romeovetro.com) exotische Glaswaren in Form von Musikinstrumenten, Delphinen und Booten. Am anderen (westlichen) Ende der P C Hooftstraat, an der Van Baerlestraat, gibt es trendigere Kleidung, z. B. von der holländischen Marke **Sissy Boy** (Tel. 020 626 0088; www.sissy-boy.nl).

CORNELIS SCHUYTSTRAAT

Abseits der Touristenpfade gibt es in dieser Straße alles für den täglichen Bedarf der gut gestellten Yuppies in der Nachbarschaft. Es gibt Blumenläden mit kunstvollen Auslagen, schicke Boutiquen und etliche Cafés, vor denen man sitzen kann, um die neuesten Erwerbungen vorzuführen. Für ein großes Picknick im Vondelpark kommen Sie bei Food for You (Nr. 26; Tel. 088 674 2642; www.organicfoodforyou.nl), einem biologischen Lebensmittelladen, und bei Van Averzaath (Nr. 36; Tel. 020 662 0891; www.vanavezaath-beune.nl), einer seit 1905 bestehenden hochklassigen Pâtisserie, einkaufen.

MUSEUMSSHOPS

Die großen Museen des Viertels haben alle Läden. Der Shop im Van Gogh Museum hat eine ausgezeichnete Auswahl an Postern aber auch Brotboxen mit Sonnenblumen.

Am Museumplein gibt es einen Laden in dem es schöne Rembrandt- und Van Gogh-Puzzles und Schirme gibt.

Wohin zum ...
Ausgehen?

Im Museumsviertel mangelt es ein wenig an Cafés mit Atmosphäre, und nach dem Dunkelwerden ist es hier ruhig und langweilig, da das Flair der zentraleren Stadtviertel fehlt. An schönen Tagen allerdings lässt es sich im Vondelpark, der grünen Lunge der Stadt, und am Museumplein, dem großen, grasbewachsenen Platz, der an die Museen angrenzt, gut aushalten; normalerweise tragen Straßenmusikanten zur Unterhaltung bei.

Die kulturelle Hauptattraktion der Gegend ist das Concertgebouw (Concertgebouwplein 2–6, Tel. 020 671 8345; www.concertgebouw.nl), Amsterdams wichtigster Veranstaltungsort für klassische Musik (▲ 130) aber auch für Jazz und Weltmusik. Das große klassizistische Gebäude, Heimstatt des Königlichen Concertgebouw Orchesters, steht an der Südwestseite des Museumplein. Neben den Abendvorstellungen kann man auch eine Matinee am Sonntagmorgen (mit der Gelegenheit, gegen ein kleines Aufgeld eine Führung durch den Bereich hinter der Bühne mitzumachen) oder das kostenlose halbstündige Mittagskonzert mittwochs um 12.30 Uhr besuchen. Die Veranstaltungen sind im Kleinen oder Großen Saal – letzterer ist berühmt für seine gute Akustik. Die Konzerte sind sehr beliebt, kommen Sie also frühzeitig, um sich einen Platz zu sichern. Es ist zu einem erheblichen Teil dem Concertgebouw zu verdanken, dass es an der Van Baerlestraat einige gute Restaurants gibt; insgesamt ist sie abends die lebhafteste Straße des Museumsviertels.

An Sommerabenden kommen viele Amsterdamer in den Vondelpark. An einigen Abenden von Ende Mai bis Ende August zeigt das Openluchttheater (Freilichttheater; www.openluchttheater.nl) kostenlose Aufführungen, darunter Jazz, Rock und klassische Musik, Kindertheater und Stegreif-Comedy. Im 't Blauwe Theehuis (▲ 131) legen Freitagabends im Sommer DJs auf.

Das Nederlands Filmmuseum (Vondelpark 3, Tel. 020 589 1400; www.filmmuseum.nl, ▲ 119) am Nordwestende des Parks (ab 2011 am nördlichen Ende) ist eher ein Kunsthaus-Kino mit einem trendigen Café (Vertigo, ▲ 132) als ein Museum. Gezeigt wird alles von Stummfilmklassikern bis zu den neuesten Streifen. Keiner der Filme ist synchronisiert. An manchen Freitagabenden von Juli bis September gibt es kostenlose Filmvorführungen im Freien. Das Mansion (www.the-mansion.nl; Di–Sa 19–1, Fr, Sa bis 3 Uhr) ist ein schickes Nachtlokal. Eine der Bars ist ganz in schwarz gestaltet, die zweite ist völlig mit Spiegeln verkleidet und die dritte ist vollständig in pink dekoriert.

Östlicher Grachtengürtel

Erste Orientierung

Der Ostteil Amsterdams hat mit einer wundervollen Mischung aus multikulturellen Wohngebäuden, schicken Geschäften, Kanälen und Docks unterschiedlicher Nutzungs- und Entwicklungsstufen einen völlig anderen Charakter als der Rest der Stadt.

Die Neueröffnung des neuen, erweiterten Hermitage Museums 2009 machte diesen Teil der Stadt zu einem wichtigen Punkt auf der Karte. Diese Vielfalt spiegelt sich in einem breiten Spektrum von Aktivitäten wider, von der Anlage der Hefekultur bei Heineken bis zur Kultivierung exotischer Gewürze, vom Museum, das maritime Macht darstellt, zu einem, das dem Völkermord gewidmet ist. Mittendrin findet man einige von Amsterdams weniger bekannten, aber gleichwohl faszinieren den Museen, den Zoo und eines der feinsten Hotels der Stadt.

Post CS

Dijksgracht

science center NEMO

Oosterdok

IJ-TUNNEL

Scheepvaart Museum

PRINS HENDRIK-KADE

Arcam **13** **5**

KATTENBURGERS

KATTEN BURGERGR

Nieuwe-

Rembrandthuis

Stadhuis

Portugees Israëlitische Synagoge

De Burcht

10 **12** Entrepotdok

Werf

Stopera

Joods

Munttoren

AMSTEL

Museum Willet Holthuysen

Historisch Museum **3**

9

11 Verzetsmuseum

T'Kromhout Museum

Hortus Botanicus **4**

Geologisch Museum

Natura Artis Magistra

Magis-

Tassenmuseum Hendrikje **8**

Amstelhof

Hermitage **2** Amsterdam

Wittenberg

PLANTAGE MIDDENLAAN

St. Jacob

Artis Zoo

Rijks inst

Museum Fodor

Six Collection

Amstel

Dr Sarphatihuis

Magere Brug **7**

Bür Civitas

6

Museum Van Loon

Amstelkerk

Theater Carré

WEESPERSTRAAT

Tropenmuseum

Singelgracht

MAURITSKADE

SARPHATISTRAAT

Oosterpark

WETERINGSCHANS

MAURITSKADE

OOS

Nederlandse Bank

VIJZELSTRAAT

Singelgracht

STADHOUDERSKADE

F BOLSTRAAT

0 Heineken Experience

0   500 m

Seite 135: Das Wissenschaftszentrum NEMO und das Segelschiff *Amsterdam*

Oben: Die New Guinea Gallery im Tropenmuseum

Links: Die Hermitage bei Nacht

An einem Tag

Wenn Sie sich nicht sicher sind, wo Sie Ihre Reise beginnen möchten, empfiehlt diese Route einen praktischen eintägigen Besuch des östlichen Grachtengürtels mit den wichtigsten Sehenswürdigkeiten. Sie können dazu die Karte auf der vorangegangenen Seite verwenden. Weitere Informationen finden Sie unter den Haupteinträgen (► 140ff).

9 Uhr

Wandern Sie durch die ruhigen Straßen des östlichen Grachtengürtels zur Amstel und schauen Sie sich die Schleusentore und die schöne **7** **Magere Brug** (unten, ► 150) an.

10 Uhr

Seien Sie einer der ersten Besucher in der **1** **Heineken Experience** (► 140f), wo Sie eine Einführung in die Kunst und die Wissenschaft des Bierbrauens erhalten und vielleicht starten Sie den Tag mit einem Glas oder zwei.

12.30 Uhr

Genießen Sie ein Mittagessen in der Brasserie des **Amstel Intercontinental** (► 156). Vielleicht kommen Sie auch zu einem Nachmittagstee unter den Kronleuchtern des gläsernen Wintergartens zurück.

14 Uhr

Machen Sie einen Spaziergang am Fluss Amstel und vorbei an der »Mageren Brücke« (► 150).

14.30 Uhr
Machen Sie eine Pause und entdecken Sie die Florasammlung des botanischen Gartens 4 **Hortus Botanicus** (oben, ➤ 146f) oder der Fauna im **Artis Zoo** (➤ 146).

15.30 Uhr
Besuchen Sie die prächtige 2 **Hermitage Amsterdam** (➤ 142f).

18.30 Uhr
Gönnen Sie sich ein Essen in einem der zwei Michelin-Sterne-Restaurants des **Okura Hotels** – entweder traditionell japanisch im Yamazato (➤ 158) mit angrenzendem Garten oder hohe französische Küche im Ciel Bleu im obersten Stockwerk (➤ 157).

21 Uhr
Genießen Sie den Blick auf das Wasser beim Osthafen (➤ 172), lehnen Sie sich zurück und genießen Sie die Jazzklänge im Bimhuis oder klassische Musik im **Muziekgebouw aan 't IJ** (➤ 160) .

❶ Heineken Experience

Von außen lässt sich schwer erahnen, dass das Innere der ehemaligen Brauerei auf der Stadhouderskade im Besitz einer der führenden holländischen Brauereien entkernt und in eine etwas unkonventionelle aber unbestreitbar beliebte Touristenattraktion von Amsterdam umgewandelt wurde. Bei einer kürzlichen Umgestaltung sind einige leichtere Elemente hinzugekommen, die für Unterhaltung sorgen sollen. Viele der historischen und Marketing-Elemente bleiben aber erhalten.

Im Dezember 1864 kaufte Gerard Adriaan Heineken eine heruntergekommene Brauerei namens De Hooiberg (Die Heumiete) aus dem 16. Jh., die hinter dem Königspalast stand. In den folgenden vier Jahren verlegte er die Produktion an einen neuen Standort, zu dieser Zeit ein freies Feld südlich des Stadtzentrums. Abgesehen davon, dass er das tschechische Verfahren der Untergärung übernahm und für die Entwicklung eines robusten Hefestamms sorgte, führte Heineken rigorose Qualitätskontrollen und innovative Marketingmethoden ein – nicht zuletzt das sofort erkennbare Roter-Stern-Logo –, die die Bedingungen für eine erfolgreiche Massenproduktion schufen. Heute produziert die größte Heinekenbrauerei in 45 Minuten so viel Bier, dass jeder Einwohner von Amsterdam eine Flasche bekommen könnte.

Die (frühere) Brauerei (*brouwerij*) ist ein schlichter Bau, der an der Ecke Stadhouderskade und Ferdinand Bolstraat, an der Südseite der Singelgracht aufragt. Bis 1988 wurde hier das Heineken Lager gebraut, dann wurde die Produktion ausgelagert, und die Öffentlichkeitsabteilung zog ein.

Besucher schauen sich im Heineken Experience eine Präsentation an

Ein Teil des Originalkomplexes wurde abgerissen und die neu gestaltete Brauerei öffnete 1991 ihre Türen für Besucher. 2001 fand eine zweite Umgestaltung und statt und das Gebäude wurde zur Heineken Experience. Einige Originalanlagen, zum Beispiel Malzsilos und Maischekessel wurden in die Gestaltung einbezogen, aber der größte Teil der Experience war neu – auch wenn es historisch aussah. 2008 wurde die Ausstellung nochmals modernisiert.

Die Ausstellung

Im Eintrittspreis sind zwei Getränke – entweder ein Heineken oder ein Softdrink – enthalten. Im Eingangsbereich wird den Besuchern die **Geschichte der Marke** vorgestellt und man kann sogar

Der rote Stern ist ein Symbol aus den frühen Tagen der Marke in den 1860er-Jahren

seine eigene Flasche mit Foto kreieren. Auf der gleichen Ebene gibt es auch einen Shop mit unzähligen Heineken-Produkten jeder Art. Der erste Stock zeigt eine Galerie mit **Werbung von früher und heute** sowie einige der gesponsorten Sportler des Unternehmens. Im 2. Stock befindet sich der historische Brauereiraum, und Sie haben die Möglichkeit, Ihr eigenes **Musikvideo** aufzunehmen. Außerdem befindet sich hier die »**Innovation Station**«, die die Entwicklung des Biers und der Marke zeigt. Höhepunkt ist aber das »**Brew U**« im 3. Stock, wo Sie den Brauprozess aus Sicht einer Flasche kennenlernen. Diese interaktive Reise scheint wirklich jedem Spaß zu machen.

KLEINE PAUSE

Die **World Bar** mit Panoramabildern aus der ganzen Welt befindet sich im Erdgeschoss, im 3. Stock liegt eine Bar, in der auch probiert werden darf. An keiner der Bars werden Speisen serviert, aber im Bezirk De Pip, in dem das Heineken Experience liegt, gibt es zahlreiche günstige Speisemöglichkeiten.

➕ 199 D1 ✉ Stadhouderskade 78 ☎ 020 523 92222; www.heinekenexperience.com 🕐 Mo–So 11–19 Uhr (letzter Einlass 17.30 Uhr). Geschl. am 1. Jan., 1.April, 25.–26. Dez. 🚋 16, 24, 25 💶 teuer

---

HEINEKEN EXPERIENCE: INSIDER-INFO

Top-Tipps: Im Eintrittspreis sind Coupons für ein oder zwei Heineken enthalten (Sie können auch alkoholfreie Getränke wählen). Um Wartezeiten zu vermeiden, können Sie auch vorab online buchen.

■ Es lohnt sich, einen Besuch der Heineken Experience mit einer **Kanalfahrt** zu verbinden. Die Boote legen gleich gegenüber dem Haupteingang an der Stadhouderskade ab (► 84ff).

Geheimtipp: Der brandneue »Stallgang« im 2. Stock entführt die Besucher auf eine Reise in die geheime Welt der Arbeitsställe. Lernen Sie die prächtigen Pferde aus der Nähe kennen, die auch heute noch Heineken-Bier in einige Teile der Niederlande bringen.

2 Hermitage Amsterdam

Die erste Außenstelle des staatlichen St. Petersburg Hermitage Museums außerhalb Russlands wurde 2004 in Amsterdam am Ufer des Flusses Amstel eröffnet. Nach einer umfassenden Renovierung für 40 Millionen Euro wurde es 2009 zu einem Weltklassemuseum, jetzt zehnmal so groß wie bisher.

Das neue Museum ist im historischen Amstelhof untergebracht, der im 17. Jahrhundert als Waisenhaus erbaut wurde. Es ist Teil der Bemühungen der Hermitage, ihre faszinierenden Sammlungen auf der ganzen Welt zu präsentieren. Peter der Große (1672–1725) besuchte Amsterdam, damals die reichste Stadt der Welt, im Jahre 1697, und war so beeindruckt von den kulturellen Aspekten, dass er seine Kunstsammlung ins Leben rief.

Erstausstellungen
Jährlich finden zwei große Ausstellungen statt. Die Erstausstellung »Am russischen Hof: Palast und Protokoll im 19. Jahrhundert« lief bis Januar 2010. Diese anspruchsvolle Präsentation bestand aus über 1.800 kulturellen Schätzen aus den Museen Russlands, darunter prächtige vergoldete Gewänder und Porträts sechs russischer Zaren. 2010 präsentiert die Ausstellung »Ursprünge der modernen Kunst: Braque, Matisse und Picasso« die Kunst des 19. und frühen 20. Jahrhunderts, während »Alexander der Große: der Weg nach Osten« den Hellenismus und die Eroberungen Alexanders des Großen in Persien, der Mongolei, Ägypten, Afghanistan und Indien zeigt.

Die Hauptausstellungshalle oder »Herenvleugel«

Museumsdesign

Das Interieur des Museums wurde mit natürlichen Materialien und in neutralen Farben gestaltet – weiße Wände, graue Steinböden und dunkles Eichenholz. Neben den Ausstellungsbereichen wurden auch Räume für **Vorführungen** und **Studien** sowie **Seminarräume** eingerichtet, in denen Sie Informationen zum reichen künstlerischen Erbe Russlands, den russisch-niederländischen Beziehungen und der Geschichte des Amstelhofs erhalten. Im Neerlandia-Gebäude (über einen Korridor mit dem Hauptgebäude verbunden) ist die **Hermitage für Kinder** mit Studios für Schulklassen, einer Kantine und einem Shop untergebracht. Das Neerlandia beherbergte ursprünglich die erste Phase der Hermitage Amsterdam. Der Amstel-Flügel des Museums ist noch als ursprüngliche Kirchenhalle erhalten und seit seiner Restaurierung das prächtige Zentrum der Anlage. Die Halle war einst einer der größten Räume der Stadt und wurde für religiöse Messen genutzt. Heute finden dort noch formelle Empfänge statt.

KLEINE PAUSE

Das elegante Restaurant Neva (Tel. 020 5307 483; Mo–Sa 10–1, So 10–18 Uhr) im Ostflügel bietet russisch inspirierte Speisen an. Hier können Sie auch einen Kaffee oder ein Glas Wein mit Panoramablick auf den Museumshof genießen.

Oben: Die Hermitage Amsterdam liegt direkt am Fluss Amstel, nach dem die Stadt benannt wurde

✚ 200 B2 ✉ Amstel 51 ☎ 020 530 7488; www.hermitage.nl
🕐 Do–Di 10–17, Mi 10–20 Uhr. Geschl. am 25.Dez., 1.Jan., 30.April
🚋 4, 9, 14 🎫 teuer; I Amsterdam-Card gültig

HERMITAGE AMSTERDAM: INSIDER-INFO

Top-Tipps: Das Restaurant ist auch am Abend geöffnet (außer an Sonntagen), wenn häufig Konzerte oder Vorlesungen in der Kirchenhalle stattfinden.
■ Der **Eingang** wurde von der Nieuwe Herengracht an die Gebäudefront am Ossenport verlegt, dem ehemaligen Händlereingang am Fluss Amstel.

Geheimtipp: Der über Jahrhunderte geschlossene Hof wurde restauriert und ist jetzt eine grüne Oase, die jedem offen steht. Die Besucher können sich hier auf Sitzgelegenheiten oder der Steineinfassung um den Rasen entspannen und die 200 Jahre alten Kastanienbäume bewundern.

③ Joods Historisch Museum

Mit einer Konstruktion aus Glas und Stahl wurden vier zwischen 1670 und 1778 entstandene benachbarte aschkenasische Synagogen zu einem Komplex, dem Jüdisch-Historischen Museum, verbunden, das Vielfältiges zu bieten hat – von der Erklärung der Lehren des Judaismus bis zur Bedeutung des jüdischen Volkes für das Geschäftsleben in Amsterdam. Das Motto des Museums stammt aus dem babylonischen Talmud: »Sehen führt zu Erinnern, Erinnern führt zu Handeln.«

Bleiben Sie an der Nieuwe Amstelstraat erst einmal draußen stehen, um die Einzelstrukturen wahrzunehmen, aus denen das Museum besteht. Vor dem Gebäude sind hoch oben an einem Rahmen zwei große gelbe Dreiecke angebracht. Ihre Form fügt sich zu einem goldenen Davidstern zusammen, dem Symbol, das Juden in Holland während der Besatzung durch Nazi-Deutschland im Zweiten Weltkrieg tragen mussten.

Das 1932 gegründete Museum eröffnete nach einer umfangreichen Renovierung und Erweiterung zu seinem 75. Jahrestag im Februar 2007 neu. Ursprünglich lag es in einem alten Ruderhaus, in dem heute das Café In de Waag (► 71f) untergebracht ist. An seinen aktuellen Standort zog es 1987 um.

Die Heilige Arche in der Großen Synagoge ist das zentrale Element der Geschichte des Judentums in der Stadt

Die große Synagoge
Das Zentrum des Komplexes bildet die **Große Synagoge** aus dem 18. Jh., die eine Einführung in den Judaismus und die jüdische

Tradition zeigt. In einer Dauerausstellung werden die Religion und ihre Symbole erläutert. In einem Nebenraum der großen Synagoge wird ein rituelles Bad gezeigt, hier wird die Tradition erläutert, nach der Frauen während ihrer Menstruation als unrein galten, Geschlechtsverkehr während dieser Zeit und sieben Tage danach verboten war und die manchmal rituelle Reinigungen vorschrieb.

In den **Galerien** im ersten Stock wird das jüdische Leben in Holland von 1600 bis 1900 dargestellt: Selbst in dieser toleranten Stadt hatten die jüdischen Bürger häufig mit Antisemitismus zu kämpfen (► Das jüdische Amsterdam, 16f).

Vor dem Museum steht der große Davidstern, das Symbol des Judentums

Die neue Synagoge

Die **Neue Synagoge** wurde 1752 als Nachbildung des Zweiten Tempels in Jerusalem erbaut und die prächtige Kuppel wurde 2000 restauriert. Die Galerien hier zeigen eine Fortsetzung des jüdischen Lebens in den Niederlanden in der Zeit ab 1900. In einem Geschäft im Erdgeschoss werden Judaica angeboten und darüber wurde ein zusätzliches Stockwerk gebaut, in dem ein spezieller Druckraum fragile Schriften und Zeichnungen ausstellt.

Die **Obbene Shul** aus dem Jahr 1685, die ursprünglich von ärmeren Gläubigen genutzt wurde, beherbergt heute ein Kindermuseum für 8-12-Jährige.

Außerdem beleuchtet das Museum das Wachstum der zionistischen Bewegung, die Ende des 19. Jhs. begann und ein jüdisches Heimatland in Israel forderte.

KLEINE PAUSE

Das **Museumscafé** bietet einen Lesetisch mit jüdischen Magazinen und Kochbüchern sowie Internetterminals mit Links auf jüdische Seiten.

🔲 200 B2 ✉ Nieuwe Amstelstraat 1 ☎ 020 531 0310; www.jhm.nl
🕐 tägl. 11–16.45 Uhr; Geschl. Jom Kippur und Rosh Hashanah 🚇 Waterlooplein
🚋 9, 14; der Canalbus hält an der Blauen Brücke, 200 Meter westlich des Museums 💳 mittel; frei unter 13 Jahren und i Amsterdam-Card gültig

JOODS HISTORISCH MUSEUM: INSIDER-INFO

Top-Tipps: Hinter der Kasse sind Geräte für eine kostenlose Audio-Tour erhältlich; sie bereichern den Rundgang erheblich.

■ Im **Recherche-Zentrum** (geöffnet Mo–Fr 13–17 Uhr) kann man mehr über die jüdische Gemeinde in Amsterdam erfahren.

4 Hortus Botanicus

Die Ruhe des Gartens und die besonders angenehmen Düfte locken den Besucher weg vom Getriebe der Stadt. Dies ist einer der ältesten botanischen Gärten der Welt mit mehr als 4000 Pflanzenarten.

Der Botanische Garten der Stadt entstand 1638 als Heilkräutersammlung – Hortus Medicus – für pharmazeutische Zwecke und befindet sich seit 1682 an seinem heutigen Standort. Hier breitete er sich weiter aus, als die Vereinigte Ostindische Kompanie von ihren Expeditionen rund um den Globus immer neue Pflanzen mitbrachte.

Die moderne Sammlung

Die Sammlung ist geteilt in einen Freilandgarten, in dem Pflanzen aus gemäßigten bis arktischen Klimaten gedeihen, und eine Reihe von Gewächshäusern. Vom Eingang aus links liegt eine Rekonstruktion des **Hortus Medicus** mit all den Pflanzen, die 1646 im ersten Gartenkatalog aufgelistet waren. Gleich dahinter stehen das **Mexikanisch/Kalifornische Wüstenhaus**, ein Anzuchthaus für **Orchideen** und ein **Schmetterlingshaus**. Südlich davon erstreckt sich vor dem Verwaltungsgebäude eine elegante halbkreisförmige Gartenanlage aus dem 17. Jh.

Weiter im Uhrzeigersinn gelangt man zum **Palmenhaus**, einem großen, reich verzierten Bau aus dem 19. Jh. Highlight hier ist eine 300 Jahre alter Palmfarn.

Unten links: Das große, kunstvolle Palmenhaus wurde 1912 erbaut

ARTIS ZOO

Der ungewöhnliche Name des Amsterdamer Zoos kommt vom lateinischen »Artis Natura Magistra«, was soviel bedeutet wie »Natur, Meisterin der Kunst«. Als Kontrast zum nach wie vor beliebten **Wolfsgehege**, in dem die Besucher von einer Brücke aus die Tiere in einer Umgebung bewundern können, die europäischen Urwäldern nachempfunden ist, bietet der Zoo auch einen großen **Schmetterlingspavillon.**
➕ 201 D2 ✉ Plantage Kerklaan 38–40 ☎ 0900 278 4796 (spezieller Tarif); www.artis.nll 🕐 tägl. 9–18 Uhr 🍴 Café/restaurant 🚋 9 💶 teuer

Der Halbkreis, ein konzentrisches Arrangement von Beeten, besteht aus systematisch eng aneinander gereihten Pflanzen verwandter Arten

Am entgegengesetzten Ende liegt das **Gewächshaus mit drei Klimazonen**, eine Errungenschaft des späten 20. Jhs., so konstruiert, dass man in den verschiedenen Klimazonen (Tropen, Subtropen, Wüste) wandeln kann. Ein Glanzpunkt des Wüstenabschnitts ist die skurrile *Weltwitschia mirabilis*, ein »lebendes Fossil«: Sie gehört einer bis auf diese eine Art längst ausgestorbenen Verwandtschaftsgruppe an. Die Pflanze, die 2000 Jahre alt werden kann, bringt nur zwei Blätter hervor, die aus der Sprossachse zeitlebens nachgeschoben werden.

Um das »Dach« das Regenwaldes zu betrachten, kann man den Umgang in fünf Meter Höhe benutzen.

KLEINE PAUSE

Flüchten Sie aus der Hitze der Gewächshäuser in die **Orangerie**, die heute ein Café ist.

✚ 200 B2 ✉ Plantage Middenlaan 2
☎ 020 625 9021; www.dehortus.nl
🕐 Mai–Okt. tägl. 9–17 (Sa, So und in den Ferien ab 10); Juli–Aug. tägl. 9–19; Nov.–April tägl. 9–16 Uhr (Sa, So und in den Ferien ab 10 Uhr); geschl. 1. Jan., 30. Sept. und 25. Dez.
🚋 6, 9, 14 🍴 Orangery-Café (€) Abends hat das Restaurant nur im Juli und August geöffnet. ♿ mittel

---

HORTUS BOTANICUS: INSIDER-INFO

Top-Tipps: Der **Garteneingang** ist schwer zu finden: Er liegt hinter einem Torhaus an der Ecke Plantage Middenlaan/Dr D M Sluyspad, gegenüber der Herengracht.

■ Am Eingang ist ein **Plan erhältlich**; die Beschriftungen sind größtenteils in Holländisch und Latein.

■ Sonntags gibt es eine **Führung um 14 Uhr**; sie kostet extra.

■ Im Sommer herrscht an Wochenenden viel Betrieb. Die **erste Stunde der Öffnungszeit** ist gewöhnlich ruhiger, die Pflanzen sind allerdings an einem heißen Sommertag nicht im besten Zustand.

5 Scheepvaart Museum

Das großartige Seefahrtmuseum, das noch bis Ende 2010 renoviert wird, stellt die Entwicklung Amsterdams zum wichtigsten Hafen der Welt dar: Das Drehkreuz einer Handelsflotte, die
einen großen Teil des Welthandels initiierte und kontrollierte.

Das Gebäude selbst ist sehr attraktiv, und es lohnt sich, die
Schlichtheit und Symmetrie des ehemaligen Marinearsenals, in
dem jetzt das Museum untergebracht ist, vom Wissenschaftszentrum NEMO aus zu bewundern.

**Links: Das
Sheepvaart
Museum war
einst ein
Marinearsenal
am Hafen**

Geschichte der Seefahrt und des Handels

Ein Großteil der Sammlung ist der Schifffahrt des 17. und 18. Jhs.
gewidmet – dem goldenen Zeitalter der Amsterdamer Handelsflotte
und des kulturellen Lebens der Stadt. Mehrere Gemälde zeigen Siege
der holländischen Marine. Besonders interessant ist eine Weltkarte
von 1648, die zeigt, dass die Holländer Australien lange vor Kapitän
Cook kannten. Der Kontinent ist auf der Karte als *"Hollandia Nova,
detecta 1644"* eingezeichnet. Außerdem gibt es zahlreiche beeindruckende Schiffsmodelle sowie einige echte Schiffe, zum Beispiel eine
gut erhaltene Barkasse aus dem 18. Jh. zu sehen.

**Rechts: Die
Amsterdam
sank auf ihrer
Jungfern-
fahrt 1749.
1969 wurde
sie vor der
englischen
Küste wieder-
entdeckt**

Ab dem 19. Jh. entwickelten sich Handel und Technologie mit rasender Geschwindigkeit. Hocheffiziente Alltagssegler mit dem Spitznamen "Butterdosen" kamen zum Einsatz und die Techniken für die windgetriebene Hochgeschwindigkeitsschifffahrt wurden perfektioniert.

Etwa ein Jahrhundert lang feierte der Klipper sein kurzes goldenes Zeitalter. Das Dampfschiff war schon entwickelt, aber noch langsamer. Mit der Fertigstellung des Suezkanals 1869 wurden alle Regeln umgeworfen und bald sanken die Klipperflotten im wirtschaftlichen Sinn.

Die Niederlande erlangten mit der Gründung von Schifffahrtsunternehmen wie der Holland-Amerika-Linie als Seemacht bald neue Stärke. Es entstand ein Netzwerk von Schifffahrtslinien: einige verbanden das holländische Mutterland mit den Kolonien, während andere Lücken im globalen Markt für Verbindungen zu anderen Ländern nutzten.

De Amsterdam

Während der Renovierungsarbeiten bleibt nur ein Teil der Sammlung geöffnet. Eine originalgetreue Nachbildung der *De Amsterdam*, ein großes Schiff der Ostindienkompanie, liegt normalerweise vor dem Museum, macht aber nun vorübergehend beim NEMO Wissenschaftszentrum (➤ 69) fest. Sie können einen Rundgang durch die Brücke, den Frachtraum und die Kabinen machen.

KLEINE PAUSE

Bis das Museum und das Café wieder eröffnet werden, können Sie eines der Cafés um den **Entrepotdok** (➤ 153) besuchen.

➕ 201 D3 ✉ Kattenburgerplein 1 ☎ 020 523 2222; www.scheepvaartmuseum.nl 🕐 De Amsterdam: Di–So 10–17 Uhr (Mitte Juni–Mitte Sept. auch Mo). Geschl. 1. Jan., 30. April, 25. Dez. Bis zur Neueröffnung des Museums liegt die *De Amsterdam* vor dem Wissenschaftszentrum NEMO. 🚌 22 und 42 fahren von der Centraal Station zum Museum ⛴ Am besten ist das Museum mit dem Museumsboot zu erreichen, das an einer kleinen Anlegestelle in der Nähe festmacht (➤ 39). 🚶 bei flotter Gehweise 15 Min. von Centraal Station. 💶 preiswert; Rabatt bei Vorlage einer NEMO-Eintrittskarte

SCHEEPVAART MUSEUM: INSIDER-INFO

Top-Tipps: Häufig befinden sich Schauspieler im Originalkostüm der Zeit an Bord der *De Amsterdam*, um für mehr Atmosphäre zu sorgen.

■ Achten Sie an Bord des Schiffes darauf, dass Sie sich nicht den **Kopf stoßen**.

■ Solange das Scheepvaart Museum geschlossen ist, können die meisten **im Shop erhältlichen Artikel** über die Website des Museums erworben werden.

■ Wenn Sie die Seefahrt fasziniert, interessiert Sie vielleicht das Festival **"Sail Amsterdam"** (www.sail.nl), das alle fünf Jahre stattfindet (nächstes Mal im August 2010) und nicht nur mit einer Flotte großer Schiffe und Hunderten anderer historischer Seefahrzeuge, sondern auch mit einem umfangreichen Kulturprogramm, u. a. Musik und Speisen aus vielen Küstenländern der Welt, aufwarten kann.

Nach Lust und Laune!

Der friedliche formelle Garten des Museums Van Loon

6 Museum Van Loon

Das schön erhaltene Interieur dieses Museums ist ein wichtiger Bestandteil der Geschichte Amsterdams. Das historische Doppelfronthaus wurde 1672 erbaut und im 19. Jahrhundert das Zuhause der Van Loons. Die Familie, die das Haus auch heute noch besitzt, war sehr einflussreich. Viele ihrer Mitglieder waren Bürgermeister oder Mitglieder der Niederländischen Ostindien-Kompanie. Auch zahlreiche Damen waren darunter. Auf keinen Fall verpassen sollten Sie das interessante Video eines Familienmitglieds der Van Loons, das das Haus und seine verschiedenen Zimmer zeigt (einige sind für die Öffentlichkeit nicht zugänglich) und die dazugehörigen Geschichten der Verwandten erzählt.

➕ 199 E2 ✉ Keizersgracht 672 ☎ 0206 245 255; www.museumvanloon.nl 🕐 Mi–Mo 11–17 Uhr 🚊 16, 24, 25 💳 mittel; bis 6 Jahre frei, Museumspass und I Amsterdam-Card gültig

7 Magere Brug

Die »Magere Brücke« ist die am häufigsten fotografierte Brücke in Amsterdam. Der lokalen Legende zufolge wurde sie für zwei Schwestern erbaut, die es satt hatten, den langen Umweg von ihrem Haus an der Kerkstraat am westlichen Ende der heutigen Brücke

zu den Ställen am gegenüberliegenden Ufer der Amstel zu gehen. Es heißt, ihr Familienname sei Mager gewesen.

Die erste Magere Brug an dieser Stelle war bedeutend magerer als die gegenwärtige. Sie ist ein Ersatzbau aus dem 20. Jh. Von der Südseite kann man den Fluss hinunterblicken auf die Schleusentore, die ein wesentlicher Teil des Amsterdamer Wassermanagements sind: Sie machen es möglich, dass das Grachtennetz regelmäßig durchgespült wird und die Stadt nicht anfängt zu stinken.

➕ 200 A1 🚊 4 bis Utrechtsestraat, eine Querstraße westlich

8 Tassenmuseum Hendrikje

Das Taschen- und Geldbörsenmuseum in einem wunderschönen Kanalhaus, zeigt eine außergewöhnliche Sammlung westlicher Taschen vom Mittelalter bis heute. Zu sehen sind Spieltaschen aus dem 16. Jh., Chatelaines aus dem 17. Jh. (Ketten, an denen die reichen Damen ihre Schlüssel und Bibeln hängten) und eine bunte Sammlung von Designs aus dem 20. Jh.: Taschen in Form von Zeitschriften, Telefonen und Uhren.

➕ 199 E3 ✉ Herengracht 573 ☎ 020 524 6452; www.tassenmuseum.nl 🕐 tägl. 10–17 Uhr. Geschl. 1. Jan., 30. April, 25. Dez. 🍴 Museum Café (€) 10–16.40 Uhr 💳 mittel

Die Besetzung durch die Nazis überstand die Amsterdamer Synagoge auf wundersame Weise

9 Portugees Israëlitische Synagoge

1492 war für Spanien ein folgenreiches Jahr – nicht nur, weil Christoph Kolumbus, der im Auftrag der spanischen Krone unterwegs war, in der Neuen Welt landete, sondern weil das Land seine jüdische Bevölkerung auswies.

Manche ließen sich zum Schein taufen und wurden so zu »Maranos«, so genannten Krypto-Juden, wodurch sie bleiben durften, doch viele jüdische Opfer der Inquisition zogen ins benachbarte Portugal.

Als die wachsende Verfolgung die Juden aus beiden iberischen Ländern vertrieb, fanden sie in Amsterdam Unterschlupf und nannten sich »portugiesische Juden« – Spanien lag zu dieser Zeit im Krieg mit den Niederlanden. Demzufolge wurde ihr geräumiges neues Gotteshaus »Portugiesische Synagoge« genannt.

Entworfen wurde sie von Elias Bouwman, der auch die Große Synagoge baute. Sie ist heute Bestandteil des gegenüberliegenden Jüdisch-Historischen Museums (▶ 144f). Im Gegensatz zum Museum wird die Portugiesische Synagoge bis heute als Gotteshaus genutzt. Es bestehen strenge Sicherheitsvorkehrungen, und männliche Besucher sollten eine *yarmulke* (Kopfbedeckung) tragen – man kann sie an der Kasse ausleihen.

Am besten beginnt man den Besuch mit dem informativen **Video** über das Anwachsen der sephardischen Gemeinde. Es wird in einem der Räume gezeigt, die die Synagoge umgeben. Das Hauptgebäude ist ein substanzieller, gleichwohl lichter und luftiger Bau. Als die Synagoge 1675 vollendet wurde, war sie die größte in Europa. Ihr Holzdach wird von vier massiven Steinsäulen getragen; die einzige Beleuchtung sind die Kerzen in großen Messingleuchtern. Die **Bundeslade** ist aus brasilianischem Jacaranda-Holz gemacht.

✚ 200 B2 ✉ Mr Visserplein 3 ☎ 020 624 5351; www.esnoga.com ⏰ So–Fr 10–16 Uhr; geschl. jüdische Feiertage 🚇 Waterlooplein 🚊 9, 14 💶 mittel

Das Verzetsmuseum erinnert an den Kampf der Amsterdamer gegen die Nazis von 1940–45

🔟 De Burcht

De Burcht ist das ehemalige Nationaal Vakbondsmuseum und auch
als "Zentrum für Arbeitgeber-Arbeit-
nehmerbeziehungen" bekannt. Die
Gewerkschaftsbewegung entwickelte
sich nur langsam in den Niederlanden,
die nie eine industrielle Revolution
von dem Ausmaß wie in England oder
Deutschland erlebten. Die Diamanten-
schleifer machten den Anfang, und zu
Beginn des 20. Jhs. beauftragte ihre
Gewerkschaft H.P. Berlage, an der
heutigen Henri Polaklaan (Henri Polak
war der Vorsitzende der Gewerkschaft)
eine neue Zentrale zu bauen. Vor allem
das Gebäude selbst ist sehenswert. Die
Fassade ist beeindruckend, und in der
reichen Innenausstattung finden sich
großartige Beiträge von führenden
Künstlern der Zeit. Die Exponate selbst
sind größtenteils nur für Gewerkschaf-
ter von Interesse.

🚼 200 C3 ✉ Henri Polaklaan 9 ☎ 020 624
1166; www.deburcht.org 🕐 Di–Fr 11–17 Uhr,
So 13–17 Uhr 🚋 6 Richtung Centraal Station
hält in der Nähe an der Plantage Parklaan; aus
der Gegenrichtung ist die nächste Haltestelle
an der Plantage Middenlaan, eine Querstraße
südlich 💶 preiswert; Museumspass gültig,
Preisnachlass für Gewerkschaftsmitglieder
(Ausweis)

1️⃣1️⃣ Verzetsmuseum

Die deutsche Besetzung der Niederlande dauerte annähernd fünf Jahre; es
war eine verzweiflungsvolle, traumatische Zeit für das holländische Volk.
Amsterdam, das bei weitem die größte
jüdische Bevölkerungsgruppe hatte,
war die Stadt, das das meiste Leid erlebte – und den stärksten Widerstand
gegen die deutschen Truppen. Das
zentrale Thema des holländischen Wi-
derstandsmuseums ist der Kampf gegen
die Besatzer von 1940 bis 1945, aber
es informiert noch über sehr viel mehr,
etwa über das große Leiden in den holländischen Ostindien-Kolonien unter
der japanischen Terrorherrschaft.

Die Ausstellungsräume befinden
sich im Plancius-Gebäude, das 1876
als Treffpunkt für den Oefening Baart
Kunst, einen jüdischen Chor, errichtet
wurde. Im Innern machen Sie ein Zeit-
reise durch die Straßen und Häuser zu
den Kriegszeiten.

Das Museum ist eine wichtige Ergänzung zum Anne Frank Huis (► 94),
denn es beschreibt den größeren Kontext des grausamen »Versteckspiels«,
das während der Besatzung ablief. Tausende Juden wurden von Mitbürgern
versteckt, andere wurden aus dem Land
geschmuggelt oder mit falschen Iden-

titäten ausgestattet. Auch die aufwühlenden Ereignisse des Februar 1942, als aus Protest gegen das Vorgehen der Nazis gegen die Juden ein Generalstreik ausgerufen wurde, sind dokumentiert – ebenso wie der schreckliche »Hungerwinter« 1944/45 und die Prämien, die jene Holländer erhielten, die mit der Besatzungsmacht zusammenarbeiten.

✚ 200 C2 ✉ Plantage Kerklaan 61
☎ 020 620 2535; www.verzetsmuseum.org
🕐 Di–Fr 10–17, Sa–Mo und Feiertage 11–17 Uhr; geschl. 1. Jan., 30. April und 25. Dez.
🚊 9 und 14 halten direkt vor dem Artis Zoo, schräg über die Straße
💶 mittel; I Amsterdam-Card gültig

🄫 Entrepotdok

Neben dem Osthafen (► 172) werden heute auch andere Docks als Cafés, Künstlerstudios und Luxuswohngebiete genutzt. Das Entrepotdok war Amsterdams eigener „Freihafen", eine zollfreie Zone, wo Waren verschifft werden konnten, solange sie nicht auf holländischem Staatsgebiet entladen wurden. Im 19. Jh. entwickelte sich das Entrepotdok zum reichsten Dock der Stadt. Mit dem in südwestlicher Richtung liegenden Ufer ist es besonders an Sommernachmittagen beliebt.

✚ 201 D3 ✉ Entrepotdok 🕐 jederzeit
🚊 6 hält vor dem Artis Zoo (► 146); aus der Gegenrichtung ist der nächste Halt an der Plantage Middenlaan, einen Block südlich des Zooeingangs 💶 frei

🄭 Arcam

Das zukünftige Gesicht von Amsterdam können Sie in diesem hervorragenden Architekturzentrum mit Blick auf das Oosterdok erleben, das direkt am Wasser liegt. Das aufsehenerregende, schillernde Gebäude (aus zinkplattiertem Aluminium) erhebt sich wie ein Fragment des weitaus größeren NEMO-Gebäudes aus dem Wasser – und genau so begann auch seine Geschichte.

Neben der Besichtigung des Gebäudes selbst erfahren Sie auch etwas über die aufregenden Entwicklungen in und um die Hauptstadt. Als Hilfe für Entdeckungstouren gibt das Zentrum eine Broschüre mit verschiedenen

Viele Gebäude in Entrepotdok blieben erhalten und werden jetzt gut gepflegt

Spaziergängen im neu gestalteten Osthafen heraus (► 172).

✚ 200 C3 ✉ Prins Hendrikkade 600 ☎ 020 620 4878; www.arcam.nl 🕐 Di–Sa 13–17 Uhr
🚊 22 💶 frei

Als das aktuelle Gebäude 1926 eröffnet wurde, war es das größte in Amsterdam

🅔 Tropenmuseum

Aufgrund seiner Lager hinter der Singelgracht in der südöstlichen Vorstadt wird dieses prächtige Bauwerk trotz seiner wunderschön verzierten Fassade häufig übersehen. Das vielseitige Gebäude aus dem frühen 20. Jh. ist ein Werk von J. J. und M. A. van Nieukerken und zeigt ähnliche gothische Züge wie die Centraal Station und das Rijksmuseum. Es wurde 1923 als Sitz des Vereeniging Kolonial Institut eröffnet und beherbergt heute das Königliche Tropeninstitut. Seine Sammlung enthält sowohl moderne als auch traditionelle Kunst und Fotografien und ist in verschiedene Dauerausstellungen aufgeteilt. Eine kostenlose Audioführung (auf Englisch) erläutert die Highlights der Sammlung.

Viele der Exponate sind nach geografischer Region gruppiert und konzentrieren sich hauptsächlich auf die ehemaligen holländischen Kolonien. Im Erdgeschoss beginnt der Rundgang mit Exponaten zum Thema Mensch und Umwelt, der Schwerpunkt liegt auf der Zerstörung des Regenwalds. Über einen beeindruckenden Treppenaufgang gelangt man in den ersten Stock, der sich hauptsächlich Indien und seine Nachbarländer, sowie Indonesien konzentriert. Der zweite Stock macht durch die Glaskuppel über der Halle die markante Struktur des Museums deutlich. Die Exponate in diesem Raum behandeln die Themen Lateinamerika (vor allem die Karibik und Surinam) und Afrika. Der Kartini-Flügel beherbergt das Tropenmuseum Junior, das für 6- bis 12-jährige Kinder gedacht ist.

🚪 201 E1 ✉ Linnaeusstraat 2 ☎ 020 568 8392; www.tropenmuseum.nl 🕐 tägl. 10–17 Uhr; geschl. 1. Jan., 30. April, 5. Mai und 25. Dez. 🍴 Ekeko-Restaurant (geöffnet 10-17 Uhr) mit Speisen aus aller Welt; das Café hat eine Außenterrasse (€) 🚋 3, 7, 9, 10, 14 🎟 mittel; Museumspass und Amsterdam-Card gültig

Wohin zum …
Essen und Trinken?

Preise

Die Preisangaben gelten pro Person für ein Essen ohne Getränke.

€ unter 20 €   €€ 20–40 €   €€€ über 40 €

CAFÉS UND BARS

Backstage €

Der überlebensgroße Gary Christmas war früher die eine Hälfte des Kabarett-Duos Christmas Twins, sein Bruder Greg ist vor einigen Jahren gestorben. Gary verteilt nun in seinem kleinen, grellen Café, das zu einer Art Amsterdamer Institution geworden ist, originelle Ratschläge an Fremde und seine ergebenen Stammkunden. Seine handgemachten Strickwaren werden zum Verkauf angeboten, das Klo, mit Pin-ups beider Geschlechter geschmückt, ist nichts für zarte Gemüter. Die Spezialität des Hauses ist ein Thunfischtoast nach einem Geheimrezept.

✚ 199 F2 ✉ Utrechtsedwarsstraat 67 ☎ 020 622 3638 🕐 Mo–Sa 10–17.30 Uhr

Bagels & Beans €

Dieses beliebte Café ist jetzt ein erfolgreiches Franchiseunternehmen mit Filialen in der ganzen Stadt. Es ist der ideale Ort für Frühstück oder Mittagessen, wenn man den Albert Cuyp Markt besucht. Die ausgezeichneten Bagels gibt es mit Frischkäse oder Kombinationen wie Bananen mit Ahornsirup. Weitere Spezialitäten des Hauses sind u. a. Muffins, Kaffee und himmlische Fruchtsäfte. Bei schönem Wetter kann die große Terrasse genutzt werden.

✚ 199 bei D1 ✉ Ferdinand Bolstraat 70 ☎ 020 672 1610; www.bagelsandbeans.nl 🕐 Mo–Fr 8.30–17.30, Sa, So 9.30–18 Uhr

Brouwerij 't IJ €

Die Windmühlen im Osten von Amsterdam, einen kurzen Spaziergang vom Schifffahrtsmuseum entfernt, sind einen Besuch wert. Die hauseigene Brauerei hat mindestens vier Biersorten im Ausschank mit einem Alkoholgehalt zwischen fünf und neun Prozent. Die Innenausstattung ist die einer normalen Bierhalle mit einer schmucklosen Theke, ein paar Holzbänken und dem Ausblick auf einen riesigen Braukessel. Bei schönem Wetter sitzen viele Gäste draußen am Kai. Als Snack bekommt man lediglich Erdnüsse, doch im Café nebenan gibt es Tapas.

✚ 201 F2 ✉ Funenkade 7 ☎ 020 622 8325; www.brouwerijhetij.nl 🕐 Mi–So 15–20 Uhr

Café-Restaurant Star Ferry €€

Ein Besuch im Star Ferry im Muziekgebouw aan 't IJ (➤ 160) lohnt sich aufgrund des Designs, der Ausstattung und der Aussicht. Bei schönem Wetter ist die Außenterrasse geöffnet. Auf der Karte stehen Steak, Fisch und Suppen, aber die eigentliche Attraktion ist die Aussicht: Genießen Sie auf der Terrasse oder vom gläsernen Innenbereich einen Kaffee mit Aussicht auf den Fluss.

✚ 201 D5 ✉ Piet Heinkade 1 ☎ 020 788 2090; www.starferry.nl 🕐 tägl. 10–1, Fr, Sa bis 2 Uhr

De Druif €

Das Café »Traube« besteht an dieser Stelle seit 1631: Die senffarbenen Wände, Reihen von alten Likörfässern und eine antike Jenever-Pumpe auf der Theke weisen auf sein Alter hin. Das Café, das vor allem von Einheimischen stark frequentiert wird, hat Blick auf den Eingang zum Entrepotdok (im Hintergrund sieht man Flusskähne vorbeituckern).

✚ 200 C3 ✉ Rapenburgerplein 83 ☎ 020 624 4530 🕐 So–Do 12–1, Fr, Sa bis 2 Uhr

Hooghoudt €–€€

Das kellerartige Erdgeschoss dieses Speichers aus dem 17. Jh. hat eine doppelte Identität. Vorne, wo Jenever und Liköre hinter der Theke stehen, ist es eine Probierstube für die Hooghoudt-

Destillerie in Groningen. Dahinter liegt ein angenehmer kleiner Essbereich, wo man sättigende holländische Gerichte bekommt, etwa Rindergeschmortes in Rotwein- und Jeneversoße. Ob man nun zum Essen oder zum Trinken herkommt – die Atmosphäre ist sehr angenehm. Freitags und Samstags treten oft Jazz- oder Folkbands live auf.

+ 199 E3 **⊠** Reguliersgracht 11
☎ 020 420 4041; www.hooghoudtamsterdam.nl
⏰ Di–Sa 17–24 Uhr

De Kroon €-€€

Eines der größten und trendigsten Grand Cafés der Stadt verleiht dem heruntergekommenen Rembrandtplein einen willkommenen Hauch von Vornehmheit. Im ersten Stock gelegen, hat es eine verglaste Terrasse mit Blick auf den Platz. Die Innenausstattung kombiniert moderne Gemälde, samtüberzogene Plüschmöbel und naturhistorische Artefakte rund um die Bar. Das vielseitige Menü bietet eine gute Auswahl beliebter italienischer Gerichte, auch wenn das Essen eher durchschnittlich als herausragend ist.

+ 199 E3 **⊠** Rembrandtplein 17 **☎** 020 625 2011 **⏰** So–Do 10–1, Fr, Sa bis 2 Uhr

Oosterling €

Der Rang des Oosterling ist unbestritten: Es liegt in einem Gebäude von 1735, das einmal der Holländischen Ost-Indischen Kompanie gehörte, und die Familie Oosterling verkauft hier seit 1879 Getränke. Alte Fässer dienen als Tischplatten, andere stehen aufgereiht hinter der langen Theke mit Granitplatte.

+ 199 F2 **⊠** Utrechtsestraat 140 **☎** 020 623 4140 **⏰** Mo–Sa 12–1, So 13–20 Uhr

De Wetering €

Ein bodenständiges, gemütliches altes Eckcafé voller leicht bohemehafter Einheimischer, trotz der Tatsache, dass die schicken Antiquitätengeschäfte im Spiegelkwartier und das Rijksmuseum gleich um die Ecke liegen. Im Untergeschoss an der Bar gibt es nur Stehplätze, im oberen Stockwerk bedeckt Sand die Bodenbretter, und im Winter brennt ein Holzfeuer.

+ 199 D2 **⊠** Weteringstraat 37
☎ 020 622 9676 **⏰** tägl. 16–1 Uhr

Xtracold €-€€

Dies ist die erste Eisbar der Niederlande. Für 15 € können Sie eine Jacke und Handschuhe, die aus 60 Tonnen Eis gebaut wurde. Die Tische, der Kamin und die Fenster bestehen vollständig aus Eis und sogar die Tulpen stehen in Eisblöcken. Im Preis enthalten ist ein Bier oder ein Wodka-Cocktail. Wartezeiten bis zum Einlass können Sie in der eher kitschigen „normalen" Bar des Xtracold verbringen.

+ 199 F3 **⊠** Amstel 194–196
☎ 020 320 5700; www.xtracold.com
⏰ So–Do 14–24, Fr, Sa 14–3 Uhr

RESTAURANTS

Amstel Intercontinental €€€

Eines der nobelsten Hotels von Amsterdams liegt ein wenig zu weit vom Zentrum entfernt, um eine günstige Ausgangsbasis für die Erkundung der Stadt zu sein, aber es ist hervorragend geeignet, um es sich für ein paar Stunden wohl sein zu lassen. Wählen Sie zwischen einem reichhaltigen Nach-

mittagstee mit köstlichen Sandwiches und Kuchen in der konservativen Lounge, einer Mahlzeit in der weniger einladenden **Amstel Brasserie** im Bibliotheksstil oder, wenn Sie wirklich Großes vorhaben, einem Tisch im **La Rive** (Jackett erforderlich). Dieses Restaurant hat die Atmosphäre eines großen Landhotels und einen tadellosen Service.

+ 200 bei B1 **⊠** Prof Tulplein 1 **☎** 020 622 6060; www.amsterdam.intercontinental. com **⏰** Nachmittagstee tägl. 13–15, 16–18 Uhr; Amstel Brasserie tägl. 12–15, 17–23.30 Uhr; La Rive Tel: 020 520 3264; Di–Fr 12–14, 18.30–22.30, Sa 18.30–22.30 Uhr

Artist Libanees Restaurant €-€€

Dieses libanesische Restaurant feierte vor Kurzem seinen 30. Jahrestag. Geleitet wird es von Simon, einem ehemaligen Kabarettkünstler, und seinem Sohn Ralph. Angeboten werden authentische libanesische Gerichte zu einem angemessenen Preis. Wenn man zu fünft kommt, kann man die *mezes* (warme und kalte Vorspeisen) probieren, kleinere Gruppen müssen diese *à la carte* bestellen. Man hat die Auswahl zwischen verschiedenen

Variationen von Aubergine, Lammfleisch und sogar Okra. Unbedingt probieren sollte man das *baba ghanouj*, ein Auberginenpüree mit Knoblauch und warmer *pitta* als Vorspeise. Libanesischen Wein gibt es auch.

199 F1 Tweede Jan Steenstraat 1
020 671 4264; www.libanees-artist.nl
Mo–Do 11–1, Fr 11–2, Sa 9–2, So 9–24 Uhr

Bazar €–€€

Treten Sie von der geschäftigen Albert Cuypstraat ein in eine andere Welt. In einer ehemaligen Kirche betreiben die Eigentümer eines beliebten Rotterdamer Hotels jetzt dieses Café mit Bar und Restaurant im nahöstlichen Stil. Das Essen ist gut, aber Hauptanziehungspunkt ist die Kulisse. Suchen Sie sich wenn möglich einen Platz auf der Galerie.

199 bei E1 Albert Cuypstraat 182
020 675 0544; www.bazaramsterdam.nl
Mo–Do 11–1 Uhr

Cambodja City €

Das schlichte Ambiente einschließlich der Fotos vom Speisenangebot im Fenster, ein paar Papierdrachen, einem Schalter für Essen zum Mitnehmen und Tischen mit Vinylplatten tauscht; in diesem Eethuis wird mit das beste asiatische Essen in Amsterdam gekocht. Auf der Speisekarte stehen thailändische, kambodschanische und vietnamesische Gerichte.

199 bei D1 Albert Cuypstraat 58/60
020 671 4930 Di–So 17–23 Uhr

Ciel Bleu €€€

Reservieren Sie in diesem französischen Restaurant mit zwei Michelin-Sternen so früh wie möglich. Im 23. Stock des Okura-Hotels genießen die Gäste den Panoramablick über die Stadt oder reservieren den »Chef's Table« gleich neben der Küche für ein direkt vor ihren Augen zubereitetes Acht-Gänge-Menü.

199 Ferdinand Bolstraat 333
020 678 74 50; www.cielbleu.nl
tägl. 18.30–22.30 Uhr

Dynasty €€–€€€

Dieses verführerische, hochpreisige Restaurant mit südostasiatischer Küche liegt im Erdgeschoss eines hübschen alten Giebelhauses an einer Straße, die für ihre Schwulenbars bekannt ist. Man isst bei Kerzenlicht, und die Decke ist ganz mit aufgespannten Schirmen bedeckt. Wenn das Wetter es erlaubt, sitzt man in dem schönen Garten hinterm Haus.

199 D3 Reguliersdwarsstraat 30
020 626 8400; www.orientalrestaurants.nl
Mi–Mo 17.30–22.30 Uhr

Fifteen Amsterdam €€

In dieser holländischen Version des britischen Fifteen-Restaurants von Starkoch Jamie Oliver, werden die meisten Gerichte von den Kochlehrlingen zubereitet. Genießen Sie ein gutes, modernes Vier-Gänge-Menü der italienischen Art (keine Auswahl) in einem Lagerhaus mit gerüffelten Metallwänden und Graffiti-Kunst. Fragen Sie nach einem Tisch bei der Küche – dort gibt es die besten Plätze im Haus.

201 D5 Jollemanhof 9, Eastern Docklands 020 711 1567; www.fifteen.nl
Mo–Sa 12–15, 17.30–22 Uhr

Tempo Doeloe €€

Viele Amsterdamer würden dieses Lokal empfehlen, wenn sie um einen Tipp für ein indonesisches Restaurant gebeten werden. Sein einziger Nachteil ist seine Beliebtheit; es ist immer voll, und der Service kann sich endlos hinziehen. Klingeln Sie, um eingelassen zu werden. Die Küche ist authentisch, und die *rijsttafels* sind großzügig und variantenreich.

199 F2 Utrechtsestraat 75 020 625 6718; www.tempodoeloerestaurant.nl
tägl. 18–23.30 Uhr

Warung Marlon €

De Pijp ist die Gegend für bodenständige ethnische Kost, und an der 1e Van der Helststraat geht es nirgends weniger protzig zu als in diesem spartanischen, aber lebhaften kleinen surinamesischen Lokal. Da Surinam in Südamerika liegt, wundert man sich vielleicht über die große Zahl asiatischer Speisen auf der Karte, besonders über die indonesischen Gerichte wie *satay* und gebratenen Reis; der Grund liegt darin, dass die meisten Restaurants in Surinam von Asiaten betrieben werden. Mittags reicht oft schon eine der großen Suppen als vollständige Mahlzeit.

➕ 199 E1
🏠 1e Van der Helststraat 55 ☎ 020 671 1526
🕐 Mi–Mo 11–20 Uhr

Yamazato €€€

Dieses Restaurant im Okura Hotel ist das einzige traditionelle japanische Restaurant in Europa mit einem Michelin-Stern. Das Yamazato bietet eine einzigartige authentische Atmosphäre mit Blick auf den friedlichen japanischen Garten und den Karpfenteich sowie Sake-Bar und lächelnde Kellnerinnen in Kimono. Die Lunchbox ist empfehlenswert, wenn man verschiedene Gerichte probieren möchte. Zum Abschluss gibt es Grüner-Tee-Eiscreme. Auch eine umfangreiche Sushi-Karte wird angeboten. Um Enttäuschungen zu vermeiden, sollten Sie unbedingt reservieren.

➕ 199 E1 ✉ Ferdinand Bolstraat 333
☎ 020 678 8351; www.yamazato.nl
🕐 7.30–9.30, 12–14, 18–21.30 Uhr

Le Zinc...et les Autres €€

Eine einnehmende Mischung aus dem ländlichen Frankreich in einem alten verschalten Speicher an der Gracht. Sitzplätze gibt es unten, bei der hübschen, zinkverkleideten Bar, oder in dem helleren, größeren Raum im ersten Stock. Bei dem starken französischen Einfluss ist es nicht überraschend, dass viel Wert auf die Wein- und Käsekarte gelegt wird. Die abwechslungsreiche Speisekarte von Chefkoch Edwin van Westrop wechselt monatlich, aber unter den Vorspeisen finden Sie vermutlich norwegische Muscheln oder wilden Seebarsch und unter den Hauptspeisen können Sie aus mindestens einem Fischgericht und vielleicht gebratener Gänsebrust oder Kalbskarree wählen.

➕ 199 E2
✉ Prinsengracht 999
☎ 020 622 9044; www.lezinc.nl
🕐 Mo–Sa 17.30–23 Uhr

Wohin zum ... Einkaufen?

Die wichtigsten Einkaufs-Highlights in diesem Teil der Stadt sind die Kunst- und Antiquitätengeschäfte im Spiegelkwartier, der touristische, aber farbenfrohe Blumenmarkt und der bodenständige Albert Cuyp Markt, der etwas vom Duft eines Straßenmarkts im Londoner East End hat.

SPIEGELKWARTIER

Die 80 Läden in Amsterdams erstrangigem Kunst- und Antiquitätenbezirk handeln mit allem: von Alten Meistern bis zu Antiquitäten und von russischen Ikonen bis zu chinesischen Drucken. Im Herzen des Bezirks liegt die Nieuwe Spiegelstraat, die von der Goldenen Biegung der Herengracht in Richtung Rijksmuseum verläuft. Mit seinen alten Giebelhäusern und den üppigen Schaufensterauslagen ist die Nieuwe Spiegelstraat vielleicht die hübscheste grachtenfreie Durchgangsstraße und hervorragend geeignet, um sich unverbindlich umzusehen. Beginnen Sie an der Ecke Herengracht; ein Besuch bei De Appel (Nr. 10; Tel. 020 625 5651; www.deappel.nl), einem größeren Ausstellungszentrum für zeitgenössische Kunst, lohnt sich immer. Umbria (Nr. 20; Tel. 0620 889 730; www.umbriaantiques.com) handelt mit riesigen alten und neuen Krügen aus Spanien und Italien, während der Juwelier Schilling (Nr. 23) alles von Ohrringen bis hin zu Spiegeln hat. Sie finden klassisches Delfter Porzellan aus dem 17. und 18. Jh. bei Aronson Antiquairs (Nr. 39; Tel. 020 623 3103; www.aronson.nl) und Eduard Kramer

(Nr. 64; Tel. 020 623 0832) hat eine breite Auswahl an alten Delfter Kacheln – die meisten aus Grachtenhäusern – sowie an holländischem Schmuck und Juwelen.

Die Nieuwe Spiegelstraat geht über in die Spiegelgracht, wo es viele Galerien für moderne Kunst und ein ausgezeichnetes Spielwarengeschäft, **Tinker Bell** (www.tinkerbelltoys.nl) in Nr. 10, gibt.

Faszinierende Läden findet man auch etwas abseits von Spiegelgracht und Nieuwe Spiegelstraat an den Straßen, die auf die Grachten zu oder parallel dazu verlaufen. **Ria Jong** (Prinsengracht 574; Tel. 020 625 2355) hat eine interessante Auswahl an Antiquitäten. **Anton Heyboer** (Prinsengracht 578; www.anton-heyboer.nl) handelt mit antikem Spielzeug, z. B. Rollern, Puppen und Schaukelpferden, während sich **Thom & Lenny Nelis** (Keizersgracht 541; www.nelisantiques.com) alten Apothekenutensilien wie Waagen und Krügen verschrieben hat.

Bei einem Umweg über die Kerkstraat stößt man auf **Conscious Dreams Dreamlounge** (Nr. 113; www.consciousdreams.nl), den ersten von vielen »smart shops« (▶ 46).

WEITERE EINKAUFSSTRASSEN

Die Läden an dem Teil des Singel, der an den Blumenmarkt grenzt, verkaufen amüsante Souvenirs, wie etwa singende Weihnachtsmänner oder Krawatten mit Kühen und Windmühlen. **Maranon** (Singel 488–490; www.maranon.nl) hat eine ausgedehnte und farbenfrohe Kollektion von Hängematten.

Utrechtsestraat mit ihren altmodischen Feinkostläden, den Blumen und Heringsläden an den Brücken ist eine der schickeren Amsterdamer Einkaufsstraßen. Einen Blick wert ist **Concerto** (Nr. 52–60; www.concerto.nl), ein Musikgeschäft mit großer Secondhand-Abteilung, das sich über einen halben Block erstreckt.

An der Vijzelgracht halten Sie Ausschau nach **Holtkamp** (Nr. 15; www.holtkamp.nl), wo es handgemachte Schokoladen und wie Schwäne geformte Baisers gibt. Auch die Preise entsprechen einer Luxusbäckerei. **Peter Doeswijk** (www.peterdoeswijk.nl), zwei Häuser weiter in Nr. 11, verkauft Telefone und Toilettensitze, die mit einmaligen Designs bemalt sind und die einen somit täglich an den Amsterdambesuch erinnern.

MÄRKTE

Bloemenmarkt (Mo–Sa 9.30–17, So 12–17 Uhr): Der Blumenmarkt erstreckt sich über den Singel, doch sollte man das oft zitierte »schwimmend« nicht zu wörtlich nehmen. Früher einmal verkauften die Züchter Blumen von den Booten aus, die sie in die Stadt gebracht hatten, aber heutzutage sind die Stände und Läden feststehend. Obwohl die Straße schrecklich überfüllt sein kann, sehen die frisch geschnittenen Blumen erfrischend aus und duften herrlich. Ob für Garten, Zimmer oder Balkon - hier gibt es für jeden das passende Grün. Man kann hier auch gut Blumenzwiebeln kaufen oder für den Versand bestellen und wie Schwäne geformte Schokoladen und Holztulpen, ein beliebtes Souvenir, erstehen. Die Schnäppchensuche ist oft schwierig - in der Regel sind die Preise recht hoch.

Albert Cuyp Markt (Albert Cuypstraat, Mo–Sa 9–17 Uhr): Die Lebensader des De-Pijp-Viertels ist der größte und beste allgemeine Markt der Stadt. Zwischen Ferdinand Balstraat und Van Woustraat ist er einen Kilometer lang und hat 350 Stände. Obst und Gemüse, Hering und Aal, Käse und Oliven, Schlupfer und Jeans und jede Art von Nippes, die man sich vorstellen kann, werden hier angeboten. Ebenso interessant sind die multikulturellen Läden und Cafés entlang der Straße: Für bekömmlicher aussehende Speisen und Getränke sollte man allerdings in die **1e Van de Helstraat** gehen.

Wohin zum ...
Ausgehen?

Das Nachtleben im östlichen Grachtengürtel spielt sich am Rembrandtplein und in den umliegenden Straßen ab. Der heruntergekommene, bisweilen von Rowdys heimgesuchte Platz ist des Nachts von Neonröhren erleuchtet. Die Cafés und Restaurants sind eher zweitklassig (Empfehlungen, ▲ 155ff). Aber wenn man auf den großen Terrassen sitzt, sorgen Straßenmusikanten und vorbeifahrende Straßenbahnen für Unterhaltung. Traditionelle volkstümliche holländische Musik erklingt in Cafés wie dem Hof van Holland und Popularis.

Richtung Westen ist die Reguliersdwarsstraat (hinter der Vijzelstraat) einer der wichtigsten Drehpunkte für Amsterdams lebhafte Schwulenszene mit entsprechenden Sex-Shops, Gay-

Clubs sowie Restaurants und Cafés ähnlicher Klientel. Eines der kultiviertesten Cafés ist das April (Nr. 37), obwohl es nachts immer noch ein Arbeiterclub ist.

NACHTCLUBS

Escape (Rembrandtplein 11, Tel. 020 622 1111; www.escape.nl) am Rembrandtplein ist die größte Disco der Stadt. Ihr großer Abend ist der Samstag: Seien Sie darauf gefasst, anstehen zu müssen, und ziehen Sie sich schick an, wenn Sie an den Türstehern vorbeikommen wollen. Das trendige Hightech-**Exit** (Reguliersdwarsstraat 42, Tel. 020 625 8788; www.clubexit.eu) ist einer der bekanntesten Schwulenclubs. **Tonight** (s'Gravesandestraat 51, Tel. 020 694 7444), mit der Straßenbahn

zehn Minuten vom Stadtzentrum entfernt und nur freitags bis sonntags geöffnet, spielt Tanzmusik.

KINO

Wenn Sie während Ihres Amsterdam-Aufenthaltes ins Kino gehen möchten, besuchen Sie das **Tuschinski Theater** (Reguliersbreestraat 26–28, Tel. 020 623 1510; www.pathe.nl). 1921 in völlig überspitztem Art-déco-Stil erbaut, wurde Amsterdams Vorzeigekino gut an den Hollywood Boulevard in Los Angeles passen. Die farbenprächtige Einrichtung des Kinos ist originalgetreu restauriert worden. Werfen Sie einen Blick in die Eingangshalle, oder, besser noch, kaufen Sie sich eine Karte für die Vorstellung im Saal 1, dem riesigen Hauptauditorium. Die teuersten Tickets sind für die Doppelsitze und schließen ein Glas Champagner ein. Gelegentlich gibt es Führungen – fragen Sie im Kino nach den genauen Zeiten. Am Wochenende muss man anstehen, wenn man nicht vorbestellt hat.

THEATER UND KAMMERMUSIK

Die Amstel hinunter finden Sie das **Koninklijk Theater Carré** (Amstel 115–125, Tel. 0900 252 5255; www. theatercarre.nl), das um 19. Jh. als Zirkus gebaut wurde. Heutzutage werden hier Musicals im großen Maßstab sowie Opern und Balletts aufgeführt. Ein lebendiges Programm wird im **Tropentheater** (2 Linnaeusstraat; Tel. 20 5688 500; www.tropentheater.nl) angeboten. Es liegt gleich neben dem Tropenmuseum (▲ 154). Das interessante Programm wechselt wöchentlich und bietet von surinamischer Volksoper bis hin zu russischen Tischzitterspielern eine bunte Mischung. Die Konzerthalle **Muziekgebouw aan 't IJ** (▲ 148f) in der Nähe des Passagierterminals im Osthafen, ist einer der führenden Veranstaltungsorte für Livemusikevents der Stadt. Gleich daneben befindet sich das **Bimhuis** (Piet Heinkade 3; Tel. 020 788 2188; www.bimhuis.nl), Amsterdams Hauptveranstaltungsort für Jazzmusik mit über 300 Konzerten jährlich.

Ausflüge

Ausflüge

Von Amsterdam aus kann man fast jeden Teil der Niederlande leicht und schnell erreichen. In nur wenigen
Minuten bringt Sie die Fähre über die Ij an den Rand
der Region Waterland – in ein ruhiges Gebiet, das tief in
Traditionen verwurzelt ist.

Gleich außerhalb des mittelalterlichen Stadtzentrums liegt auf
der Ostseite eine andere Welt – das **Oostelijk Havengebied**
(der Osthafen). Wenn man sich stattdessen nach Westen
wendet, vertauscht man binnen 15 Minuten die Geschäftigkeit von Hollands größter Stadt mit dem sehr viel ruhigeren
und überschaubareren **Haarlem** – und an einem heißen
Sommertag kann man sich am Strand von **Zandvoort** zu den
Amsterdamern gesellen.

Nach Osten hin sind es nur 30 Minuten bis zu der alten
Hauptstadt **Utrecht**. Obwohl sie ihre politische Macht schon
vor langer Zeit abtreten musste, hat sie eine gewisse Majestät
bewahrt. Das Stadtzentrum, das von zwei »versunkenen
Grachten« durchschnitten wird, ist eines der schönsten in
Europa. Auf dem Weg nach **Leiden** – von Amsterdam aus
Richtung Südwesten – gleitet man zur richtigen Jahreszeit
durch ein Meer von Farben. Die Universitätsstadt Leiden ist
ebenso hübsch wie historisch bedeutsam.

**Seite 161:
Bootsskulptur**

Noord-Holland

Noord-Holland ist der Name der Halbinsel, die sich von Amsterdam nach Norden erstreckt, im Westen begrenzt von der Nordsee, im Osten vom Ijsselmeer (das durch die Eindeichung der Zuider Zee entstand).

Windmühlen sind ein schöner Anblick an der Zaanse Schans

Diese halbländliche Region ist übersät mit hübschen Dörfern und historischen Sehenswürdigkeiten. Die Landschaft sieht ganz anders aus als weiter südlich. Bei stürmischem, grauem Wetter wirken die vom Wind gepeitschten Felder wie ein Abbild der Trostlosigkeit, die Van Gogh in einigen Bildern spürbar werden lässt – an sonnigen Tagen gleichen sie seinen heitersten Landschaften. An Küste und Wasserwegen finden sich noch immer vielfältige Zeichen der Hochseetradition, die endete, als der Afsluitdijk die Zuider Zee von der Nordsee abschnitt. Am Wochenende ist das Gebiet ein Tummelplatz der Amsterdamer und außerdem ein Vogelparadies. Etliche der interessanten Ziele erreicht man mit dem Zug, die Lücken dazwischen werden vielfach von Bussen bedient: Der 111 fährt von Amsterdams Centraal Station bis zur **Insel Marken**, der 110, 112 und 116 nach **Volendam** und der 114 116 und **Edam**.

Allerdings kann in diesem Teil des Landes ein individuelles Transportmittel, sei es auf zwei oder auf vier Rädern, sehr nützlich sein und die Freiheit geben, eine eigene Rundfahrt zu unternehmen. Ein guter Start zu Fuß oder mit dem Fahrrad ist das Übersetzen mit der Fähre über die Ij auf der Rückseite von Amsterdams Centraal Station; das Boot fährt vom frühen Morgen bis zum späten Abend alle paar Minuten. Am nördlichen Ufer gibt es Busse und Radwege, die durch die Vorstädte von Amsterdam-Noord nach **Broek-in-Waterland** führen. Wer motorisiert ist, folgt am besten den Hinweisschildern, sobald er den Tunnel unter dem Ij durchfahren hat.

Broek-in-Waterland

Broek-in-Waterland, eine Ansammlung hübscher Häuschen inmitten eines Netzwerks ruhiger Wasserstraßen, bestimmt den Stil der ganzen Region. Mitten im Dorf steht eine Kirche mit sprödem Charme aus dem 16. Jh.

Marken

Richtung Nordosten gelangt man über eine Nebenstraße auf den Damm, der nach Marken führt, einer Insel im Ijsselmeer. Autos und Busse müssen am Südende der Siedlung parken. Die Ruhe und die relative Isolation machen Marken mit seiner drolligen Zusammenstellung von Holzhäusern, die durch altehrwürdige Brücken miteinander verbunden sind, zum schönsten Dorf in Nordholland.

Eine Zeit lang befand sich hier dank der Fischer- und Walfangflotte der am meisten frequentierte Hafen der Region; heute ist der wichtigste Erwerbszweig der Tourismus, und im Hafengebiet gibt es jede Menge Cafés und Restaurants. Von hier legen regelmäßig Fähren zum lebhaften Hafen von Volendam ab.

Oben: Holzhäuser in Marken

Radfahrer werden sich vielleicht entschließen, hinter Marken umzukehren und nach Hause zu fahren, während motorisierte Verkehrsteilnehmer erst einmal denselben Weg zurück müssen, um auf die Küstenstraße nach Norden zu gelangen, die von einem eindrucksvollen Deich geschützt wird.

Unten: Boote im Hafen von Volendam

Volendam und Edam

Die Küstenstraße führt durch Monnickendam und schlängelt sich dann am Ufer des Ijsselmeers entlang nach Volendam, in dessen Hafen es von Cafés, Souvenirläden und farbig gestrichenen Booten nur so wimmelt. Die »wirkliche« Stadt liegt direkt dahinter und hat beträchtlichen Charme.

Volendam geht unmerklich in Edam über, eine Ortschaft, die wegen der nach ihr benannten Käsesorte weltweit bekannt ist. Wenn die Touristenbusse abgefahren sind, gewöhnlich gegen 16 Uhr, macht

es Spaß, die ruhigen Straßen zu durchstreifen, die voller Geschichte (und Käseläden) stecken. Von hier führen der Bus 114 oder 116, eine schnelle Hauptstraße oder ein gemütlicher Fahrradweg auf direktem Weg zurück nach Amsterdam. Doch lässt sich die ländliche Rundtour auch Richtung Westen mit weiteren Sehenswürdigkeiten fortsetzen.

Zaanse Schans

Die Zaan ist, wie andere Flüsse in diesem Gebiet, aufgestaut worden. Im 17. und 18. Jh. war die Stadt Zaandam ein wichtiges Zentrum des Schiffbaus. Heutzutage kommen die meisten Besucher nach **Zaandam**, um die Zaanse Schans zu besichtigen, eine Ansammlung von historischen Handelshäusern und Windmühlen nördlich der Stadt.

Die Mühlen, die am Ostufer der Zaan stehen, sind die letzten von etwa 600, die einst den Horizont säumten. Sechs davon stehen noch in Zaanse Schans. Am interessantesten ist die **Verfmolen Dekat** (www.verfmolendekat. com), eine Farbmühle. Hier wurden Holz, Pflanzen und Wurzeln für die Tuchmacher vermahlen und Kreide für die Maler zerdrückt. Die Mühle ist weiter in Betrieb und trägt sich finanziell selbst. Heute werden hier natürliche Farben für Künstler hergestellt. Zwischen den typischen Häusern, die dunkelgrün gestrichen sind und verstreut an Kanälen stehen, finden sich lokale Nutztiere.

Besuch beim Zaren

Es ist ein sehr großer Schritt von der holländischen Landschaft zum Winterpalais in St. Petersburg, doch lässt sich einiges vom Ursprung der schönsten Stadt Russlands in **Zaandam** aufspüren. Zu Beginn seiner Herrschaft bereiste Peter der Große Westeuropa, um die Techniken zu erlernen, die ihn in die Lage versetzen sollten, das rückständige russische Reich zu modernisieren. Ende des 17. Jhs. kam er nach Holland, um die neuesten Marinetechnologien zu studieren, und traf mit den fähigsten Schiffbauern und Kartografen zusammen. Sein Haus in der Stadt, das **Czaar Peterhuisje**, ist heute ein Museum. Das Museum dokumentiert den Schiffbau an der Zaan und das Leben des Zaren. Für russische Besucher ist es eine Art Wallfahrtsort geworden.

Während er hier wohnte, lernte der Zar auch viel über Landgewinnung, was sich beim Bau seiner neuen Hauptstadt St. Petersburg auf dem Marschland am Rand der Ostsee als unschätzbar wertvoll erwies.

Zaanse Schans
✉ Zaandam ☎ 075 616 8218; www.zaanseschans.nl ⏱ Öffnungszeiten variieren ja nach Ort 🍴 Restaurant De Hoop Op d'Swarte Walvis (Kalverringdijk 15, Tel. 075 616 5629; www.dewalvis.nl), geöffnet tägl. 12–14.30, 18–21 Uhr, Am Wochenende sind Reservierungen erforderlich (€€€) 🚉 Koog-Zaandijk, stündl. vier Züge 💶 Gelände frei; Attraktionen preiswert–mittel

Czaar Peterhuisje
✉ Krimp 23, Zaandam ☎ 075 616 0390; www.zaanseschans.nl
⏱ Di–So 13–17 Uhr; geschl. 1. Jan. und 25. Dez.
🚉 Zaandam (vier Züge pro Stunde von Centraal Station) 💶 preiswert

Haarlem und Zandvoort

An einem sonnigen Tag sind diese attraktive Stadt mit ihren hervorragenden Restaurants und den Stränden schöne Ziele für einen Ausflug. Beide sind von Amsterdam aus leicht zu erreichen.

Haarlem

Haarlem, nur 15 Minuten von Amsterdam entfernt, ist ein perfektes Heilmittel für all diejenigen, die sich von der Hauptstadt überrollt fühlen. Klein, überschaubar und freundlich findet sich hier die Atmosphäre einer »echten« holländischen Stadt, kombiniert mit einem ebenso starken wie individuellen historischen und kulturellen Charakter.

Es gibt einen einfachen und fesselnden Rundgang, der an einer der Hauptsehenswürdigkeiten, dem prächtigen **Jugendstil-Bahnhof** von 1908, beginnt. In der Haupthalle gibt es zwei große Wandgemälde, eines zeigt einen Bauern beim Pflügen, das andere zwei Schmiede. An der Westseite des Bahnhofs (außerhalb der Halle) ist ein VVV Tourismusbüro.

Vor dem Bahnhof geht es nach Süden in den Kruisweg, der später in die Kruisstraat übergeht. Sie kommen an **Steedehuys Antiek** (Kruisstraat 11) vorbei, einem der zahlreichen Antikengeschäfte in Haarlem, das sich in einem Gebäude aus dem 19. Jh. befindet. Das **Hofje van Oorschot** schräg gegenüber ist eine Rarität, ein *hofje* (➤ 90), das einmal nicht abge-

Die Grote Kerk von Haarlem war eigentlich nur 19 Jahre eine Kirche (1559–78)

schlossen, sondern zur Straße hin offen ist.

Weiter geht es Richtung Süden die Barteljorisstraat entlang, vorbei am **Corrie ten Boomhuis** (links). Die ten Booms spielten während des Zweiten Weltkriegs eine wichtige Rolle in der Widerstandsbewegung und boten Juden Unterschlupf.

Ein paar Meter weiter öffnet sich der von schönen, alten Gebäuden umstandene **Grote Markt**. Der Marktplatz wird von der **Sint Bavokerk**, auch Grote Kerk genannt, beherrscht. Das spätgotische Bauwerk aus dem 15. Jh. schlägt allein in den Ausmaßen jede Kirche in Amsterdam. Sehenswert ist die 1738 gebaute Barockorgel, auf der der zehnjährige Mozart spielte. Gehen Sie auf der Warmoesstraat weiter Richtung Süden. Hier befinden sich einige hervorragende Restaurants. Die Straße mündet in die Schagchelstraat und die **Grote Heiligland**, wo einige hübsche Häuser stehen. Fast am Ende, in einer Herberge aus dem Jahr 1608, befindet sich das **Frans Halsmuseum**, eine wunderschöne Galerie, die Werke des Künstlers aus Haarlem aus dem 17. Jh. zeigt.

Spaziergänge am Meer sind in Holland beliebt

Zandvoort

Zandvoort (www.zandvoort.nl), der Strand von Amsterdam, ist einfach und zieht insbesondere junge Familien an. Ursprünglich war Zandvoort ein Fischerdorf in den Dünen, die westlich von Haarlem den Nordseestrand säumen. Heute reihen sich dort Hotels und Apartmenthäuser aneinander, aber es gibt auch noch Spuren des alten Hafens.

Einige Kilometer weiter nördlich liegt **Bloemendaal**, ein teurerer Vetter von Zandvoort, angeblich der reichste Ort in Holland und mit einer steigenden Zahl an Strandpavillons.

Von Amsterdam fahren viele Züge über Haarlem direkt in den Badeort.

Corrie ten Boomhuis
✉ Barteljorisstraat 19 ☎ 023 531 0823; www.corrietenboom.com
🕐 April–Okt. Di–Sa 10–16 Uhr (letzte Führung um 15.30 Uhr); Nov.–März Di–Sa 11–15 Uhr (letzte Führung um 14.30 Uhr); nur geführte Besichtigung (eine Uhr an der Tür zeigt die nächste Führung an) 💶 frei; um Spenden wird gebeten

Sint Bavokerk
✉ Grote Markt ☎ 023 553 2040; www.bavo.nl
🕐 Mo–Sa 10–16 Uhr (im Sommer bis 17 Uhr) 💶 frei

Frans Halsmuseum
✉ Groot Heiligland 62, Haarlem ☎ 023 511 5775; www.franshalsmuseum.nl
🕐 Di–Sa 11–17, So und Feiertage 12–17 Uhr. Geschl. 1. Jan. und 25. Dez.
💶 mittel; preiswert für Besitzer des Museumpasses

Utrecht

Mit ihrer einzigartigen Kathedrale, der interessanten
Geschichte und dem Dick Bruna Museum (Autor der belieb-
ten *Miffy*-Bücher) ist diese attraktive Stadt ideal für einen
Tagesausflug. Von Amsterdam aus ist sie leicht zu erreichen.

Einst floss der Rhein durch diesen
Teil der Niederlande, und die Römer
errichteten hier einen wichtigen
Flussübergang. Als der launische
Fluss sein Bett in das Gebiet südlich
der Stadt verlegte, war Utrecht bereits
ein wichtiges politisches Zentrum
und sein Bischof eine der wichtigsten
Personen in den Niederlanden. Seine
Zustimmung zur Gründungsurkun-
de für die junge Siedlung Amsterdam
im Jahr 1300 wird oft als Datum der
Stadtgründung genannt. Obwohl
seine Macht schwand, hat Utrecht's
Universität immer wieder für frischen
Wind gesorgt, und die zentrale Lage
der Stadt hat viele Firmen angezogen.

Pro Stunde treffen fünf Züge aus
Amsterdam ein, nach 30 Minuten
Fahrt. Wenn man dem Schild »Centrum« folgt, kommt man durch das
labyrinthartige Einkaufszentrum
zur Lange Elisabethstraat; alle Sei-
tenstraßen, die auf der gegenüberliegenden Seite dieser Durchgangsstraße abgehen, führen zum Haupt-
kanal, der **Oudegracht**. Neben dem
Dom finden Sie das gut ausgeschilderte
Touristenbüro (www.utrecht.nl).

Von der Oudegracht zur Nienwegracht

Für die **Oudegracht** und die parallel
verlaufende **Nieuwegracht** wurde
ein breiter Graben ausgehoben.
Beide sind mit Gehwegen unter der
Straßenebene flankiert und in den
Kellern entlang der Kanäle sind zahlreiche Cafés, Restaurants, Studios
und Galerien entstanden. Um das
Stadhuis, eine imposantes Gebäude
mit beeindruckenden modernen
Erweiterungen, wird die Oudegracht
schmaler und läuft dann weiter
Richtung Süden. Ein 20-minütiger

Spaziergang entlang dem Ostufer Richtung Süden ist ein guter Weg, die Stadt kennenzulernen. Wenn Sie auf der Straßenebene bleiben, sehen Sie mehr.

Kurz nachdem die Straße in die Twijnstraat mündet und vom Kanal abzweigt, befinden Sie sich an der Ecke zur Nicolaasstraat:

Links liegt das **Centraal Museum** mit seiner kostbaren Sammlung zum Ursprung der Stadt, dem goldenen Zeitalter und moderner Kunst. Ganz in der Nähe auf der Agnietenstraat liegt das **Dick Bruna huis**, das Wohnhaus von Dick Bruna (geb. 1927), der 1955 Miffy, den heute weltbekannten Hasen, erfand. Ausgestellt werden 1200 seiner Arbeiten, darunter Bilderbücher und Originalsketche. Biegen Sie dann ab auf die Nieuwegracht zum **Catharijne Convent Museum**. Dies ist eines der am phantasievollsten gestalteten Museen des Landes, die Sammlung religiöser Kunst – u.a. Werke von Frans Hals und Rembrandt – erstreckt sich durch das alte Kloster bis in die St Catarijnekerk dahinter.

Der Dom von Utrecht

Im Norden schließt sich ein schönes ruhiges Viertel an, durch das Sie zum **Dom** gelangen – eine der seltsamsten Sehenswürdigkeiten des Landes. Der 1517 abgeschlossene Bau dauerte über zwei Jahrhunderte.1674 zerstörte ein Hurrikan das Mittelschiff. Daher besteht der Domplein heute aus einem schönen 112 Meter hohen Turm (Führungen stündlich 11–16 Uhr) mit einem angenehmen Glockenspiel (zur vollen und halben Stunde) sowie einer verkürzten Kathedrale, die auf der Westseite zugemauert ist. Südlich befindet sich ein antiker Felsblock mit Runen, der unter großen Schwierigkeiten im 10. Jh von Jütland (Dänemark) hierher gebracht wurde.

Links: Der Turm des Doms wurde zwischen 1321 und 1482 erbaut und ist der höchste Kirchturm der Niederlande

Unten: Die Oudegracht ist ein altes Kanalsystem in der Altstadt

Centraal Museum
✉ Nicolaaskerkhof 10 ☎ 030 236 2362; www.centraalmuseum.nl
🕐 Di–So 11–17 Uhr (Fr bis 21 Uhr); geschl. 1. Jan., 30. April, 25. Dez.
💰 mittel; Museumspass gültig

Dick Bruna huis
✉ Agnietenstraat 2 ☎ 030 236 23 92; www.dickbrunahuis.com
🕐 Di–So 10–17 Uhr. ; geschl. 1. Jan., 30. April, 25. Dez. 💰 mittel

Catharijne Convent Museum
✉ Lange Nieuwstraat 38 ☎ 030 231 3835; www.catharijneconvent.nl
🕐 Di–Fr 10–17 Uhr, Sa, So und Feiertage 11–17 Uhr; geschl. 1. Jan., 30. April
🍴 Café, Restaurant, Erfrischungen (€€) 💰 teuer

Leiden und die Tulpenfelder

Die Universitätsstadt Leiden verfügt über schöne Spazierwege entlang den Grachten, attraktive Häuschen und ein erstklassiges Museum sowie die größte Pflanzenzwiebelausstellung der Welt. Zudem mangelt es nicht an Plätzen zum Essen, Trinken und Entspannen.

Wenn man am Bahnhof den Ausgang zum Stationsweg wählt, kann man sogleich mit der Stadtbesichtigung beginnen. Das **Rijksmuseum voor Volkenkunde** in der Steenstraat 1 (Di–So 10–17 Uhr; mittel; Tel. 071 516 8800; www.volkenkunde.nl), untergebracht in einem ehemaligen Krankenhaus aus dem 19. Jh., ist mit den Fundstücken holländischer Forschungsreisender gefüllt. Die besten Exponate stammen aus Asien, insbesondere aus Java und Japan, aber es gibt auch eine Sammlung mit peruanischer Keramik.

Folgt man dem Kanal hinter dem Museum, kommt man zum reich verzierten **Morspoort**, einem der ursprünglichen Stadttore. Es öffnet sich hin zu einer von Restaurants gesäumten Straße, die ihrerseits zu einer der meistfotografierten Stellen der Stadt führt, der klobigen Brücke, die den Kanal **Oude Vest** überspannt. Gleich rechts führt eine weitere Brücke über den Rhein – oder zumindest über das Bett, das der Fluss sich vor langer Zeit gegraben hat, als er noch durch Utrecht und Leiden floss. Dieser Arm heißt heute der **Oude Rijn**, der Alte Rhein.

Leiden in seiner ganzen Schönheit

Der Weg nach Süden entlang Rapenburg führt zum reizvollsten Teil der Stadt. Links (östlich) liegt das **Rijksmuseum vaan Oudenheden** (Nationalmuseum für Archäologie, Rapenburg 28, Tel. 071 516 3163; www.rmo.nl; geöffnet Di–Fr 10–17, So 12–17 Uhr).

Nahe den **Botanical Gardens** (Rapenburg 73; geöffnet April–Okt. tägl. 10–18, Nov.–März Di–So 10–16 Uhr; mit-

Oben: Im Keukenhof werden auf 32 Hektar Blumen- zwiebeln ausgestellt

Links: In der Region um Leiden stehen zahlreiche charmante Windmühlen

tel) beherrscht die wuchtige **Pieterskerk** das Viertel. In ihrem Innern ist, in der Nähe des Nordeingangs, eine mumifizierte Leiche von ca. 1700 zu besichtigen, die unter der Kanzel entdeckt wurde. Ein Alkoven in der Südostecke ist der Geschichte der englischen Pilgerväter gewidmet, die elf Jahre lang in Leiden lebten, bevor sie nach Amerika aufbrachen.

Gleich westlich der Kirche liegt der **Pieterskerkchoorsteg** mit vielen Gelegenheiten zur Einkehr. An der Ecke **William Browster Steeg** erinnert eine Gedenktafel an die Pilgerväter.

Noch etwas weiter stößt man auf das **Stadhuis** (Rathaus) mit einem reich geschmückten Treppenaufgang. Dahinter hat man von einem künstlichen Erdwall aus einen guten Blick über die Stadt. Wenn man nach Südwesten sieht, entdeckt man das Windmühlenmuseum **Molen de Valle** (2e Binnenvestgracht 1; Tel. 071 516 5353; geöffnet Di–Sa 10–17, So 13–17 Uhr; preiswert).

Tulpen auf dem Keukenhof

In jedem Frühjahr stehen die Felder zwischen Leiden und der kleinen Stadt Heemstede für einige Monate in voller Farbenpracht. Hier liegt das Zentrum des Tulpenanbaus in Holland, und in seinem Herzen liegt, in der Nähe des Dorfes Lisse, der **Keukenhof**, zu Deutsch »Küchengarten«. Der Platz diente als Handelsgärtnerei. Heute ist es die größte Zwiebelausstellung der Welt.

Keukenhof
✉ Stationsweg 166a, Lisse ☎ 0252 465 555; www.keukenhof.nl
🕐 Frühlingsgarten: 18. März–16. Mai tägl. 8–19.30 Uhr (letzter Einlass 18 Uhr); Sommergarten: Mitte Aug.–Mitte Sept. tägl. 9–18 Uhr 🍴 Erfrischungen (€€)
🚌 Leiden; Schilder am Hauptausgang weisen den Weg zur angrenzenen Bushaltestelle, von hier fährt der »Keukenhof Express« direkt
💶 teuer

Oostelijk Havengebied

Die im 19. und frühen 20. Jahrhundert von Menschenhand geschaffenen Halbinseln und Inseln des Oostelijk Havengebied (Osthafen) wurden ab den 1950er Jahren nicht mehr genutzt. In den 1980er Jahren waren sie in einem desolaten Zustand, jetzt präsentieren sie sich mit Wohnungen und Geschäften in modernem Design.

Fahren Sie von der Centraal Station die Piet Heinkade entlang Richtung Osten. Sie kommen an der beeindruckenden neuen Konzerthalle der Stadt, **Muziekgebouw aan 't IJ** (► 160), vorbei, die direkt am Wasser liegt. Unter dem De Zwijger Lagerhaus hindurch geht es weiter über eine Brücke zur Java-Insel. Hier passieren Sie die moderne Variante der historischen Kanalhäuser. Die Java-Insel geht in die KNSM-Insel über, wo vor allem große Apartmenthäuser stehen, die von den Holländern auch „Superblöcke" genannt werden. Der Barcelona-Komplex an der Levantkade hat einen halbkreisförmigen Hof, der dem Inneren eines Opernhauses nachempfunden ist – mit den Balkonen der Wohnungen als Logen.

Von der Levantkade haben Sie einen perfekten Blick auf den merkwürdigen Superblock – den Whale on Sporenburg – der mit grauem Zink verkleidet asymmetrisch aus dem Wasser ragt. Überqueren Sie die Python-Brücke am Ostende von Sporenburg. Die Eigentümer auf der einen Seite durften ihre eigenen Designs umsetzen: Zum Beispiel wurde Nr. 120 um einen Baum errichtet.

Fahren Sie weiter über die Oostelijke Handelskade zum Lloyd Hotel (► 42). Das Gebäude wurde 1921 als Unterkunft für osteuropäische Emigranten auf dem Weg nach Amerika erbaut.

Die Konzerthalle Muziekgebouw aan 't IJ im Osthafen

➕ 201 E5

Muziekgebouw aan 't IJ
➕ 201 D5 ✉ Piet Heinkade 1 ☎ 020 788 2010; www.muziekgebouw.nl

Spaziergänge

1 VON DER BROU-WERSGRACHT ZUM NEMO

Es gibt viele Anwärter auf das Prädikat »schönste Gracht in Amsterdam«. Doch um mit Spaß die Faszination der Stadt zu erleben, ist der Spaziergang rund um die Herengracht kaum zu schlagen. Erkundet man zuvor noch die Brouwersgracht und hängt am Ende die Nieuwe Herengracht an, ist dies ein großartiger, ausgewogener Spaziergang. Die Route lässt sich außerdem leicht mit Spaziergang 2 (▶ 178ff) kombinieren, um das Stadtzentrum zu umrunden.

LÄNGE: 4 km **DAUER:** 2–3 Stunden
START: Café Papeneiland (Ecke Brouwersgracht und Prinsengracht) ✛ 200 C4
ZIEL: Wissenschaftszentrum NEMO ✛ 197 D3

1–2

Starten Sie an der Südseite der **Brouwersgracht** (»Brauereikanal«, benannt nach den Brauereien, die hier im 17. und 18. Jahrhundert angesiedelt waren) an der Kreuzung zur Prinsengracht.

Gönnen Sie sich zunächst einen Kaffee im charmanten **Café Papeneiland** (▶ 101), wenn möglich sollten Sie einen Platz im Obergeschoss nehmen. Das Café ist in einem faszinierenden Giebelhaus aus dem 17. Jahrhundert untergebracht. Es verfügt über eine beeindruckende Bar aus Delfter Fliesen und ist eines der ältesten braunen Cafés in Amsterdam. Genießen Sie die Aussicht auf die lebendigsten Wasserstraßen der Stadt. Unter ihr führt ein Tunnel entlang, durch den die Katholiken zur Messe in der Kirche gegenüber gelangten, was im 17. Jahrhundert verboten war. Daher rührt auch der Name des Cafés »Priesterinsel«. Weiter geht

es über die **Keizersgracht** bis zum Beginn der Herengracht. Um ans gegenüberliegende (östliche) Ufer zu gelangen, muss man ganz um den Platz herumgehen.

Überqueren Sie die Brouwersgracht, und gehen Sie zur nächsten Brücke in der Nähe von einem halben Dutzend Giebelhäusern. Dies ist die zierliche **Melkmeisjesbrug**, die nur für Fußgänger zugelassen ist (vereinzelt aber auch von Radfahrern benutzt wird). Sie bringt Sie zur **Herengracht** Nr. 1. Herengracht könnte man übersetzen mit »Gutsherrenkanal«. Hier lebten einst die wohlhabendsten Amsterdamer. Zwar stehen noch viele der Doppelfrontvillen und Kutschenhäuser, in den meisten sind aber heute Banken- oder Finanzhäuser untergebracht.

Hübsche Rundbrücken und farbenfrohe Hausboote setzen interessante Akzente. Egal, wo Sie auf der Herengracht hinblicken, es gibt fast überall etwas zu entdecken. Auch wo das 20. Jahrhundert Einzug gehalten hat, wie bei den neuen Gebäuden der Hausnummern 105–107, ergibt sich ein stimmiges Bild.

Brouwersgracht, Jordaan

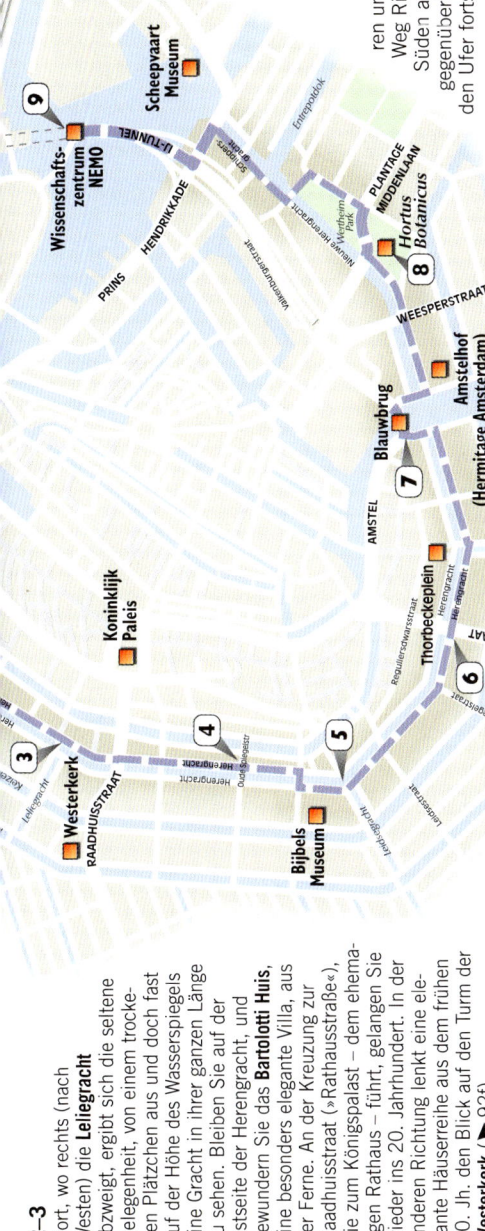

2–3

Dort, wo rechts (nach Westen) die **Leliegracht** abzweigt, ergibt sich die seltene Gelegenheit, von einem trockenen Plätzchen aus und doch fast auf der Höhe des Wasserspiegels eine Gracht in ihrer ganzen Länge zu sehen. Bleiben Sie auf der Ostseite der Herengracht, und bewundern Sie das **Bartolotti Huis,** eine besonders elegante Villa, aus der Ferne. An der Kreuzung zur Raadhuisstraat (»Rathausstraße«), die zum Königspalast – dem ehemaligen Rathaus – führt, gelangen Sie wieder ins 20. Jahrhundert. In der anderen Richtung lenkt eine elegante Häuserreihe aus dem frühen 20. Jh. den Blick auf den Turm der **Westerkerk** (▶ 92f).

3–4

An der Oude Spiegelstraat beginnt ein Viertel, das **9 Straatjes** (▶ 105) genannt wird. Am Wijde Heisteeg endet dieser Stadtteil; hier sollten Sie auch die Herengracht überque-

ren und den Weg Richtung Süden auf dem gegenüberliegenden Ufer fortsetzen.

4–5

Gleich hinter dem **Bijbels (Bibel) Museum** (Herengracht 366; Tel. 020 624 2436; www.bijbelsmuseum.nl; geöffnet Mo–Sa 10–17 Uhr, So und Ferien 11–17 Uhr; preiswert), liegt das **Niederländische Institut für Kriegsdokumentation.**

Blick von der Nieuwe Spiegelstraat auf die Keizersgracht

5–6

Dort, wo die Herengracht einen Bogen nach links macht, geht rechts die **Leidsegracht** ab. Dieser Teil des Kanals ist voller Fahrzeuge, was aber nachlässt, wenn man die Leidsestraat überquert hat und in die **Goldene Bucht** (Gouden Bocht) kommt, der schickste Bereich der Gracht (daher die Bezeichnung »golden«), heute haben sich dort Firmen und ausländische Konsulate angesiedelt.

6–7

Die **Vijzelstraat** markiert das Ende des Golden Bend. Hier können Sie im kunstvoll gestalteten Keller des **De Bazel-Gebäudes** an der Ecke zur Herengracht eine faszinierende neue Ausstellung mit Dokumenten und Fotos aus dem Stadtarchiv besichtigen – folgen Sie den Hinweisschildern zur Schatzkamer. Etwas weiter liegt der **Thorbecke-plein**, gegenüber der Einmündung der Reguliersgracht. Rundfahrtboote halten hier, um ihren Pas-

sagieren Gelegenheit zu einem Blick auf die sieben Brücken zu geben (nur vom Wasser aus richtig zu sehen). An dieser Stelle kreuzt sich die Route mit der des Spaziergangs 3 (▶ 181ff). Auf den letzten 300 Metern der Herengracht kehrt wieder Ruhe ein. Kurz bevor Sie die Utrechtsestraat überqueren, erscheint ein farbenprächtiger Heiliger Georg auf dem gegenüberliegenden (nördlichen) Ufer auf dem Gebäude des italienischen Konsulats.

Geradeaus kommt man zur Amstel, rechts liegt die **Magere Brug** (▶ 150). Der Spaziergang geht weiter nach links (Norden) zur **Blauwbrug**, einer 1874 errichteten Eisenkonstruktion. Manche sagen, sie sei eine Kopie des Pont Alexandre III in Paris, doch der wurde erst später erbaut. Seit Jahrhunderten hat es hier einen Übergang gegeben; von hier aus kann man das städtische Leben betrachten, wie Rembrandt es tat – er wohnte 200 Meter entfernt.

7–8

Die Blaue Brücke markiert das Ende der eigentlichen Herengracht. Man kann den Spaziergang hier beenden – die Trambahnen 9 und 14 fahren über die Brücke, und die U-Bahn-Station Waterlooplein liegt 200 Meter nordöstlich. Ansonsten biegen Sie gleich hinter der Blauen Brücke rechts ab zum Ostufer der Amstel. Überqueren Sie die erste Brücke, und biegen Sie links ab zur Nieuwe Herengracht. Die Brücke, ein Nachbau

KLEINE PAUSE

In der Leidsestraat können Sie einen Umweg 200 Meter nach rechts (Südwesten) machen, um im obersten Stock des Kaufhauses **Metz & Co** (▶ 102) einen Kaffee mit Aussicht zu genießen.

der Magere Brug, heißt **Walter Susskindbrug**, nach einem Deutschen, der während des Zweiten Weltkriegs Hunderten von holländischen Kindern zur Flucht vor den Nazis verhalf. Weiter geradeaus stehen die ordentlichen Häuserreihen des **Amstelhofs**, des ersten Altersheims der Stadt und

heute Sitz von **Hermitage Amsterdam** (▶ 142f). Setzen Sie den Weg am Südufer der Nieuwe Herengracht fort, die einen Teil des alten jüdischen Viertels durchschneidet und am Klimazonen-Gewächshaus des **Hortus Botanicus** (▶ 146f) vorbeiführt.

8–9

Über die geschäftige Plantage Middenlaan betritt man den **Wertheim Park**, an dessen gegenüberliegender Seite ein Gedenkstein an Tausende von Holländern jüdischer Herkunft erinnert, die im Nazi-Todeslager Auschwitz-Birkenau starben. Der Boden ist mit den Scherben von sechs zerbrochenen Spiegeln bedeckt. Am Ende des Parks überqueren Sie die Gracht auf der Anne Frankstraat, und biegen Sie auf der anderen Seite gleich rechts in den Uferweg ein. Von hier hat man einen guten Blick auf das gegenüberliegende **Entrepotdok** (▶ 153), einen der alten Freihäfen. Der allerletzte Abschnitt des Kanals – nicht länger als 200 Meter – heißt **Schippersgracht**. Auf der anderen Seite der Prins Hendrikkade ist ein Standbild des Neptun zu bewundern. Von hier aus überqueren Sie die Einfahrt zum IJ-Straßentunnel und kommen zum **Wissenschaftszentrum NEMO** (▶ 69). Dort gehen Sie einfach immer weiter – das Gebäude

hinauf. Normalerweise ist das Treppenhaus zur Spitze des Gebäudes geöffnet. Es vermittelt ein Raumgefühl des ausgehenden 20. Jhs.

Das Auschwitz-Denkmal erinnert an die holländischen Juden, die in Auschwitz ermordet wurden

Wissenschaftszentrum NEMO mit der *Amsterdam*

2 AM HAFEN ENTLANG

Amsterdams altes Hafengebiet steckt voll maritimer Geschichte, angefangen beim Museum, das die Errungenschaften der Ostindischen Kompanie feiert, bis zur Zentrale der Westindien-Kompanie und noch weiter. Eine geschäftige Hauptader der Stadt, auf dem es einige wahre Schätze zu entdecken gibt. Der Spaziergang beginnt in der Nähe von dem Punkt, wo Spaziergang 1 (▶ 174ff) endet und kann somit zu einer Art Rundgang kombiniert werden. Alternativ kommen Sie so auch in die Nähe des Ausgangspunkts von Spaziergang 4 (▶ 184ff).

LÄNGE: 2 km DAUER: 1 Stunde
START: Scheepvaart Museum ⊞ 201 D3
ZIEL: Haarlemmerplein ⊞ 196 C4

1–2

Das **Scheepvaart Museum** (▶ 146f) ist bis 2010 geschlossen. Vor dem Eingang, vom Kattenburgerplein aus, erhält man einen Eindruck davon, wie das Oosterdok einmal ausgesehen haben muss. Halten Sie sich auf der Nordseite über Nieuwevaart und Schippersgracht, rechter Hand vorbei am Standbild des Neptun. Wenn es geöffnet ist, lohnt sich ein Besuch im **Arcam** Center (▶ 152) Bei der nächsten Brücke können Sie den Blick auf das **Wissenschaftszentrum NEMO** (▶ 69) und die **De Amsterdam** genießen. Dabei handelt es sich um die Nachbildung eines Schiffes der Ostindienkompanie, die bis zur Neueröffnung des Scheepvaart Museums hier festgemacht hat. Überqueren Sie die

Straße, und schauen Sie **Oudeschans** hinunter – »schans« bedeutet Graben: Hier war eine der Verteidigungsanlagen der Stadt. Der Turm zur Rechten, **Montelbaanstoren**, diente ebenfalls als Teil der Befestigungen.

2–3

Bleiben Sie auf der dem Land zugewandten Seite der Prins Hendrikkade. **Haus Nr. 131** wird mittels einer Tafel an der Wand als Haus des Admirals de Ruyter identifiziert, jenes holländischen Seehelden, der mit bemerkenswertem Erfolg gegen die Engländer kämpfte. Weiter geht es zum reich geschmückten **Scheepvaarthuis**, von dem aus einst eine weltumfassende Flotte dirigiert wurde und in dem heute das luxuriöse Grand Hôtel Amrâth (▶ 41f) ist.

3–4

Der nächste Wasserabschnitt zur Linken ist die Waalseilandsgracht; an ihrem Westufer verläuft die Straße Kromme Waal. Hier, am Haus Nr. 9, findet man ein schönes Beispiel für einen Trep-

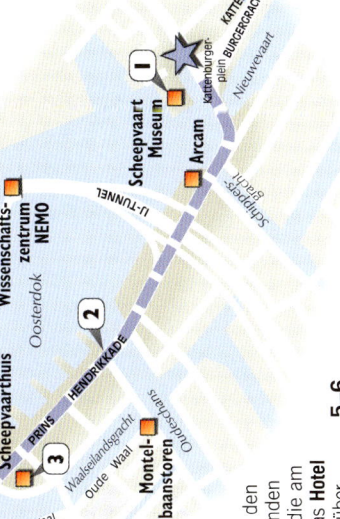

pengiebel. Nach links um die nächste Biegung tut sich plötzlich ein großartiges Panorama auf, vom östlichsten Türmchen der Centraal Station bis zur **St. Nicolaaskerk** mit dem **Schreierstoren (Turm der Weinenden)** in der Mitte, wo die Frauen tränenreich Abschied von den zur See fahrenden Männern genommen haben sollen. Heute befindet sich in dem Turm das **Café VOC**. Eine Gedenktafel erinnert an Henry Hudson (um 1550–1611), der das Gebiet des heutigen New Yorker Hafens entdeckte.

4–5

Bleiben Sie auf der Landseite der Prins Hendrikkade (und achten Sie auf den Verkehr, besonders auf Fahrräder). St. Nikolaus ist der Schutzpatron der Seefahrer, und die ihm gewidmete Kirche links war oft das Letzte, was die Seeleute von der Stadt sahen, wenn sie hinausfuhren. Heute versperrt die **Centraal Station** (▲ 68) die Sicht auf den Hafen, und die Kirche sagt den Zugreisenden Lebewohl. Hinter den Rundfahrtbooten, die am Damrak festgemacht sind, erhebt sich das **Hotel Victoria**. An seiner Nordseite, direkt gegenüber dem Bahnhof, scheinen zwei Häuser aus dem 17. Jh. in die Fassade eingepasst worden zu sein.

5–6

Der bemerkenswerteste Anblick auf dem nächsten Abschnitt ist der imposante Standort des **Mercurius** (▶ 74), einer trendigen Brasserie. Ein kleines Stück weiter an der Brücke über die Singel

Das Café VOC mit dem Dom St Nicolaaskerk im Hintergrund

hat man einen großartigen Blick: zur Rechten die schwungvolle **Hogeschool van Amsterdam** im Stil der französischen Renaissance, in der Mitte das schiefe **Café Kobalt** und links ein Lagerhaus, gekrönt von einem blauen **Engel Gabriel**, der auf einer Erdkugel steht. Zu ebener Erde ist eine Schiffsschraube, Geschenk einer Schifffahrtsgesellschaft, an einem gemauerten Sockel festgemacht.

Kähne am Oosterdok

6–7

Gehen Sie auf das Lagerhaus mit dem Gabriel auf dem Dach und einem Käsegeschäft darunter zu, und biegen Sie dann rechts in die Haarlemmerstraat ein. Vom **West Indisch Huis**, einem gut proportionierten Gebäude auf der linken Seite, wurden einst die holländischen See-Aktivitäten in der Karibik und in Südamerika kontrolliert.

7–8

Wenn die Straße einen leichten Knick macht, erscheinen in der Ferne zwei Schornsteine, im Vordergrund kann man eine eindrucksvolle Phalanx von Giebeln bewundern. Südlich der Brücke über die **Korte Prinsengracht**, dort, wo Haarlemmerstraat in Haarlemmerdijk übergeht, hat man einen schönen Blick auf die Grachten. Drei Querstraßen weiter, an der Kreuzung zur Binnen Dommersstraat, sind zwei Nebelhörner zu besichtigen, schräg gegenüber hängt ein modernes Ladenschild mit einem Malerpinsel. Der Spaziergang endet dort, wo der Haarlemmerdijk sich ausweitet. Auf der entgegengesetzten Seite des Platzes steht die Amsterdamer Ausgabe eines Triumphbogens, der **Haarlemmer Poort.** Er gibt den Blick frei auf eine

Skulptur in Primärfarben. Vom Haarlemmerplein kommt man mit der Trambahnlinie 3 zurück ins Zentrum. Man kann aber auch Spaziergang 1 (▶ 174ff) anhängen oder ein kleines Stück nach Osten gehen, um Spaziergang 4 (▶ 184ff) zu beginnen, das Jordaan-Viertel (▶ 88ff) oder den Westerpark (▶ 100) zu besuchen.

Vom Westindienhaus wurde das halbe Weltreich regiert

KLEINE PAUSE

Highlights unterwegs sind u. a. das **Café VOC Schreierstoren** (www.schreierstoren.nl) im »Turm der Weinenden« (Mo–Do 10–22 Uhr, Fr–So 10–1 Uhr).

LÄNGE: 3 km DAUER: 1½ Stunden bei ruhiger Gehweise
START: NH Barbizon Palace Hotel, südöstlich der Centraal Station ✚ 200 A1
ZIEL: Rijksmuseum ✚ 198 C2

3 VON DER CENTRAAL STATION ZUM RIJKSMUSEUM

Es macht immer Spaß, an den Kanälen im Amsterdamer Grachtengürtel spazieren zu gehen. Das gilt dagegen nicht für Wege, die quer zu den Wasserstraßen verlaufen. So ist es beispielsweise sehr schwierig, eine akzeptable Route von der Centraal Station zum Rijksmuseum zu finden. Diese Strecke ist die schönste Weg für einen Spaziergang zwischen zwei großen Knotenpunkten der Stadt mit einigen hübschen historischen Sehenswürdigkeiten und schönen Plätzen.

1–2

Gestartet wird südöstlich der Centraal Station, dort, wo der Zeedijk von Prins Hendrikkade abzweigt. Der Name **Zeedijk** entsprach ursprünglich den Tatsachen: Der Seedeich stellte einen wichtigen Schutz dar, als die Zuider Zee noch offenes Meer war und Amsterdam direkt mit der Nordsee verband. Über der Tür der **St. Olofkerk** hängt ein erschütterndes Bild von einem Skelett. Einen schönen

Blick hat man dort, wo Zeedijk den Kanal überquert: Links sieht man auf den schmalen Finger des **Oudezijds Kolk**, rechts liegt der breitere **Oudezijds Voorburgwal.**

Klovensiersburgwal auf der Staalstraat

2–3

Zeedijk galt einst als schäbig, bisweilen sogar als gefährlich, wird aber jetzt von Überwachungskameras kontrolliert und beginnt, sein altes Ansehen zurückzugewinnen: Zwischen den grell beleuchteten Snackbars gibt es ausgezeichnete Restaurants. Dennoch ist kaum zu übersehen, dass hier die Ostgrenze des **Rotlichtbezirks** (▶ 63ff) verläuft. Der nördliche Teil grenzt außerdem an Amsterdams bescheidenes Chinesenviertel **Chinatown**, in dem die Beschilderung oft auf chinesisch und holländisch ist. Beides lässt man hinter sich, wenn Zeedijk sich zum Nieuwmarkt erweitert, der von der großen gedrungenen **Waag** (▶ 71f) dominiert wird. Auf der Südseite des Marktplatzes steht die lebensgroße Skulptur eines Mannes, der einer Frau einen unerwünschten Kuss aufdrückt.

3–4

Weiter geht es auf der rechten (westlichen) Seite von Kloveniersburgwal. Auf der gegenüberliegen-

dam. Kurz bevor Kloveniersburgwal endet, kommt man am Balmoral »Scottish Pub« vorbei, der zum Doelen Hotel gehört. Wenn es Sie nicht allzu sehr nach einem Malt Whisky aus dem vielfältigen Angebot dort verlangt, setzen Sie den Weg nach links über die Brücke fort. Es handelt sich dabei um die erste Hebebrücke, die in der Stadt gebaut wurde.

5–6
Wenn man dem Kloveniersburgwal nach Süden folgt, erweitert sich der Kanal zur Binnenamstel. Über die Halvemaansbrug kommen Sie auf die andere Seite in den Halvemaansteeg, eine kleine Fußgängerzone. Entlang der viel befahrenen Straßenbahnschienen geht es zum **Rembrandtplein**. Dieser Platz dient heutzutage vor allem dazu, Touristen mit Essen und Bier zu versorgen. Rembrandt blickt, umrahmt von 22 bronzenen Statuen, von einer Säule in der Mitte herab.

6–7
Etwas weiter südlich treffen Sie auf einen weiteren Platz, den **Thorbeckeplein**, benannt nach dem Pädagogen Theo Thijssen, dessen Standbild mit Blick auf die Herengracht auf der Südseite steht. In der Mitte des Platzes befindet sich ein Konzertpavillion.

Schaut man genau nach Süden die Reguliersgracht hinunter, die hier beginnt, entdeckt

Rembrandt thront über dem nach ihm benannten Platz

den Seite kann man das **Trippenhuis** sehen; dort war ursprünglich jene Sammlung untergebracht, die jetzt im Rijksmuseum hängt. Das **Oostindisch Huis** um die Ecke an der Oude Hoogstraat, einst Sitz der Ostindien-Kompanie, ist heute Teil der Universität von Amsterdam; an Wochentagen kann man den schönen Innenhof bewundern.

4–5
Weiter Richtung Süden kommt man in eine Gegend mit vielen Übernachtungsmöglichkeiten: Auf der anderen, der östlichen Seite der Gracht liegt beispielsweise eine der **Jugendherbergen** von Amster-

DE RUIJTERKADE

CENTRAAL STATION

0   250 Meter

PRINS

HENDRIKKADE

Oude kerk

Zeedijk

CHINATOWN

De Wallen

Oudezijds Voorburgwal

Nieuwmarkt

De Waag

wal

Oostindisch Huis

Kloveniers-burg-

man die ersten jener Querungen, die dieser Gracht den Beinamen **Sieben Brücken** eingetragen haben. Bleiben Sie auf dem linken (Ost-) Ufer, und halten Sie Ausschau nach den schönen Holzschnitzereien am Erkerfenster von Reguliersgracht 57. Bald sind Sie

an der Kerkstraat, die nach der wunderschönen **Amstelkerk** (links) aus dem 17. Jh. benannt ist. Heute beherbergt sie das Restaurant Proeflokaal Janvier Kort (Tel. 020 628 1199).

7–8

Überqueren Sie Brücke Fünf, und setzen Sie den Weg auf der Südseite der **Prinsengracht,** dem äußersten der drei konzentrischen Bögen, nach Westen fort. Halten Sie gleich zu Beginn Ausschau nach dem Storch, der über der Tür des hübschen Eckhauses aufgepflanzt steht. Hier sind auch einige Hausboote festgemacht, aber die Hauptattraktion sind die Häuser und ihre kunstvollen Giebel. Überqueren Sie die belebte Vijzelstraat. Wenn Sie ein oder zwei Stunden Zeit haben, stöbern Sie rechts die Straße hinunter durch die Kunst- und Antiquitätengeschäfte. Um den Spaziergang fortzusetzen, gehen Sie aber

nach links (Süden) über die Prinsengracht zu einer der schönsten Kreuzungen der Stadt.

8–9

Blickt man die **Spiegelgracht** hinunter, erheben sich am Ende die Zwillingstürme des Rijksmuseums. Verweilen Sie auf der Brücke über die Lijnbaansgracht, und genießen Sie den Blick. Nachdem Sie Weteringschans und Singelgracht hinter sich gebracht haben, nähern Sie sich dem **Rijksmuseum** (▶ 114ff), so wie der Architekt es beabsichtigte, mit Blick auf die attraktive Fassade. Wenn Sie zum **Van Gogh Museum** (▶ 124ff) oder zum **Stedelijk Museum** (▶ 122ff) wollen, gehen Sie geradeaus unter einem der vier Bögen hindurch. Auf dem gleichen Weg gelangen Sie auch zum Philips-Flügel des Rijksmuseums, wo zurzeit die schönsten Stücke ausgestellt werden.

4 DIE WESTLICHEN INSELN

LÄNGE: 2 km **DAUER:** 1 Stunde
START/ZIEL: Südende der Grote Bickersstraat
⊞ 197 D4

Auf diesem kurzen Spaziergang ist man nie weiter als 1,5 km von der Centraal Station entfernt, doch er führt durch einen Teil von Amsterdam, der sich sehr stark vom Rest der Stadt unterscheidet, nämlich über eine Reihe kleiner Inseln, die etwas von der Atmosphäre der holländischen Provinz an sich haben.

1–2

Von der Centraal Station Richtung Westen markieren die Eisenbahngleise jene Linie, an der früher das Nordufer des IJ verlief – bis ins 17. Jh. tüchtige Kaufleute mehrere Inseln in dem seichten Fluss anlegten. Der Spaziergang beginnt auf der Nordseite der Schienen, dort, wo am Hendrik Jonkerplein die Grote Bickersstraat auf den belebten Haarlemmer Houttuinen trifft. Eine gute Orientierungshilfe ist das **Blaauw Hooft Café** (Nr. 1; www.blaauwhooft.nl), das den spitzen Winkel

Die Inseln im Westen von Amsterdam sind ein interessanter Mix aus Tradition und Moderne

eines dreieckigen Gebäudes einnimmt. Von hier aus geht es nach rechts (Osten) ein kurzes Stück die **Blokmakerstraat** entlang. Sie ist nach den Handwerkern benannt, die die Rollen herstellten, die u. a. die Handelsflotte in Bewegung hielten. Heute sind die **Westelijke Eilanden** eine Wohngegend mit modernen, zum Teil architektonisch markanten, Apartmenthäusern, die wie Pilze aus dem Boden schießen.

2–3

Biegen Sie links (nach Norden) in Hollandse Tuin ein, der von Häusern aus den Siebzigerjahren gesäumt wird, und bewundern Sie die Segelkähne und Hausboote, die an der gegenüberliegenden Seite des **Westerdoks** festgemacht sind; zur Linken passieren Sie die Zeilmakerstraat. Halten Sie sich links, und gehen Sie die Touwslagerstraat hinunter; biegen Sie in die erste Straße rechts, die Grote Bickersstraat, ein. Bald erreichen Sie eine Hebebrücke.

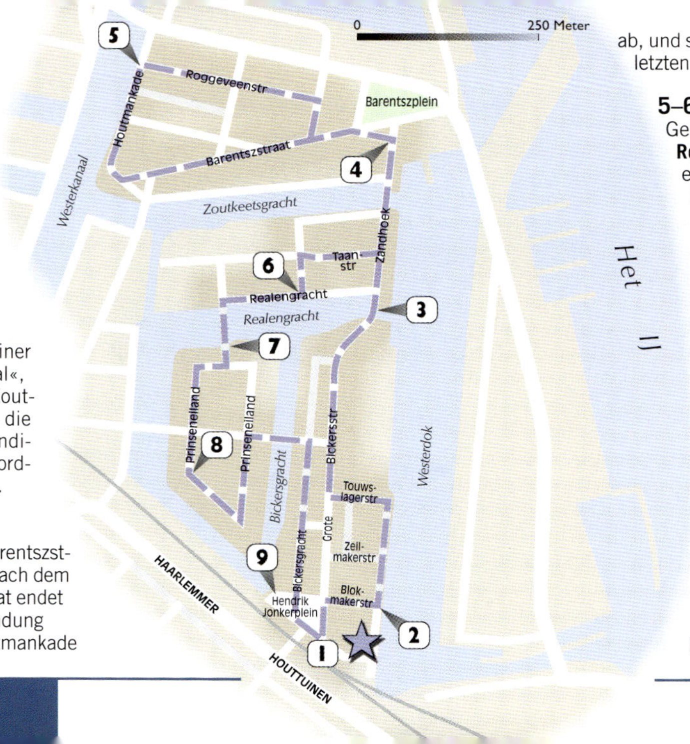

ab, und setzen Sie den Weg fort bis zur vorletzten Querstraße auf der rechten Seite.

5–6

Gehen Sie Richtung Osten die **Roggeveenstraat** entlang. Es ist eine Fußgängerstraße mit einem imponierenden Schulgebäude auf der linken und hübschen Häusern aus dem 19. Jh. auf der rechten Seite. Am Ende sind Sie wieder am Barentszplein, wenden sich nach Süden und kehren über die Brücke zurück nach Realeneiland. Biegen Sie rechts in die Taandwarsstraat ein und gehen Sie dann links vorbei an modernen Wohnhäusern – am anderen Ende stehen zwei große, kürzlich umgebaute Lagerhäu.ser.

6–7

Rechts ab führt Realengracht (der Name des Kanals und der Uferstraße) bis zur **Drieharingenbrug**, einer von Amsterdams

---

Het IJ

250 Meter

0

Barentszplein

Zoukeesgracht

Roggeveenstr

Barentsstraat

Houtmankade

Westerkanaal

Zandhoek

Taan str

Realengracht

Realengracht

Westerdok

Prinseneiland

Prinseneiland

Touwslagerstr

Zeilmakerstr

Grote Bickersgracht

Bickersstr

Blok makerstr

Bickersgracht

Hendrik Jonkerplein

HAARLEMMER

HOUTTUINEN

3–4

Über die Brücke kommt man in die malerische Wohnstraße **Zandhoek**. Viele Häuser sind hier mit reich verzierten Giebelsteinen geschmückt: Nr. 3, De Eendracht, wird vom Bildnis eines wütenden Löwen bewacht, Nr. 4 zeigt Noahs Arche, Nr. 6 ein weißes Pferd. Gleich dahinter steht **De Gouden Reael** (Nr. 14, Tel. 020 623 3883; www.goudenreael.nl; tägl. 16–24 Uhr, Abendessen ab 18 Uhr), ein Café-Restaurant mit großen Panoramafenstern, das auf französische Regionalküche spezialisiert und nach einer spanischen Münze, dem »goldenen Real«, benannt ist. Über die Brücke über die Zoutkeetsgracht gelangt man auf eine Insel, die **Willem Barentsz** gewidmet ist. Der holländische Seefahrer suchte im 16. Jh. die Nordostpassage zwischen Europa und Asien.

4–5

Am Barentszplein geht es links in die Barentszstraat, vorbei an einem Coffee Shop, der nach dem Entdecker benannt ist. Die Barentszstraat endet am **Westerkanaal**, einer wichtigen Verbindung zum Meer. Biegen Sie rechts in die Houtmankade

schönsten – und jüngsten – Brücken. Der anmutige Bau entstand 1983 als Ersatz für eine Brücke aus dem 18. Jh., und er ist gerade so breit, dass zwei Fahrräder aneinander vorbeikommen. Die »drei Heringe«, auf die der Name anspielt, sind über einer Tür auf der Nordseite der Brücke eingemeißelt.

7–8

Auf der Südseite der Brücke sind Sie auf **Prinseneiland** – der kleinsten der westlichen Inseln. Halten Sie sich rechts vorbei an einem besonders

schönen Haus aus dem Jahr 1629, und folgen Sie entgegen dem Uhrzeigersinn der Straße, die die Insel einmal umrundet. An der Häuserreihe auf der Westseite sind die Fensterläden mit Angeboten wie *D'Koren beurs* und *Schel Visch* bemalt. An der Straßenbiegung halten Sie Ausschau nach den Nr. 24A und 24B, zwei der früheren Ateliers des Künstlers George Breitner (1857–1923).

8–9

Die Straße Prinseneiland führt vorbei an einer interessanten Mischung von neuen und alten

Wohngebäuden bis zur Brücke über die Bickersgracht. Diese überqueren Sie und biegen dann rechts in die Straße gleichen Namens. An der Gracht kann man die Slips erkennen, auf denen früher die Schiffe zu Wasser gelassen wurden. Von hier ist es nur noch ein kurzes Stück nach Süden bis zur Bahnstrecke, an der die Idylle abrupt endet, und bis zum **Hendrik Jonkerplein**, dem Start- und Zielpunkt dieses Spaziergangs.

Realengracht ist ein ruhiger, wohlhabender und freundlicher Bezirk, wo Hausboote den Kanal flankieren

KLEINE PAUSE

Das **Open** hat täglich geöffnet. Mit Blick auf das Wasser ist es ein fester Bestandteil dieses Stadtgebiets (▶ 74). Bei einem Abendspaziergang bietet sich ein Besuch im wundervollen **Marius** in der Barentszstraat 243 an (Tel. 020 422 7880, geöffnet Di–Sa 18–22 Uhr) an. Serviert wird moderne französische Küche frisch vom Markt, für manche ist es eines der besten Restaurants der Stadt.

Ansonsten setzen Sie sich in eines der Cafés im Jordaan auf der Südseite der Schienen. Das ist natürlich jederzeit möglich, doch an einem schönen Abend ist das Licht auf den Inseln besonders reizvoll.

Praktisches

REISEVORBEREITUNG

WICHTIGE PAPIERE

- ● Erforderlich
- ○ Empfohlen
- ▲ Nicht erforderlich

	Deutschland	Österreich	Schweiz
Pass/Personalausweis	●	●	●
Visum	▲	▲	▲
Weiter- oder Rückflugticket	▲	▲	▲
Impfungen	▲	▲	▲
Krankenversicherung (➤ 192, Gesundheit)	●	●	●
Reiseversicherung	○	○	○
Führerschein (national/international)	●	●	●
Kfz-Haftpflichtversicherung	●	●	●
Fahrzeugschein	●	●	●

REISEZEIT

Hauptsaison   Nebensaison

JAN	FEB	MÄRZ	APRIL	MAI	JUNI	JULI	AUG	SEPT	OKT	NOV	DEZ
5°C	6°C	9°C	13°C	17°C	20°C	22°C	22°C	20°C	14°C	8°C	5°C

☀ Sonnig   ⛅ Wechselhaft   🌧 Regnerisch   ☁ Bedeckt

Die Angaben beziehen sich auf die **durchschnittliche Tageshöchsttemperatur** jedes Monats. Als »feucht und mild« lässt sich das Klima in Amsterdam umschreiben. Der ideale Monat für einen Besuch ist der Mai, wenn sowohl Regen als auch Menschenmassen geringer ausfallen als im Juni, Juli und August.
Der September ist ebenfalls eine gute Reisezeit, auch wenn es mehr regnet.
Von Oktober bis März ist das Wetter oft scheußlich – kalt bei Nieselregen –, **die Grachten frieren allerdings nur selten zu.**
Starke Winde verstärken im Winter das **Kälteempfinden**, und Nebel kann tagelang die Sonne verhüllen. Im Dezember wimmelt es in Amsterdam von auswärtigen Gästen; viele Besucher reisen wegen der Weihnachtseinkäufe an.

INFORMATION VORAB
Internet
- Touristenhinweise für Amsterdam: www.iamsterdam.com Englischsprachige Website mit umfassender Info.
- www.visitamsterdam.nl Guter Ausgangspunkt für weitere Erkundungen (deutschsprachig).
- www.amsterdam-eating.com Ein Leitfaden zu Restaurants der Stadt mit Gästebewertungen.

ANREISE

Mit dem Flugzeug: Der **Flughafen Schiphol** hat ausgezeichnete Flugverbindungen in alle Welt; der viertgrößte Airport Europas fungiert als Drehscheibe, sodass es zahlreiche Direktflüge dorthin gibt. Die wichtigste Fluglinie ist die heimische Airline **KLM** (Tel. 020 474 77 47; www.klm.com). Sonstige wichtige Fluglinien, die Direktflüge nach Amsterdam anbieten, sind **Lufthansa** (020 560 81 00) und **Swiss** (020 662 65 26). Günstige Flüge gibt es auch bei **transavia.com** (0900 0737; www.transavia.com) oder bei **easyjet** (0905 821 0905; www.easyjet.com). Angegeben sind die Amsterdamer Telefonnummern. Wer von hier aus weiter über den »großen Teich« will, kann täglich mit günstigen **Nonstop-Flügen** aufbrechen. **Ausgewählte Flugzeiten bis Amsterdam (Direktflüge):** Frankfurt (1 Stunde), München (1½ Stunden), Hamburg (1 Stunde), Berlin (1¼ Stunden), Zürich (1 ½ Stunden) und Wien (2 Stunden).

Mit dem Zug: Von **Centraal Station** gibt es Verbindungen mit allen größeren Städten West- und Mitteleuropas, darunter **Eurocity-Verbindungen** von Hamburg, Frankfurt und München.

Mit dem Auto: Amsterdam ist im Wesentlichen über drei Strecken erreichbar: für **Berliner** aus Richtung Osnabrück über die **A 1 (E 30)**; aus dem **Ruhrgebiet** über die **A 12 (E 35)** – eine Strecke, die auch für Reisende aus **Zürich**, **München** und **Wien** die günstigste ist. Aus Norddeutschland (**Hamburg**) am besten über Oldenburg, Leer (Ostfriesland) und dann auf der **A 7 (E 22)** bis Groningen; von dort gibt es mehrere Verbindungen. Es gibt drei Geschwindigkeitsbegrenzungen: **120 km/h** gelten auf Autobahnen, **80 km/h** auf Landstraßen und **50 km/h** innerorts. Für Mitglieder ausländischer Klubs wie des **ADAC**, **ÖAMTC** sowie des **SAC** unterhält der niederländische Automobilclub **ANWB** einen kostenlosen Pannenhilfsdienst.

ZEIT

 In Holland gilt die Mitteleuropäische Zeit. Die Uhren werden Ende März auf Sommerzeit und Ende Oktober auf Winterzeit umgestellt.

WÄHRUNG

In den Niederlanden hat der Euro den Gulden als Zahlungsmittel abgelöst. Besucher aus Deutschland oder Österreich brauchen also kein Geld mehr umzutauschen.

Geldwechsel: Am billigsten kommt man an Geld mit einer EC- oder Kreditkarte an einem der vielen Geldautomaten, die vor den meisten Banken und am Flughafen und Hauptbahnhof stehen. Am Flughafen, am Bahnhof und in den Touristengegenden gibt es viele Wechselstuben; auch die Banken tauschen Geld ein. Euroschecks werden kaum mehr angenommen.

Deutschland
■ Niederländisches Büro
   für Tourismus (NBT)
   Postfach 270 580
   50511 Köln
   ☎ 0221 / 925 717 0
   www.niederlande.de

Schweiz und Österreich
☎ 0049 / (0)221 / 925 717-0
Fax 0049 / (0)221 / 925 717-37

DAS WICHTIGSTE VOR ORT

FEIERTAGE

1. Jan.	Neujahr
März/April	Karfreitag, Ostermontag
30. April	Königinnentag
5. Mai	Befreiungstag
6. Do nach Ostern	Himmelfahrt
Mai/Juni	Pfingstmontag
25. Dez.	Weihnachten
26. Dez.	»Zweiter Christtag«

An den Feiertagen bleiben die meisten Geschäfte den ganzen Tag geschlossen, touristische Einrichtungen sind aber in der Regel geöffnet. Am Nikolaustag schließen die Geschäfte früher.

ELEKTRIZITÄT

Die Stecker entsprechen den in Deutschland, Österreich sowie der Schweiz üblichen. Die Spannung beträgt wie dort 220 Volt.

ÖFFNUNGSZEITEN

○ Geschäfte   ● Postämter
● Büros   ● Museen/Denkmäler
● Banken   ● Apotheken

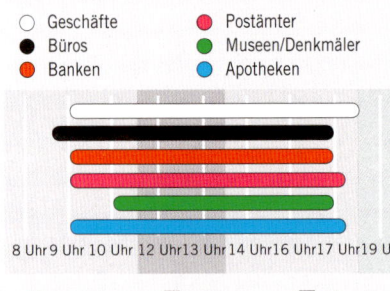

8 Uhr 9 Uhr 10 Uhr 12 Uhr 13 Uhr 14 Uhr 16 Uhr 17 Uhr 19 Uhr

☐ tagsüber   ☐ mittags   ☐ abends

Geschäfte An den Haupteinkaufsstraßen im Zentrum sind die Geschäfte normalerweise geöffnet: Mo 11–18, Di, Mi und Fr 9–18, Do 9–21, Sa 9–17 und So 12–18 Uhr.
Museums Während die größeren Attraktionen normalerweise von 9/10–18 Uhr geöffnet sind, haben die kleineren oft kürzere Öffnungszeiten, z. B. 11–17 Uhr, und bleiben oft am Sonntagmorgen geschlossen (geöffnet meist 13–17 Uhr).

TRINKGELD

In Restaurants und Cafés ist es üblich, ein paar Münzen liegen zu lassen oder die Rechnung aufzurunden.
Ja ✓   Nein ✗

Hotel (Service inbegriffen)	✓	Kleingeld
Stadtführer	✓	3–5 €
Friseur	✓	aufrunden
Taxi	✓	Fahrpreis aufrunden
Platzanweiserin	✗	
Gepäckträger	✓	3–5 €
Garderoben	✗	

RAUCHEN / DROGENGESETZE

Seit 2008 ist Rauchen in öffentlichen Gebäuden verboten. Dies gilt aber nicht für Marihuana. Das heißt, Sie können für das Rauchen eines Joints verhaftet werden, weil er Tabak enthält, nicht wegen des Marihuana-Anteils. Auf den Besitz »harter« Drogen wie Kokain oder Heroin stehen drastische Strafen.

ZEITUNTERSCHIED

London
12 Uhr

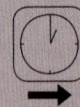
Amsterdam
13 Uhr

New York
7 Uhr

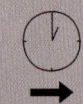
Berlin
13 Uhr

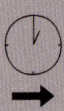
Barcelona
13 Uhr

Sydney
22 Uhr

IN KONTAKT BLEIBEN

Die Hauptpost ist in Singel 250, Ecke Raadhuisstraat (geöffnet Mo, Mi, Fr, 9–18, Do 9–20, Sa 10–13.30 Uhr). Es ist voll, aber man wird gut bedient. Eine weitere Post gibt es an der Centraal Station. Briefmarken können bei Zeitungsverkäufern und Souvenirshops sowie  bei der Post erworben werden. Die Briefkästen sind rot. Sendungen, die an Bestimmungsorte außerhalb Amsterdams gehen, müssen Sie in den Schlitz mit der Aufschrift »Overige Postcodes« einwerfen.

Öffentliche Telefone In Amsterdam gibt es zahlreiche öffentliche Telefone, die mit Münzen oder Prepaid-Karten funktionieren. In der Regel sind die Prepaid-Karten die günstigste Möglichkeit für Telefongespräche innerhalb und außerhalb der Niederlande (erhältlich bei Tabakverkäufern, in Supermärkten und in Wechselstuben); Gespräche von Hotelzimmern sind am teuersten.

Internationale Vorwahlnummern aus Amsterdam
Deutschland: 00 49
Österreich: 00 43
Schweiz: 00 41

Mobilfunkanbieter und -dienste Fragen Sie vor Ihrer Abreise bei Ihrem Anbieter nach Roaming-Gebühren, und denken Sie daran, dass Sie auch für empfangene Anrufe zahlen müssen. Textnachrichten sind in der Regel günstiger. Wenn Sie länger unterwegs sind, können Sie auch eine niederländische SIM-Karte kaufen, um Kosten zu senken.

WLAN und Internet Viele Hotels und Cafés bieten kostenloses WLAN an (einige traditionellere Hotels berechnen aber immer noch eine hohe stündliche Gebühr). Sie müssen Ihren eigenen Laptop mitbringen. Internetcafés mit günstigen Stundenpreisen finden Sie in der ganzen Stadt, die meisten servieren Kaffee und andere Getränke oder sogar Snacks.

SICHERHEIT

Gewaltverbrechen sind in der Stadt selten, aber Diebstähle sind – vor allem in vollen Straßenbahnen und bei beliebten Touristenattraktionen – häufig. Treffen Sie entsprechende Vorkehrungen, und tragen Sie keine großen Geldbeträge oder Wertgegenstände bei sich. Besonders beliebt bei Taschendieben sind zurzeit Züge zwischen dem Flughafen Schiphol und dem Centraal Station sowie Straßenbahnen. Schwer bepackte Besucher werden von einem Dieb abgelenkt, während der andere Ihnen die Taschen leert. Fahrräder sollten Sie immer gut abschließen und über Nacht nicht draußen lassen (in den meisten Hotels gibt es Abstellplätze): Amsterdam hat eine der höchsten Raten von Fahrraddiebstählen. Den Rotlichtbezirk De Wallen sollten Sie nachts insgesamt meiden, dann treiben sich dort trotz der starken Polizeipräsenz dunkle Gestalten wie Drogenhändler herum.

POLIZEI 112 ODER 0900 8844, WENN ES KEIN NOTFALL IST

FEUERWEHR 112

KRANKENWAGEN 112

GESUNDHEIT

 Krankenversicherung: EU-Bürger erhalten medizinische Behandlung mit der EHIC (European Health Insurance Card), aber eine private Zusatzversicherung ist ratsam und für alle nicht EU-Bürger notwendig.

 Zahnarzt: Eine verbilligte Notfallbehandlung erhalten EU-Bürger mit dem entsprechenden Formular, dennoch können die Kosten unter Umständen hoch sein.

 Wetter: Amsterdam liegt ungefähr auf der Höhe von Münster in Westfalen, und die Sommersonne kann hier durchaus brennen. Im Juni, Juli und August braucht man Sonnenschutz. Trinken Sie außerdem genug – nehmen Sie sich lieber eine Flasche Mineralwasser mit, als auf einer Straßenterrasse ein Bier zu trinken.

 Medikamente: Apotheken verkaufen viele Medikamente rezeptfrei. Die entspannenden Narkotika, die in Amsterdam verkauft werden, sollten nicht leichtfertig eingenommen werden; die Wirkungen auf Psyche und Körper können erheblich sein und verstärken sich oft noch in Kombination mit Alkohol.

 Trinkwasser: Leitungswasser kann bedenkenlos getrunken werden und ist normalerweise wohlschmeckend. Das Grachtenwasser dagegen ist höchst unbekömmlich, da über 2000 Hausboote ihre Abwässer ungeklärt in die Kanäle leiten. Fallen Sie nicht hinein! Mineralwasser in Flaschen, oft als »Spa« bezeichnet, ist überall erhältlich.

ERMÄSSIGUNGEN

Studenten/Kinder: In manchen Museen werden Ermäßigungen angeboten und für Flugreisen gibt es manchmal Spezialangebote. Die seltenen Angebote einer »Studentenermäßigung« gelten gewöhnlich nur für Personen, die in Amsterdam studieren.

Senioren: Besucher, die 65 Jahre oder älter sind, erhalten in Museen und anderen Touristenattraktionen Ermäßigungen. Ausweis oder Pass sind als Nachweis erforderlich.

EINRICHTUNGEN FÜR BEHINDERTE

An vielen öffentlichen Gebäuden sind Aufzüge und Rampen installiert, und die öffentlichen Verkehrsmittel sind leicht zugänglich. Doch die einzigartige Stadtlandschaft von Amsterdam mit Kopfsteinpflaster, rücksichtslos geparkten Autos und schwer zugänglichen Grachtenbrücken kann für Rollstuhlfahrer zum Problem werden.

KINDER

Es gibt keine allgemein verbindliche Altersgrenze, bis zu der Kinder freien Eintritt oder Ermäßigungen erhalten. Vielerorts stehen Wickelmöglichkeiten zur Verfügung.

TOILETTEN

Pissoirs findet man leicht. Der diskretere Typus verfügt über einen runden Stahlmantel; in sehr belebten Gegenden stehen Pissoir-»Säulen«, die nicht abgeschirmt sind. Frauen können die Toiletten in Cafés benutzen, auch wenn es manchmal nötig (oder höflich) ist, etwas zu trinken zu bestellen.

FUNDSACHEN

Flughafen Schiphol Tel. 020 774 0800; in Straßenbahn, Bus oder U-Bahn Tel. 020 460 5991. In der Centraal Station werden Fundsachen aus den Zügen fünf Tage aufbewahrt.

BOTSCHAFTEN UND KONSULATE

Deutschland
070 342 0600
(Den Haag)

Österreich
070 324 5470
(Den Haag)

Schweiz
070 364 2831
(Den Haag)

IMMER ZU GEBRAUCHEN

Ja/nein **Ja/nee**
Hallo **Dag Hallo**
Guten Morgen **Goedmorgen**
Guten Tag **Goedemiddag**
Guten Abend **Goedenavond**
Auf Wiedersehen **Dag tot ziens**
Wie geht es Ihnen? **Hoe gaat het (met u)?**
Danke, gut **Goed u (wel) Bedankt**
Bitte **Alstublieft**
Danke **Dank u** oder **Bedankt**
Entschuldigung **Het spijt mij/Sorry**
Verzeihung **Sorry**
Haben Sie …? **Heeft u …?**
Ich möchte … **Ik wil (graag) …**
Wie viel kostet das? **Hoeveel is het?**
Geöffnet **Open**
Geschlossen **Gesloten**
Drücken/ziehen **Duwen/trekken**
Damentoilette **Dames**
Herrentoilette **Heren**

REISE

Abfahrt/Abflug **Vertrek**
Ankunft **Aankomst**
Bahnsteig **Spoor**
Bus **Bus**
Fahrkarte **Kaartje**
Fahrkartenschalter **Loket**
Fahrplan **Dienstregeling**
Fahrrad **Fiets**
Flughafen **Luchthaven**
Flugzeug **Vliegtuig**
Nichtraucher **Niet roken**
Platz **Plaats**
Reserviert **Gereserveerd**
Straßenbahn **Tram**
Taxi **Taxi**
Zug **Trein**
Erste Klasse **Eerste klas**
Zweite Klasse **Tweede klas**
Einfach/Rückfahrkarte **Enkele reis/retour**

EBENFALLS NÜTZLICH

Gestern **Gisteren**
Heute **Vandaag**
Morgen **Morgen**
Ich verstehe nicht **Ik begrijp het niet**
Sprechen Sie Deutsch? **Spreekt u duits?**
Ich brauche einen Arzt **Ik heb een arts nodig**
Haben Sie noch Zimmer frei? **Zijn er nog kamers vrij?**
 – mit Bad/Dusche **met bad/douche**
 – mit Balkon **met balkon**
Einzelzimmer **Eenpersoonskamer**
Doppelzimmer **Tweepersoonskamer**
Eine Nacht/zwei Nächte **Een/twee nachten**
Preis **Prijs**

NACH DEM WEG FRAGEN

Wo ist …? **Waar is …?**
 – die Straßenbahnhaltestelle **de tram-halte**
 – das Telefon **de telefoon**
 – die Bank **de bank** (auch Sitzbank)
Gehen Sie nach links/rechts/geradeaus **Ga naar links/rechts/rechtdoor**
Hier/dort **Hier/daar**
Norden **Noord**
Osten **Oost**
Süden **Zuid**
Westen **West**

WOCHENTAGE

Montag **Maandag**
Dienstag **Dinsdag**
Mittwoch **Woensdag**
Donnerstag **Donderdag**
Freitag **Vrijdag**
Samstag **Zaterdag**
Sonntag **Zondag**

ZAHLEN

1	**een**	13	**dertien**	30	**dertig**	101	**honderd een**
2	**twee**	14	**veertien**	31	**eenendertig**	102	**honderd twee**
3	**drie**	15	**vijftien**	32	**tweeëndertig**	200	**tweehonderd**
4	**vier**	16	**zestien**			300	**driehonderd**
5	**vijf**	17	**zeventien**	40	**veertig**	400	**vierhonderd**
6	**zes**	18	**achttien**	50	**vijtig**	500	**vijfhonderd**
7	**zeven**	19	**negentien**	60	**zestig**	600	**zeshonderd**
8	**acht**	20	**twintig**	70	**zeventig**	700	**zevenhonderd**
9	**negen**			80	**tachtig**	800	**achthonderd**
10	**tien**	21	**eenentwintig**	90	**negentig**	900	**negenhonderd**
11	**elf**	22	**tweeëntwintig**	100	**honderd**	1000	**duizend**
12	**twaalf**						

IM RESTAURANT

Haben Sie einen Tisch für zwei? **Heeft u een tafel voor twee?**
Ich möchte einen Tisch reservieren **Ik will een tafel reserveen**
Ich bin Vegetarier **Ik ben een vegetariër**
Die Rechnung, bitte **De rekening alstublieft**
Das habe ich nicht bestellt **Dit is niet wat ik besteld heb**
Können wir am Fenster sitzen? **Mogen wij bij het raam?**
Ist die Küche noch geöffnet? **Is de keuken nog open?**
Wann schließen Sie? **How laat gaat u dicht?**
Haben Sie einen Kinderstuhl? **Heeft u een kinderstoel?**
Ist das sehr pikant/stark gewürzt? **Is dit gerecht pikant/gekruide?**
Das Essen ist kalt **Het eten is koud**
Guten Appetit! **Eet smakelijk!**
Service inbegriffen **Bediening inbegrepen**
Service nicht inbegriffen **Exlusief bediening**
Abendessen **Diner/avondeten**
Café **Café**
Dessert **Nagerecht**
Durchgebraten **Doorbakken**
Flasche/Glas **Fles/glas**
Frühstück **Ontbijt**
Gabel **Vork**
Gebraten **Gebakken**
Gedeck **Couvert**
Getränk **Drank/drankje**
Hauptgericht **Hoofdgerecht**
Kalt **Koud**
Kellnerin **Serveerster**
Löffel **Lepel**
Medium **Medium**
Menü **Menu**
Messer **Mes**
Mittagessen **Lunch/middageten**
Nicht durchgebraten **Rare**
Ober **Ober**
Restaurant **Restaurant**
Scharf **Pikant (scherp)**
Speisekarte **Menukaart**
Spezialitäten **Specialiteiten**
Tagesmenü **Dagschotel**
Tisch **Tafel**
Trocken **Droog**
Vorspeise **Voorgerecht**
Warm **Warm**
Weinkarte **Wijnkaart**

SPEISEKARTE A–Z

Aardappelen Kartoffeln
Ansjovis Anchovis
Appelgebak (met slagroom) Apfelkuchen (mit Sahne)
Azijn Essig
Biefstuk Steak
Bier oder **Pils** Bier
Bonen Bohnen
Boter Butter
Boterham belegtes Brot
Bouillon Fleischbrühe
Brood Brot
Broodje Brötchen
Carbonade Schweinekotelett
Champignons Pilze
Chips Kartoffelchips
Chocola Schokolade
Citroen Zitrone
Eend Ente
Ei Ei
Erwten Erbsen
Forel Forelle
Garnalen Garnelen
Hachée Eintopfgericht
Ham Schinken
Hamburger Hamburger
Haring Hering
Hertenvlees Wildbret
Honing Honig
Hutspot Eintopf
IJs Eis
Jenever Jenever
Jus Bratensoße
Kaas Käse
Kabeljauw Kabeljau
Kalfsvlees Kalb
Kalkoen Pute
Kip Huhn
Knoflook Knoblauch
Koffie Kaffee
Kreeft Hummer
Lamsvlees Lamm
Makreel Makrele

Melk Milch
Mineraal water Mineralwasser
Mosterd Senf
Oesters Austern
Olie Öl
Paling Aal
Pannekoeken Pfannkuchen
Patat frites Pommes frites
Peper Pfeffer
Rijst Reis
Rode wijn Rotwein
Rookworst Geräucherte Wurst
Room Sahne
Rundvlees Rind
Salade oder **Sla** Salat
Salmon Lachs
Saus Soße
Schaaldieren Schalentiere
Schelvis Schellfisch
Schol Scholle
Sinaasappelsap Orangensaft
Soep Suppe
Spek Speck
Stamppot Wursteintopf
Suiker Zucker
Thee Tee
Tong Seezunge
Tosti Käsetoast
Uien Zwiebeln
Uitsmijter Strammer Max
Varkensvlees Schwein
Vis Fisch
Vlees Fleisch
Vruchten Obst
Water Wasser
Wild Wild
Witte wijn Weißwein
Worst Wurst
Wortelen Karotten
Zout Salz

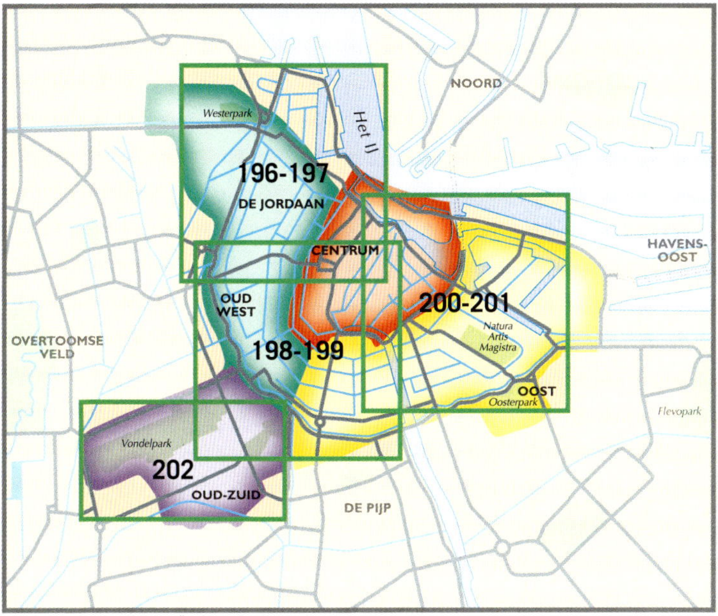

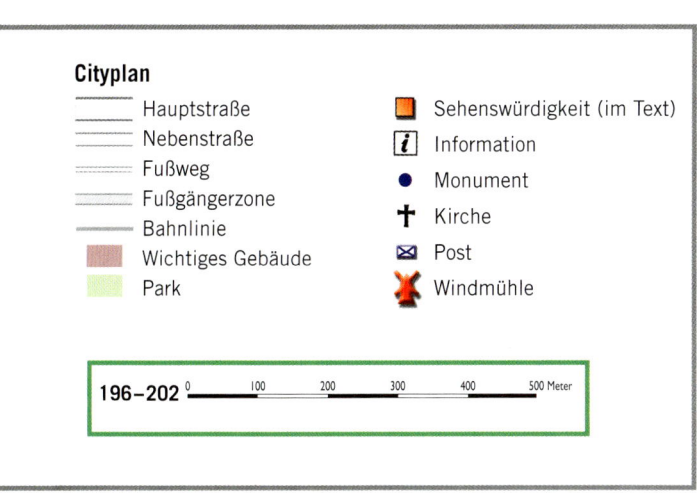

NOORD

Westerpark

Het IJ

196-197

DE JORDAAN

HAVENS-
OOST

CENTRUM

OUD
WEST

200-201

Natura
Artis
Magistra

OVERTOOMSE
VELD

198-199

OOST
Oosterpark

Flevopark

Vondelpark

202

OUD-ZUID

DE PIJP

Kapiteleinteilung: siehe Übersichtskarte auf den Umschlaginnenseiten

Cityplan

Hauptstraße
Nebenstraße
Fußweg
Fußgängerzone
Bahnlinie
Wichtiges Gebäude
Park

■ Sehenswürdigkeit (im Text)
ℹ Information
● Monument
✝ Kirche
✉ Post
🌬 Windmühle

196–202 0   100   200   300   400   500 Meter

Cityplan

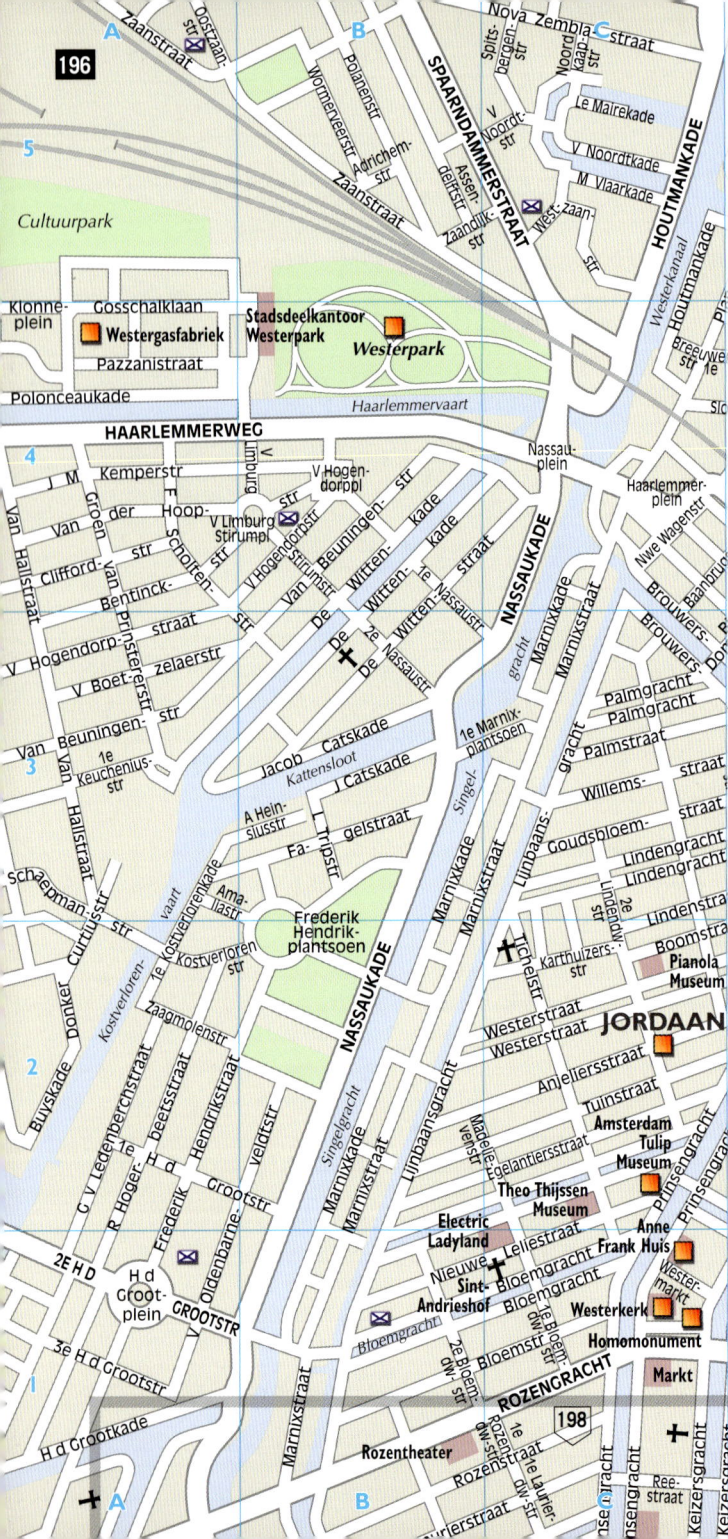

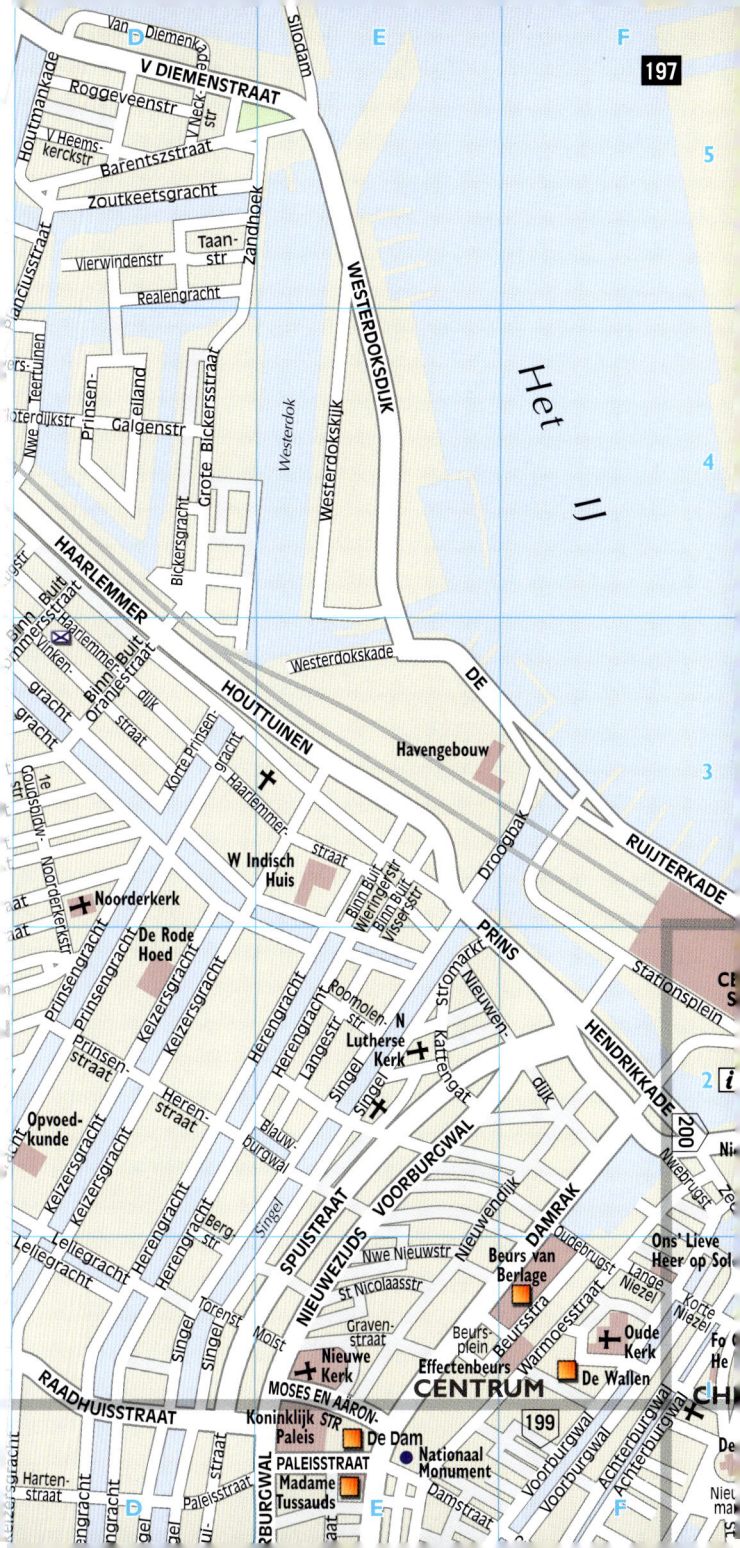

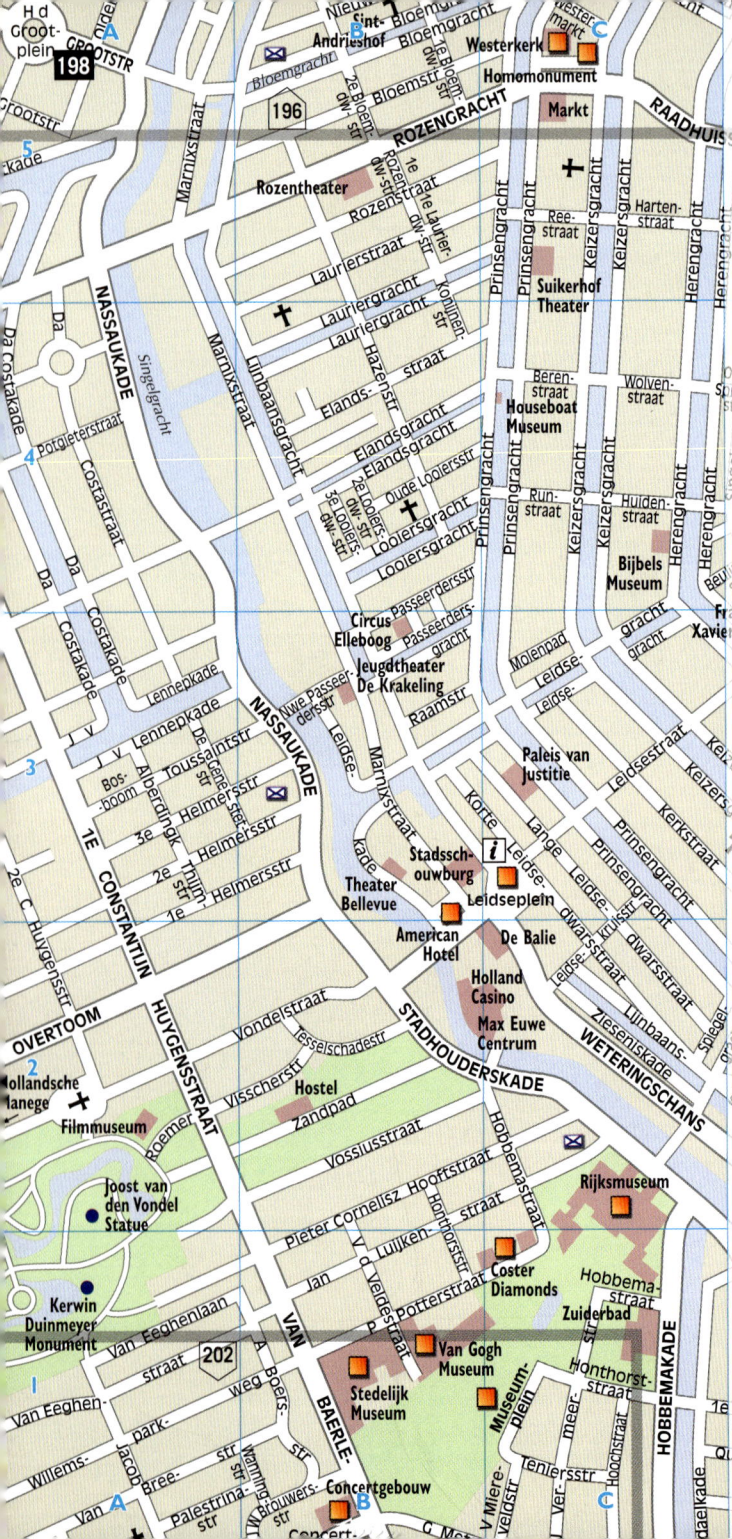

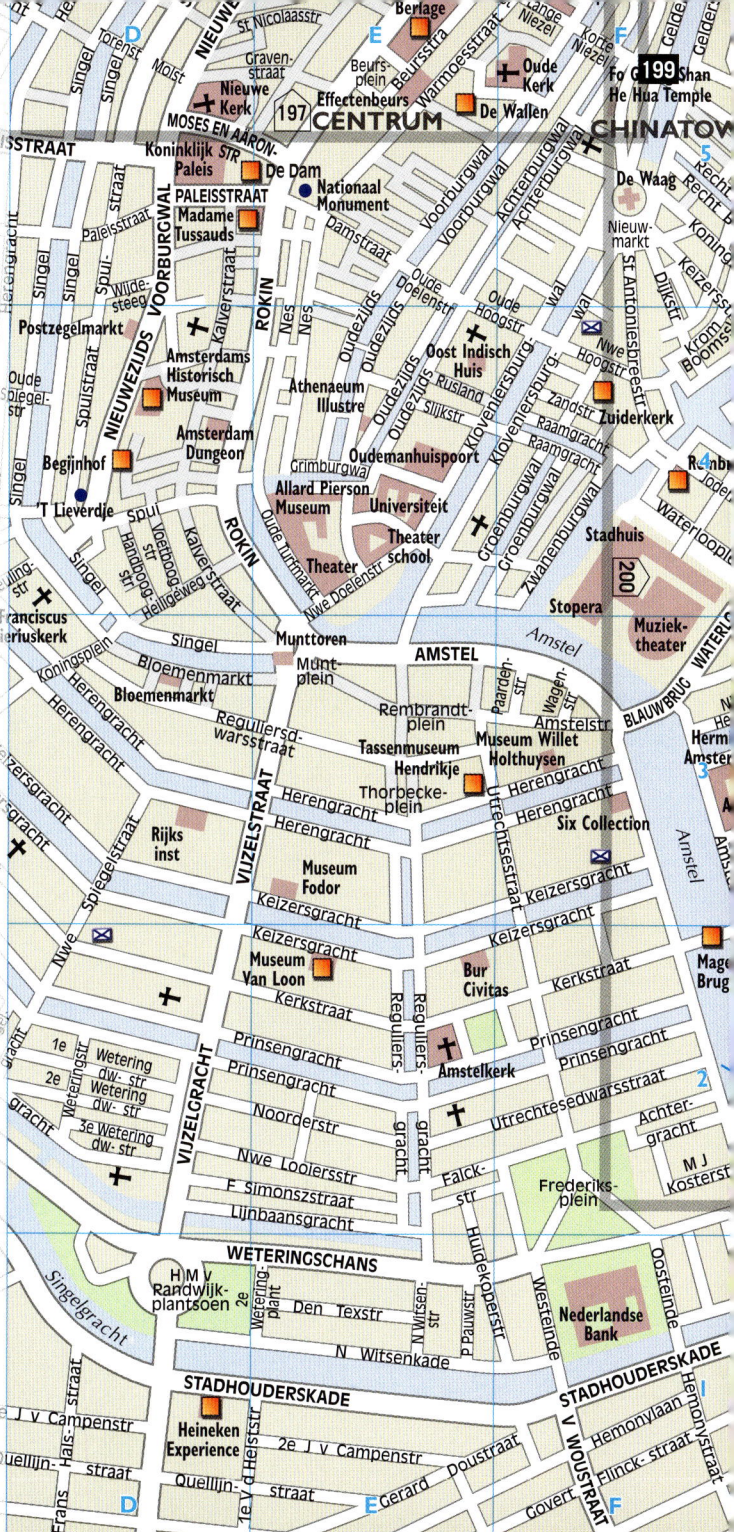

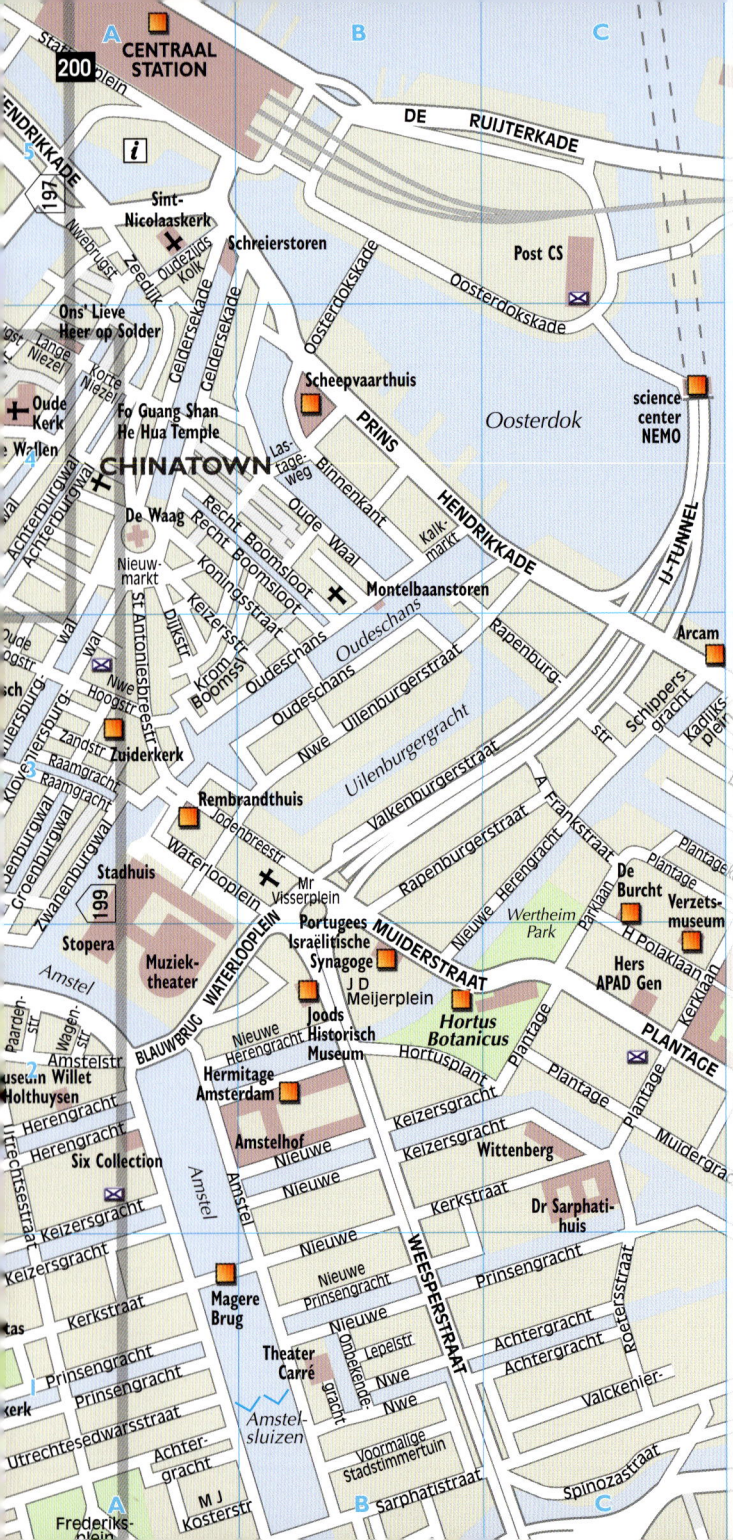

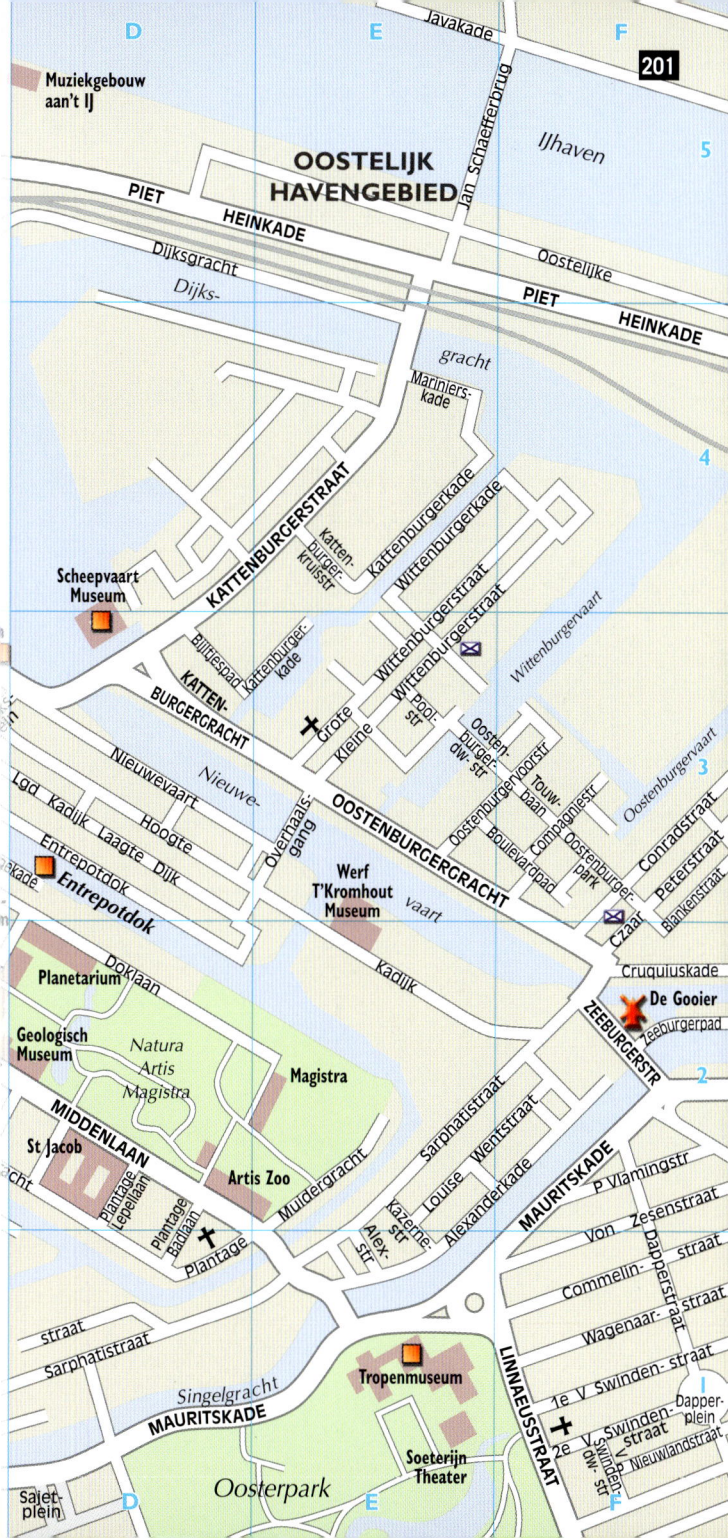

D   E   Javakade   F

Muziekgebouw
aan't IJ

OOSTELIJK
HAVENGEBIED

IJhaven   5

PIET
HEINKADE

Dijksgracht

Dijks-   Oostelijke

gracht   PIET   HEINKADE

Mariniers-
kade   4

KATTENBURGERSTRAAT

Katten-
burger-
kruisstr

Wittenburgerkade

Kattenburgerkade

Wittenburgerstraat

Scheepvaart
Museum

Biljetspad   Kattenburgerkade

Wittenburgerstraat   Wittenburgervaart

KATTEN-
BURGERGRACHT

Grote   Kleine   W.
Pool-
str.

Oosten-
burger-
dw. str.

Touw-
baan

3

Nieuwevaart

Nieuwe-

Overhaals-
gang   OOSTENBURGERGRACHT   Oostenburgervoorstr   Compagniestr   Oostenburger-   Oostenburgervaart

Boulevardpad   park

Conradstraat   Peterstraat   Blankenstraat

Lgd Kadijk   Laagte Dijk   Hoogte

Werf
'T Kromhout
Museum   vaart

Entrepotdok   kade   Entrepotdok   Kadijk

Czaar   Cruquiuskade

De Gooier
Zeeburgerpad   2

Planetarium

Doklaan

Geologisch
Museum   Natura
Artis
Magistra   Magistra   ZEEBURGERSTR

St Jacob   MIDDENLAAN   Sarphatistraat   Wentsstraat   Alexanderkade   MAURITSKADE   P Vlamingstr

Artis Zoo   Kazerne-
str   Louise   Von Zesenstraat

Plantage Kerklaan   Plantage Badlaan   Muidergracht   Alex.
str.   Commelin-   straat   Dapperstraat

Plantage   Wagenaar-   straat

1e V Swinden- straat   Dapper-
plein

straat   Sarphatistraat   Singelgracht   Tropenmuseum   LINNAEUSSTRAAT   2e V Swinden-   straat

MAURITSKADE   Soeterijn
Theater   2e V. Swinden- str   Nieuwlandstraat

Sajet-
plein   D   Oosterpark   E   F   1

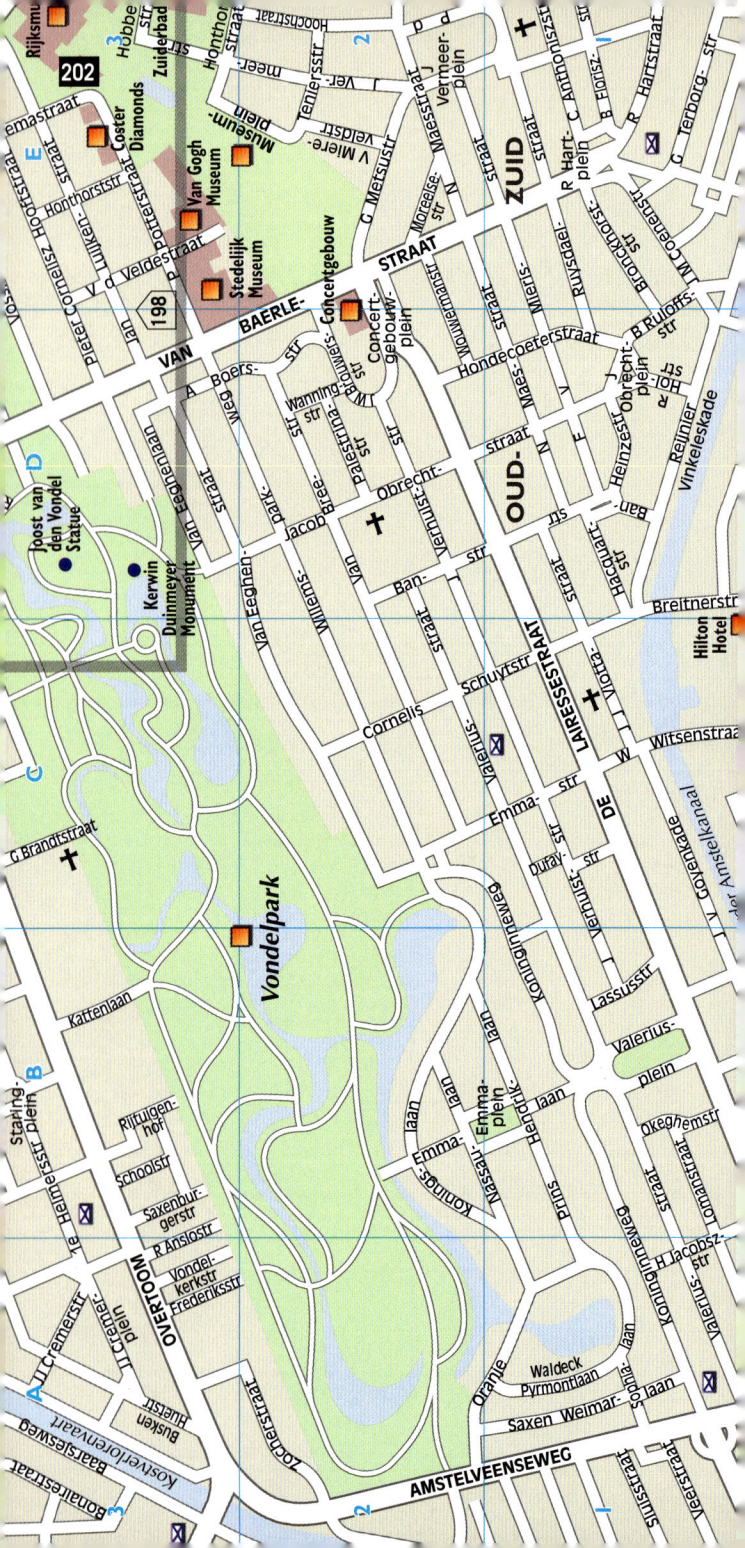

Abbildungsnachweis

Die Automobile Association dankt den folgenden Fotografen und Agenturen für ihre Hilfe bei der Herstellung dieses Buches:

Abkürzungen: (o) oben; (u) unten; (r) rechts; (l) links; (m) Mitte.

Umschlag (o/u) AA/K Paterson

ALAMY146/147 (SPP Images), 150 (© Arco Images); AMSTERDAMS HISTORISCH MUSEUM 2iii, 49; ANNE FRANK HOUSE 94ml, 94mr, 95m, 96u, 96m ANTHONY BLACK PHOTO LIBRARY 32 (Anthony Blake), 33o (Joy Skipper), 33u (Gerrit Buntroch); ART DIRECTORS AND TRIP PHOTO LIBRARY 91m, 92, 168, 169; BRIDGEMAN ART GALLERY 21 Titus Reading, c 1656 by Rembrandt Harmensz. Van Rijn (1606-69), Kunsthistorisches Museum, Vienna, Austria, 116 Die Nachtwache c 1642 (Öl auf Leinwand von Rembrandt Harmensz van Rijn (1606-69) Rijksmuseum, Amsterdam, 124 Die Staatslotterie (w/c) von Vincent van Gogh (1853-90), Rijksmuseum Vincent van Gogh, Amsterdam, 125o Die Langloisbrücke in Arles, März 1888 (Öl auf Leinwand) von Vincent van Gogh (1853-90) Rijksmuseum Vincent van Gogh, Amsterdam, 126 Selbstportrait mit Staffelei 1888 von Vincent van Gogh (1853-90) Rijksmuseum Vincent van Gogh, Amsterdam, 127 Krähen über dem Kornfeld, 1890 (Öl auf Leinwand) von Vincent van Gogh (1853-90) Rijksmuseum Vincent van Gogh, Amsterdam; MARY EVANS PICTURE LIBRARY13o, 16/17, 17; EYE UBIQUITOUS 3v, 28mr, 187; GETTYIMAGES 2iv, 18/19, 60, 61, 79, 148/149, 163, 170/171; ROBERT HARDING PICTURE LIBRARY 10/11, 18, 80m, 83, 97, 170; HOLLANDSE MANEGE 112u; JOODS HISTORISCH MUSEUM142; MUSEUM AMSTERLKRING/GORT JAN VAN ROOY 65m; MUSEUM HET REMBRANDTHUIS 20ul, 20mr, 66o, 66m; RIJKSMUSEUM114, 115; NEWMETROPOLIS/JAN DERWIG 9o; PICTURES COLOUR LIBRARY 30o, 30ml, 63, 64, 182; REX FEATURES19u; SKYSCAN/MACRO VAN MIDDELKOOP 10, 13or; VERZETSMUSEUM 152; WORLD PICTURES 3iii, 161, 166, 167, 172

Alle anderen Abbildungen stammen aus dem Archiv der Automobile Association (AA WORLD TRAVEL LIBRARY) und wurden von ALEX KOUPRIANOFF fotografiert, mit folgenden Ausnahmen: 3i, 31or, 31mor, 31ur, 109, 113o MAX JOURDAN; 3ii, 14o, 14u, 19o, 23, 30mr, 30ur, 31ul, 51m, 52o, 52u, 54m, 54u, 56/57, 56, 57o, 57m, 58o, 58u, 59m, 59u, 62, 65ol, 67, 80u, 82, 86, 93o, 93u, 95o, 117, 119, 120u, 122, 123, 130, 135, 138m, 138u, 140, 141, 143, 149 KEN PATERSON; 122/123 WYN VOYSEY; 137 ALEX ROBINSON

Der Verlag hat keine Mühen gescheut die Copyright-Inhaber zu ermitteln, dennoch möchte sich der Verlag für mögliche Fehler entschuldigen. Hinweise und Korrekturen sind jederzeit willkommen.

NATIONAL GEOGRAPHIC

Leserbefragung

Ihre Ratschläge, Urteile und Empfehlungen sind für uns sehr wichtig. Wir bemühen uns, unsere Reiseführer ständig zu verbessern. Wenn Sie sich ein paar Minuten Zeit nehmen, diesen kleinen Fragebogen auszufüllen, könnten Sie uns sehr dabei helfen.

Wenn Sie diese Seite nicht herausreißen möchten, können Sie uns auch eine Kopie schicken, oder Sie notieren Ihre Hinweise einfach auf einem separaten Blatt.

Bitte senden Sie Ihre Antwort an:
NATIONAL GEOGRAPHIC SPIRALLO-REISEFÜHRER, MAIRDUMONT GmbH & CO. KG,
Postfach 31 51, D-73751 Ostfildern
E-Mail: spirallo@nationalgeographic.de

Über dieses Buch …
NATIONAL GEOGRAPHIC SPIRALLO-REISEFÜHRER **AMSTERDAM**

Wo haben Sie das Buch gekauft? _____

Wann? Monat / Jahr

Warum haben Sie sich für einen Titel dieser Reihe entschieden? _____

_____

_____

_____

_____

_____

_____

_____

_____

Wie fanden Sie das Buch ?

Hervorragend ☐   Genau richtig ☐   Weitgehend gelungen ☐   Enttäuschend ☐

Können Sie uns Gründe angeben?

_____

_____

_____

_____

_____

_____

_____

_____

_____

Bitte umblättern …

Hat Ihnen etwas an diesem Führer ganz besonders gut gefallen?

Was hätten wir besser machen können?

Persönliche Angaben

Name

Adresse

Zu welcher Altersgruppe gehören Sie?
Unter 25 ☐   25–34 ☐   35–44 ☐   45–54 ☐   55–64 ☐   Über 65 ☐

Wie oft im Jahr fahren Sie in Urlaub?
Seltener als einmal ☐   Einmal ☐   Zweimal ☐   Dreimal oder öfter ☐

Wie sind Sie verreist?
Allein ☐   Mit Partner ☐   Mit Freunden ☐   Mit Familie ☐

Wie alt sind Ihre Kinder? _____

Über Ihre Reise …

Wann haben Sie die Reise gebucht? Monat / Jahr

Wann sind Sie verreist? Monat / Jahr

Wie lange waren Sie verreist?

War es eine Urlaubsreise oder ein beruflicher Aufenthalt?

Haben Sie noch weitere Reiseführer gekauft?   ☐ Ja   ☐ Nein

Wenn ja, welche?

Herzlichen Dank dafür, dass Sie sich die Zeit genommen haben, diesen Fragebogen auszufüllen.